帝国日本の
流通ネットワーク

流通機構の変容と市場の形成

谷ヶ城秀吉

日本経済評論社

目　　次

序章　問題の所在 …………………………………………………… 1

　　第1節　本書の課題　1
　　　　(1)　問題意識　1
　　　　(2)　課題の設定と対象の限定　6
　　第2節　先行研究と本書の視角・構成　9
　　　　(1)　先行研究　9
　　　　(2)　本書の視角　14
　　　　(3)　本書の構成　17

　第Ⅰ部　2つの帝国と台湾

第1章　数量的概観 …………………………………………………… 31

　　はじめに　31
　　第1節　帝国日本の貿易構造と植民地　31
　　第2節　植民地台湾の貿易構造　35
　　　　(1)　地域別貿易額　35
　　　　(2)　商品別貿易額　39
　　第3節　砂糖の流通機構と類型化　41
　　おわりに　43

第2章　帝国日本の形成と台湾─中国間経済関係
　　──1890年代末～1900年代── ……………………………49

　はじめに　49

　　第1節　19世紀末における台湾─中国間経済関係　52
　　　　（1）　19世紀末における貿易構造　52
　　　　（2）　烏龍茶貿易の流通機構　55
　　第2節　台湾総督府における茶業政策の形成　57
　　　　（1）　益田孝と杉村濬の対中国経済観　57
　　　　（2）　台湾総督府における茶業政策の形成　60
　　第3節　取引主体の交代と輸出ルートの転換　65
　　　　（1）　華商の退出　65
　　　　（2）　アメリカ系洋行の新規参入と台湾銀行　69

　おわりに　73

第3章　台湾─中国間経済関係の再編過程
　　──1900年代～第1次世界大戦前後期── ………………83

　はじめに　83

　　第1節　1900年代における台湾の対中国輸出貿易　87
　　　　（1）　貿易上における中国の位置　87
　　　　（2）　大阪商船の華南航路参入　88
　　　　（3）　厦門における三井物産の活動　89
　　第2節　台湾輸出税及出港税規則の制定と廃止　90
　　　　（1）　台湾輸出税及出港税規則の制定過程　90
　　　　（2）　台湾輸出税及出港税規則の廃止と華南航路　93
　　第3節　第1次世界大戦期の台湾─中国間経済関係　96

　　　　（1）第1次世界大戦期の輸出増大　96
　　　　（2）台湾総督府命令航路と輸送コスト　100
　　おわりに　104

第4章　植民地商人の活動と機能 …………………………109

　　はじめに　109
　　第1節　函館における塩マス輸移出の展開と台湾市場　110
　　　　（1）マス漁獲量の増大と台湾向塩マス移出の拡大　110
　　　　（2）中継貿易の伸展　114
　　第2節　1910〜20年代の函館―台湾間海産物取引　116
　　　　（1）函館側の取引主体　116
　　　　（2）台湾側の取引主体　118
　　　　（3）取引ルールの形成　122
　　第3節　1930年代の函館―台湾間海産物取引　124
　　　　（1）函館水産販売の設立　124
　　　　（2）日魯漁業・函館水産販売の流通組織化　125
　　　　（3）商人間競争の展開　127
　　　　（4）商人間競争の収斂　131
　　おわりに　133

第Ⅱ部　帝国日本の流通ネットワーク

第5章　流通機構の形成と植民地行政 …………………………143

　　はじめに　143
　　第1節　1910〜20年代前半におけるバナナ移出の展開　146
　　　　（1）バナナ生産および移出の数量的確認　146

(2)　流通機構の問題点　150

　第2節　台湾青果の設立と移出取引の展開　154

　　　(1)　台湾青果の設立　154

　　　(2)　リンゴ移出とバナナ移出の差異　156

　　　(3)　台湾青果の企業活動　158

　　　(4)　東華名産の活動とその挫折　163

　第3節　輸送手段の整備と産地形成　167

　　　(1)　移出構造の変化　167

　　　(2)　産地形成の決定因　170

　　　(3)　移出量の拡大と荷受組合の機能変化　172

　おわりに　174

第6章　総合商社の活動と競争構造 ……………………………185

　はじめに　185

　第1節　台湾市場における三井物産の活動　188

　　　(1)　台湾市場における三井物産の事業戦略　188

　　　(2)　現地流通機構と三井物産　192

　第2節　三菱商事の台湾市場進出　194

　　　(1)　三菱商事の台湾市場進出　194

　　　(2)　現地流通機構との戦略的提携　197

　第3節　1930年代の台湾市場における競争構造　201

　　　(1)　1930年代後半の台湾市場における三菱商事の活動　201

　　　(2)　戦略的提携の限界と取引ノウハウの内部化　205

　　　(3)　現地流通機構へのコミットとその条件　208

　おわりに　214

第7章　植民地商人と総合商社の競争構造 …………………… 223

はじめに　223

第1節　1920年代における台湾米移出の展開　227
- (1)　台湾米移出の拡大と台湾人商人　227
- (2)　山下汽船の台湾航路参入と移出米取引システム　229
- (3)　異種混交化する企業組織　231

第2節　台湾米穀検査規則の改定と取引構造の変化　234
- (1)　台湾米穀検査規則の改定　234
- (2)　取引環境の変化　237

第3節　1930年代における4大移出商の競争構造　241
- (1)　競争的寡占下における移出商の活動　241
- (2)　4大移出商の収益源　244

おわりに　247

終章　結　論 …………………………………………………… 257

第1節　1920～30年代の近代日本と植民地台湾　257
第2節　中華帝国からの経済的「断絶」と再編　260
第3節　帝国日本の流通ネットワークとその取引主体　262
- (1)　植民地行政の競争促進機能と流通介入　262
- (2)　植民地商人の取引活動　266
- (3)　総合商社の取引活動　269

あとがき　275
索　引　281

1930年代後半の東アジア

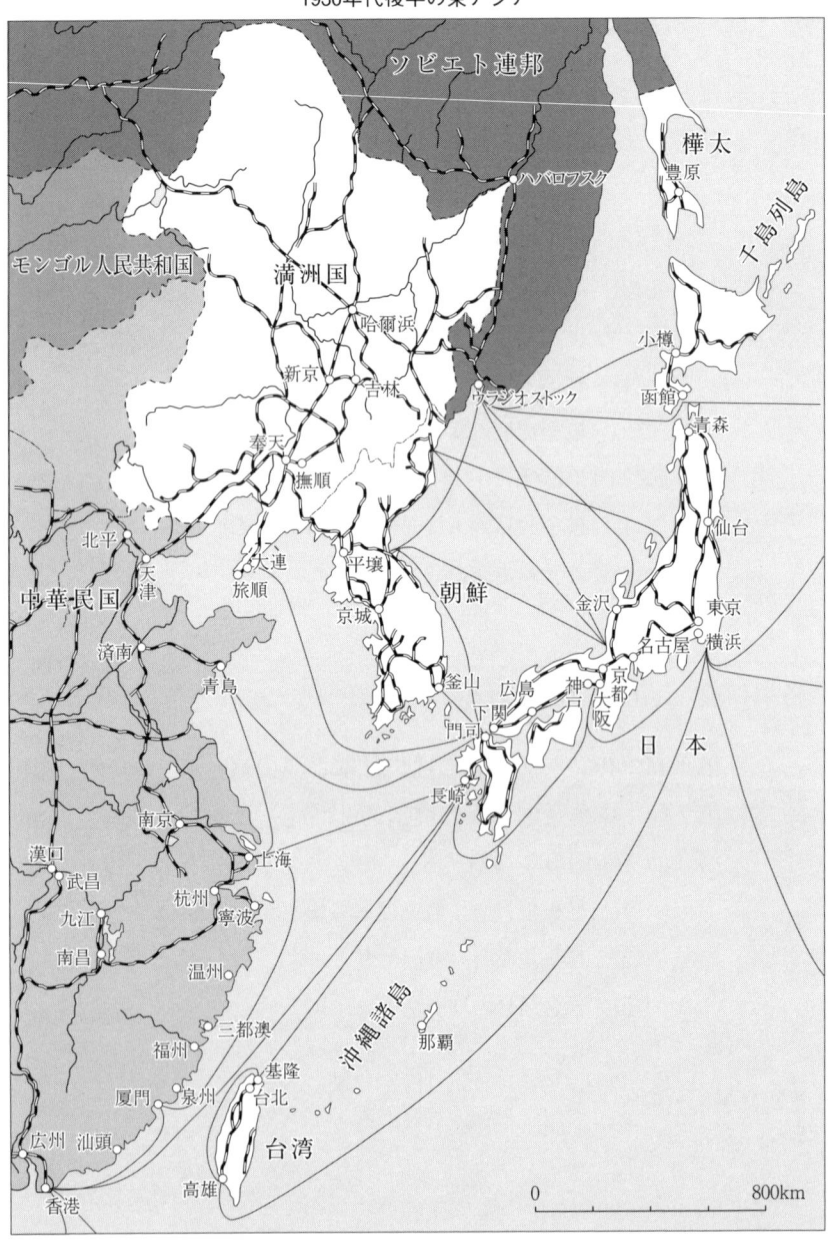

台湾の州行政区分、主要都市、鉄道路線（1930年現在）

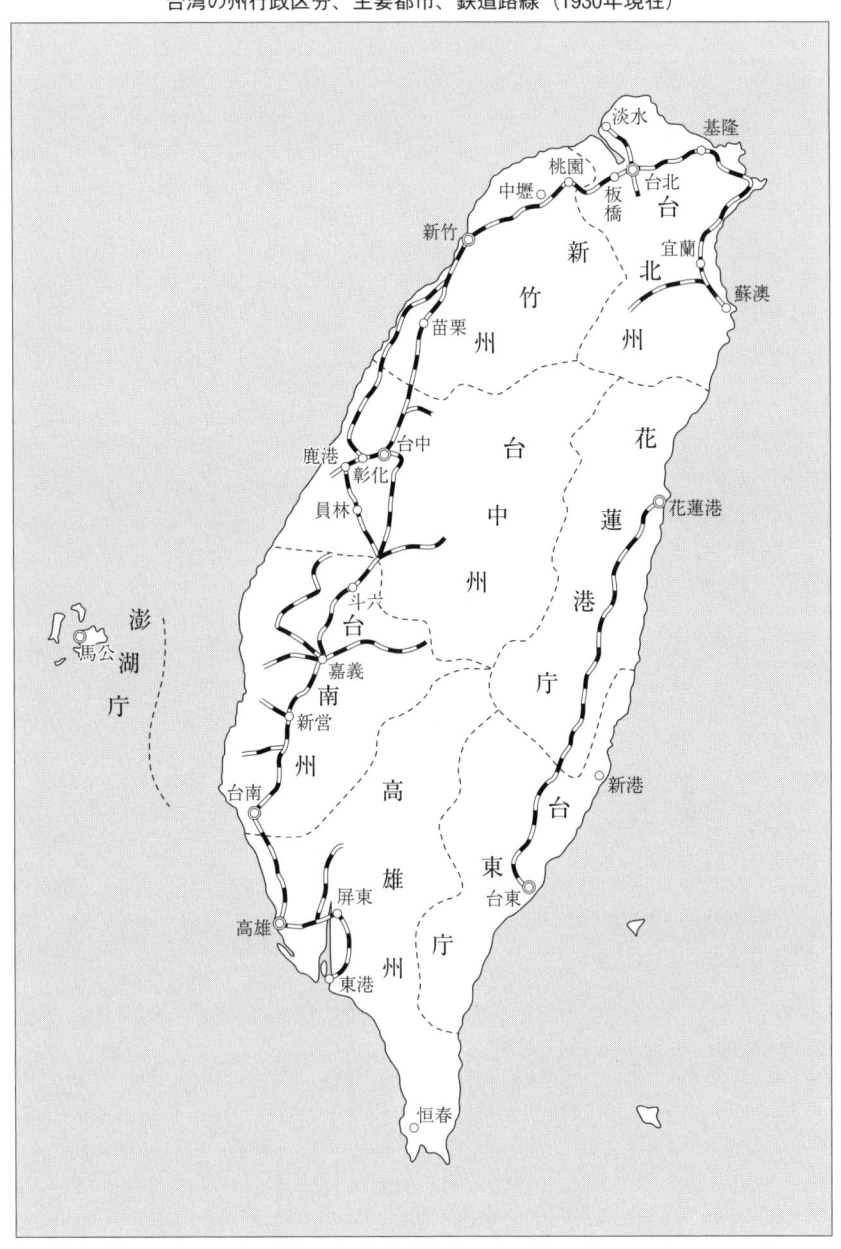

序章　問題の所在

第1節　本書の課題

(1)　問題意識

　近代日本の歴史は，日本が東アジアにおいて「帝国」と化す歴史でもあった[1]。1875年にロシアと締結した千島・樺太交換条約によって千島列島を領土に組み込んだ日本は，翌1876年には小笠原諸島の領有を宣言して内務省の管轄下に置いた。その一方で，1872年には日本と清国に両属していた琉球王尚泰を琉球藩王として華族とし，次いで1879年には廃藩置県を断行して沖縄県を設置した（琉球処分）。大日本帝国憲法が発布される1889年以前に日本が組み込んだ北海道・千島列島，小笠原諸島および沖縄諸島は，帝国憲法の効力がおよぶ範囲とされ，憲法上は「本土」あるいは「内地」とされた。大江志乃夫は，これら北海道・千島列島，小笠原諸島および沖縄諸島を日本の「前近代植民地」とする一方，日清戦争以降に日本が領有・併合した台湾および澎湖諸島（以下，台湾と略），北緯50度以南の樺太（同樺太），朝鮮，租借地の関東州および満鉄附属地，委任統治領である赤道以北の南洋群島を日本の「近代植民地」として前者と明確に区別した[2]。後者を領有する過程は，近代日本がヨーロッパ的な国民国家を形成しつつ東アジアにおいて「帝国」化を試みるという，自己矛盾的な2つの異なる課題を同時に展開していく過程でもあったからである。日本が近代において形成した「帝国」が残した足跡が現代東アジアの国際秩序を強く規定することを鑑みれば，日本の近代を対象とする歴史研究もまた日本が「帝国」

と化す過程を念頭に置いて推進されなければならない。本書が，近代日本の「帝国」化過程を分析の対象とするゆえんである。

　伊豆諸島や隠岐，対馬，奄美諸島および前述の「前近代植民地」では，「民度」を理由とした個別的かつ特殊的な統治制度が形成された[3]。これに対して国際秩序や国内政治の権力闘争，現地社会との異質性など，さまざまな要素に規定される「近代植民地」の統治制度は，政治的・法的異域性がより明確に意識され，強化される形で構築された。たとえば，1896年に制定された「台湾ニ施行スヘキ法令ニ関スル法律」（明治29年法律第63号＝六三法）と台湾総督府条例（明治29年勅令第88号）を軸とする台湾統治システムは，植民地行政の長たる台湾総督に立法権を事実上委任しつつ，総督の任用資格を武官に限定した（「総督ハ親任トス陸海軍大将若クハ中将ヲ以テ之ヲ充ツ」）。1910年の韓国併合に際して制定された「朝鮮ニ施行スヘキ法令ニ関スル法律」（明治44年法律第30号）および朝鮮総督府官制（明治43年勅令第354号）においても陸海軍大将に任用資格を限定された朝鮮総督に対する委任立法が認められた。異民族統治の経験に乏しい日本が，日本とは異なる伝統的社会を基盤とする地域を植民地として「帝国」に包摂するためには，政治的・法的異域の設定が必要不可欠であった[4]。帝国日本は，まさに「権力核である本国を中心とした複数の政治社会によって構成される序列化された法的多元性（Legal Pluralism）をもった統治体系」に基づく「異法域結合としての国民帝国」[5]であった。

　こうした異域性の設定を前提とする帝国日本の植民地統治方針は，原敬内閣によって転換される[6]。この転換は，「同一の制度は同一の結果を生む」という信念を背景とする原の植民地統治思想に基づいていた。1918年には，関東庁官制を公布し，その長たる関東長官には外務官僚の林権助を充てた。次いで1919年に任用資格制限を撤廃した（＝「文官総督制」）台湾総督には，貴族院議員の田健治郎を任命した。さらに台湾では，「台湾ニ施行スヘキ法令ニ関スル法律」（大正10年法律第3号＝法三号）によって台湾総督に委任した立法権を制限しつつ，内地法施行の拡大を原則とした。1919年の三・一独立運動によって動揺した朝鮮では，斎藤実を総督に起用していわゆる文化政治を推し進める

とともに，同化政策を積極的に展開していった。このように，原の強力な信念とリーダーシップによって帝国日本の植民地統治政策は，内地延長主義と制度的平等を基軸とする方針へと転じていった。その後，帝国日本は1931年の満洲事変を契機に中華民国から「満洲国」（以下，括弧を略す）を分離独立させ，さらに1937年の日中開戦以降は勢力圏・軍事占領地をアジア全域に拡大させていくが（＝「大東亜共栄圏」），法制度の次元における帝国統治システムは，1895年の台湾領有から原内閣の成立にいたるまでの紆余曲折を経て1920年代前半に確立し，1930年代までに完成したと判断して差し支えないだろう。

では，「帝国」とは何か。アイゼンシュタット，ホブスン，レーニン，ドイルらの「帝国」論を一瞥したうえで山本有造は，「帝国」をさしあたり「異質（ヘテロ）なエスノ・ナショナルの行政的・領域的組織を，宗主国と植民地，中心と周辺，中央と辺境という関係を基盤として，厳格な中央集権権力の下に統合する政治システム」とする定義を採用する[7]。このように定義された「帝国」は，強力な中央統治機構を備える中心＝宗主国と中心からの影響力に対して抵抗力の弱い周辺＝植民地から構成されており，この2つの要素はトランスナショナルな軍事的・政治的・経済的あるいはイデオロギー的な諸力・諸装置によって結合されている。このうち，軍事的・政治的な諸力が「帝国」の形成過程で効果を発揮する一方，経済的（＝経済的利益）・イデオロギー的（＝文化的吸収力）諸力は「帝国」維持の段階において軍事的・政治的諸力を補完する役割を果たす。ただし，中心から周辺に向けて発動・発信される諸力・諸装置が機能を発揮するためには，周辺あるいは被統治者側からの一定の支持と協力を要する。山本が提起する「帝国」論では，以上に述べたようなトランスナショナルな諸力・諸装置のあり方が重視される。こうした「帝国」論に依拠するのであれば，「帝国」の性格は宗主国と植民地を結合するトランスナショナルな諸力・諸装置のあり方によって決定づけられると理解すべきであろう。

それゆえ，近代日本の「帝国」化を歴史的に意義づけ，帝国日本の性格を把握しようとするならば，これら諸力・諸装置の具体的なあり方が検証されなくてはならない。これを反映するように，帝国日本を対象とする近年の諸研究で

は，帝国日本の域内において法制度が統一される過程[8]，あるいは政治的諸力を実行する行政組織ないしその担い手としての官僚／官吏を対象とする研究の深化が進められている[9]。さらに注目すべき点は，植民地社会の実態的な日常生活や教育，医療，メディア，文学といった文化的側面に強い関心を払う研究成果が飛躍的に増大したことである[10]。とりわけ植民地近代論(コロニアル・モダニティ)に依拠する一連の研究群では，植民地における被支配者の日常社会に浸透する文化的ヘゲモニーのあり方を教育や文学，思想，都市文化などの領域から多面的に抽出しつつ，支配／被支配といった一元的な権力関係や「近代」に絶対的な価値を置く思考に強い批判を加えてきた[11]。そして，帝国日本の中心＝宗主国から発信される「近代性」を帯びた文化的諸力を周辺＝植民地社会の反応や選択的受容から捉え直すことで「帝国」維持の要件であるトランスナショナルな諸力・諸装置の機能を明らかにしてきた。文化的側面を重視する研究潮流は，ポストコロニアリズムやカルチュラル・スタディーズの影響を強く受けながら進展し，現在では帝国日本を対象とする歴史研究の中心的地位を獲得するにいたった。

　ただし，戸邉秀明が注意を促すように，言説分析を主たる手段とするこうした文化的諸力ないし「文化」を対象とした研究は，物質的な領域と「文化」を切り離し，虚構や内面的世界の叙述に陥る傾向がある[12]。経済的な条件が「文化」や「生活」の前提となることを鑑みれば[13]，「文化」を対象とした研究もまた経済的諸力のあり方を射程に収めて議論を展開すべきであろう。上述したように，4つのトランスナショナルな諸力・諸装置のあり方が「帝国」の性格を決定づけるのであれば，これら4つの諸力・諸装置を相互に連関させ，参照する必要が生じる。こうした過程において経済史研究が果たす役割は，依然として不可欠であるように思われる。

　では，宗主国と植民地を結合するトランスナショナルな経済的諸力とは何か。この点について山本は，「広域的公共財」の提供を通じて中心と周辺の結合度を向上させる諸力，と定義づける[14]。すなわち，広域的な交通網の形成や貨幣制度，およびそれらによって形成される貿易圏を「広域的公共財」と措定し，

表序-1　対植民地貿易結合度

宗主国	植民地	輸出結合度			輸入結合度		
		1913	1928	1938	1913	1928	1938
イギリス	英領インド	5.4	3.6	0.4	1.0	1.5	2.2
フランス	仏領インドシナ	17.2	6.8	11.5	…	5.2	5.3
オランダ	蘭領東インド	3.0	7.9	9.5	7.8	4.2	8.8
アメリカ合衆国	フィリピン	4.6	4.1	4.9	3.9	6.5	9.0
日本	台湾	38.7	21.1	17.2	37.2	22.8	18.5
日本	朝鮮	33.2	21.7	19.0	37.9	24.1	17.5
日本	満洲	23.7	17.5	16.2	21.3	10.9	14.0

出所：松本貴典「戦前期日本の貿易構造と世界貿易──貿易結合度による分析」（松本貴典編『戦前期日本の貿易と組織間関係──情報・調整・協調』新評論，1996年）70〜71頁，74〜75頁，78〜79頁，堀和生『東アジア資本主義史論Ⅰ──形成・構造・展開』（ミネルヴァ書房，2009年）33頁より作成。
備考：1）　イギリス，フランス，オランダ，アメリカは松本，日本は堀の数値を採用した。
　　　2）　…は不明を示す。

これらが持つ相互利便性が周辺を中心に引き付ける力を発揮する，とみなしたのである。

　山本らの実証的な研究が示すように，帝国日本は異なる自然環境，異なる歴史的経路によって形作られた社会経済構造，異なる経済規模の地域によって構成されており，それらの地域は中心＝日本が提供する広域的交通網・貨幣制度および貿易圏によって密接に結びつけられていた[15]。とりわけ本書が注目しているのは，その密着の程度にある。よく知られているように，帝国日本の対植民地貿易依存度は同時代の他の帝国に比してきわめて高く，「世界的に見ても例のないような，異常に緊密な〔宗主国と植民地の貿易〕関係」[16]を近代東アジア世界において形成していた（表序-1）。すなわち，帝国日本の「帝国」的な特質は，宗主国と植民地の構造化された分業体制が貿易圏という非常に強力な経済的諸力によって結びつけられ，高度に有機的な結合体を形成した点にあった。そうであるならば，宗主国と植民地を強力に結びつけた貿易圏および商行為の実態的な内実を丁寧に繙いていくことに経済史の役割が求められるのではあるまいか。本書は，このような問題意識から以下に示す課題を設定している。

(2) 課題の設定と対象の限定

　宗主国と植民地が貿易圏を媒介として強力に結合されていたということは，宗主国と植民地に分散する需給が強固な流通ネットワークによって結びつけられていたことを意味する。日本における生産の増分が流通ネットワークを介して植民地に搬出・消費され，植民地において生産された多くの財もまた同様の回路を通じて日本で消費された。日本と植民地では，何らかの商行為に基づく流通ネットワークを媒介として生産と消費が繰り返され，非常に強い経済的紐帯が形成された。帝国内に分散した局地的市場は流通ネットワークによって結合され，帝国大（サイズ）の市場（＝帝国内市場）が形成された。その形成は，生産規模のさらなる拡大を促した。

　では，それまで帝国日本の外にあった周辺＝植民地を中心＝宗主国に引き付けて帝国内の市場に組み込み，結合する機能を果たした商行為の主体──ここではそれが商業者か生産者かは問わない──は誰なのか。それは，どのようなメカニズムによってなされ，どのような条件によって促進されたのか。本書の課題は，これまでの諸研究が十分に説明してこなかったこれらの素朴な問いに答えることにある。より具体的に言えば，流通ネットワークを担う経済主体の活動を可能にした条件を検証し，要因を探ることで，帝国日本の形成過程を経済的な側面から明らかにすることにある。すなわち，山本が「帝国」維持の要件とする「広域的公共財」が東アジアに供給され，近代日本が「帝国」と化す過程をモノの流れやヒトの営みから把握しようとする試みである。

　こうした課題が設定される場合，個別取引主体の行動を企業ないし組織の内実にまで踏み込んで検討する必要がある。とはいえ，帝国内の流通ネットワークを担った無数の取引主体の行動を網羅的に把握することは不可能であり，なしえたとしてもそれは事典的な水準──もちろん，それはそれで学術的に高い意義を有している──にとどまらざるをえない。そこで本書では，議論の明確化を目的として分析する対象地域と期間を次のように限定する。対象地域としては，植民地台湾をめぐる流通機構に焦点を絞る。また，分析期間としては，

表序-2　名目GDEの構成の変化

(単位：%)

	民間消費	政府消費	国内資本形成	貿易依存度		
				財・サービスの輸出（A）	財・サービスの輸入（B）	A＋B
1903-1912						
日本	74.08	10.69	16.41	13.87	15.05	28.92
台湾	84.13	5.31	9.17	22.56	21.17	43.73
1913-1922						
日本	71.57	6.47	19.72	18.92	16.68	35.60
台湾	70.64	8.65	16.89	31.10	24.28	55.38
朝鮮	93.80	3.99	4.83	11.50	14.12	25.62
樺太	30.54	5.66	12.13	64.03	12.36	76.39
1923-1933						
日本	75.49	9.24	16.78	17.11	18.62	35.73
台湾	66.83	6.39	14.79	36.09	24.10	60.19
朝鮮	90.12	5.15	6.25	18.72	20.24	38.96
樺太	43.92	8.22	11.87	82.31	46.32	128.63
南洋群島	52.02	12.39	13.09	54.93	32.43	87.36
1928-1937						
日本	70.97	11.47	17.86	19.61	19.91	39.52
台湾	65.98	6.62	16.82	37.05	26.12	63.17
朝鮮	88.66	5.71	9.80	22.31	26.48	48.79
樺太	39.82	7.86	10.89	76.88	35.45	112.33
南洋群島	49.10	9.08	14.28	70.32	42.79	113.11

出所：梅村又次・溝口敏行「「旧日本帝国」の経済構造」（溝口敏行・梅村又次編『旧日本植民地経済統計――推計と分析』東洋経済新報社，1988年）9頁。

　近代日本が「帝国」と化す19世紀末から大東亜共栄圏へと展開する直前の1930年代後半までとし，特に戦間期の1920年代から30年代に重点を置く。このような研究対象と期間の限定は，以下の理由に基づいている。
　表序-1に前掲したように，日本と2つの公式植民地である台湾・朝鮮は，流通機構を媒介として強固に結びついていた。とはいえ，これを植民地の側から捉えた場合，台湾と朝鮮ではその軽重に差異がある。表序-2に1903年から1937年を10年単位で区分し，その期間中の名目GDEの平均に対する比率をとって構成比を比較した。同表によれば，経済規模の小さい南洋群島と樺太の突出した貿易依存度が目につくが，台湾のそれもきわめて高く，43.73～63.17％

表序-3　日本帝国および日本・朝鮮・台湾の年平均 GDE の推移および成長率

(単位：百万円，%)

期間	日本帝国全体	日　　本	朝　　鮮	台　　湾
1903-10	7,590 (3.1)	7,166 (3.1)	―	335 (3.9)
1911-20	11,126 (4.7)	9,490 (3.7)	1,232 (4.9)	434 (2.2)
1921-30	15,177 (2.2)	12,825 (2.0)	1,612 (1.2)	615 (4.1)
1931-38	20,847 (5.4)	17,586 (5.0)	2,141 (6.9)	883 (4.8)

出所：前掲『旧日本植民地経済統計』225～239頁より作成．
備考：GDE は，1934-36年平均価格表示．括弧内の数値は期間内の年平均成長率．―はデータなしを示す．

の値を示している[17]。これに対して朝鮮の場合，貿易依存度の急上昇がみられるものの，台湾のそれとは明確な隔たりがある。さらに台湾の1人あたり輸移出入額は，日本や朝鮮に比べれば格段に大きく，経済規模に比した貿易の重要性が際立っていた[18]。換言すれば，朝鮮に比べて台湾は経済的な対外分業の意義が大きく，貿易のあり方如何が経済発展を強く規定する植民地であった[19]。本書では，このように貿易に強く依存する台湾を帝国日本に最も強く結びつけられた植民地の典型と措定し，分析対象として選択する。

　また，植民地期の台湾を分析対象とする場合，日本や朝鮮とは異なる，台湾独自の成長パターンにも注意を払う必要がある（表序-3）。帝国日本の全体的な GDE の推移は，1910年代の成長，1920年代の停滞，1930年代の再成長という過程を経る。そして，これを構成する日本と朝鮮の成長パターンは，帝国全体の動向と同様の動きを示す。これに対して台湾の場合，1920年代から30年代にかけての連続的な安定的成長が看取される[20]。この1920～30年代は，台湾にとって1880年代あるいは1960～70年代と並ぶ急速な経済発展期であったと位置づけられているが[21]，貿易が台湾の GDE の重要な要素であったことを想起すれば，流通機構を分析対象とする本書もまた当該期間の考察に重点を置くべきであろう。さらに当該期間は，台湾経済の基軸であった糖類の輸移出額が相対的に低下する一方，穀物や果実，魚介類などの輸移出額が急増し，これら新しい輸移出品によって経済発展が牽引される時期でもあった（表序-4）。1920～30年代の台湾は，流通機構の多様化と経済発展が同時に進展する画期であった。本書は，こうした変化にも留意して検証を進める。

序章　問題の所在

表序-4　品目大分類・中分類別（SITC）主要輸移出額構成比

（単位：％）

大分類	0　食料品および動物						5　化学工業生産品		
中分類		03	04	05	06	07		51	55
年次		魚介類およびその調整品	穀物およびその調整品	果実および野菜	糖類およびその調整品ならびに糖蜜	コーヒー，茶，ココア，香辛料およびこれらの製品		元素および化合物	精油，香料，化粧品，洗剤および磨き料
1903	71.69	0.10	28.24	1.28	11.49	30.17	20.39	14.84	5.37
1908	78.58	0.37	31.28	1.54	28.06	17.06	13.45	6.78	6.03
1913	74.17	0.87	29.75	1.99	29.07	12.31	15.18	11.92	3.17
1918	73.44	1.73	17.99	2.66	43.93	7.06	14.14	12.58	1.09
1923	82.09	1.93	11.95	5.48	57.53	5.15	6.69	5.09	1.41
1928	83.48	2.62	21.44	5.71	49.54	4.04	5.32	4.19	0.96
1933	85.25	1.53	26.08	6.69	48.32	2.57	5.17	3.99	0.72
1938	80.84	0.63	28.42	7.04	41.74	2.80	4.51	3.03	1.01

出所：野島教之「貿易収支」（溝口敏行編『アジア長期経済統計1　台湾』東洋経済新報社，2008年）185～186頁より作成。
備考：中分類は，主要輸移出品のみを掲げた。したがって，掲示した中分類の合計と各大分類の構成比は，一致しない。

第2節　先行研究と本書の視角・構成

(1)　先行研究

　本書を構成する各章は，それぞれの検証を進めるうえで必要な研究に言及し，論点を抽出している。したがって，本節での提示は各章のそれと重複する部分もあるが，まずはそれを厭わずに先行研究の整理を進めていこう。
　帝国日本の対植民地貿易に言及した研究の成果は，分厚い層をなしている[22]。なぜなら，精度の高い貿易統計が比較的早い段階から作成され，一般に提供されてきたからである[23]。植民地台湾の場合も例外ではない。台湾総督府財務局税務課『台湾貿易四十年表』（1936年）には，1896年から1935年の輸移出入別，相手国・地域別，品別の貿易統計がまとめて掲載されており，1936年から1942年のほぼ同様のデータも台湾総督府財務局『台湾貿易年表』で捕捉可能である。

だが，本書のように取引を分析単位とし，取引主体の行動に着目する研究は決して多くはない。その要因の1つとして，帝国内の流通機構を担った取引主体の活動を観察しうる記録の不足が挙げられる。しかし，より重要な要因は宗主国─植民地の構造的な支配／被支配の関係が流通機構を構成する取引主体間の関係にそのまま置き換えられうるとみなす従来の研究視角に求めるべきであろう。たとえば涂照彦は，三井物産や三菱商事のような総合商社を「国家の権力」を背景とした「独占的地位にある巨大商」とみなし，台湾人商人は流通機構の最末端を担う存在にすぎないと理解した[24]。そうした理解に依拠すれば，1930年代の台湾米移出取引において「移出業者はほとんどが日本資本系であり，とりわけ三井〔物産〕・三菱〔商事〕二社が移出米取扱高の五〇％近くを占め」ることは自明であり，移出米の集荷と籾摺を担う台湾人経営の土礱間（トランケン）が「薄利性」を基調とする「多数の競争的零細経営」であることは所与となるであろう。流通機構を構成する取引主体間の関係性は，支配／被支配を基底とするエスニックな要素に強く規定され，構造的に固定化される。そうした涂の理解に基づくならば，流通機構のあり方や取引主体の行動は改めて検討されるまでもない。なぜならば，支配／被支配を基底とする植民地統治が続く限り，流通機構を構成する取引主体間の関係もまた不変であることが容易に想像されるからである。

　だが，こうした把握は事実に反する。表序-5に1914年，1925年，1930年の台湾島内における小売・卸売・問屋部門の営業税・営業収益税納付額の上位30件を掲げた。納税額と取引規模は，ほぼイコールだと考えて差し支えない。同表によれば，三井物産はすべての年度において，1924年に台湾市場へ参入した三菱商事は1930年度において上位にランクすることがわかる。台湾市場において総合商社は常に高いプレゼンスを保っており，その意味では涂の指摘も首肯しうる。しかし，一方で同表は1914年に3件であった上位30件に入る台湾人商人の数が，1925年と1930年にはそれぞれ10件に増加する事実も示している。さらに詳しく言えば，1925年と1930年のそれぞれ上位10件にランクインした瑞泰，方協豊（方玉墩），調和（高調和），林柏寿は，いずれも台湾米の対日移出に従事した経験を持つ台湾人商人であった。つまり，これらのデータは1910年代後

序章　問題の所在　11

表序-5　台湾島内における商業部門の営業税・営業収益税納付額

(単位：円)

順位	1914 商号もしくは代表者	営業科目	営業税	1925 商号もしくは代表者	営業科目	営業税	1930 商号もしくは代表者	営業科目	営業収益税
1	三井物産(株)〔台北〕	貿易（代理・仲立）	11,573	瑞泰合資会社	問屋業	41,175	瑞泰商事(株)〔台北〕	貿易（代理・仲立）	25,215
2	三井物産(株)〔高雄〕	貿易（代理・仲立）	6,184	方協恵商行	白米	13,674	三井物産(株)〔高雄〕	貿易（代理・仲立）	23,072
3	安部幸商店(株)	各肥料	6,109	三井物産(株)〔台北〕	肥料	10,081	三井物産(株)〔台北〕	貿易（代理・仲立）	14,164
4	増田屋	砂糖業	5,172	三井物産(株)〔台南〕	問屋業	7,814	三井物産(株)〔台中〕	貿易（代理・仲立）	9,996
5	三井物産(株)〔台中〕	貿易（代理・仲立）	2,611	三井物産事(株)〔台中〕	砂糖	6,506	三菱商事(株)〔高雄〕	貿易（代理・仲立）	7,684
6	郁松一造	砂糖・小麦商	1,919	乾州太郎	白米	6,401	台湾鉄工所(株)	諸機械類・工具（付属品）	7,188
7	台湾官煙販売窗(合資)山光商店〔台南〕	煙草商	1,838	三井物産青果商	問屋業	6,298	台湾青果(株)	果実青物	7,100
8	津阪腹造	諸機械金具商	1,615	(株)泉和組出張所	白米	5,100	方荒坡	米雑穀（精搗）	6,610
9	台湾煙草販売窗(合資)〔台南〕	砂糖・小麦商	1,452	三井物産(株)〔台南〕	問屋業	5,096	林朝煤	米雑穀（精搗）	6,200
10	江商行	砂糖商	1,401	團和	白米	4,875	盛進商行(株)	貿易（代理・仲立）	5,431
11	台湾官煙販売窗〔台北〕	煙草商	1,400	日進商会	綿布	4,315	三菱商事(株)〔台北〕	貿易（代理・仲立）	5,115
12	楽顕栓	煙草商	1,400	再発樟脳油	樟脳油	4,131	郭漢泉	諸茶類（精製）	4,839
13	佐鈴木商店	砂糖商	1,298	(株)進進商行	和洋雑貨	4,020	日進商会	呉服太物（洋反物諸織物類）	4,791
14	王談従	阿片商	1,252	三井物産(株)	白米	3,867	高雄魚市株	鮮魚	4,532
15	大板木商店	土木建築材料商	1,159	長興商行	白米	3,750	大池	呉服太物（洋反物諸織物類）	4,079
16	櫻林食次郎	各種営業	1,061	菊元商行	綿商	3,533	高池	米雑穀・精米・仲立	3,826
17	宮副商会	米雑穀商	1,060	大日本塩業(株)〔安平〕	食塩	3,529	三井物産(株)	貿易（代理・仲立）	3,793
18	日賀峰太郎	日用雑貨商	1,046	(株)安部幸商店	白米	3,489	安部幸商店(株)	各肥料	3,646
19	瑞泰	貿易（代理・仲立）	938	林朝煤	砂糖	3,425	井松太郎	各肥料	3,300
20	江商行	砂糖商	821	智記商行台北出張所	白米	3,360	譲裕記商行	果実青物	3,166
21	富永商会	呉服綿布商	814	三井物産(株)〔台中〕	砂糖	2,982	杉原商店	米雑穀・精米（精搗）	2,988
22	ハーリンヘス・テンケス	諸機械金具商	803	台湾水産(株)	問屋業	2,878	菊元洋商店	呉服太物（洋反物諸織物類）	2,980
23	大倉組出張所	…	803	(株)進進商会社	白米	2,818	近藤酒商店	和洋酒商	2,829
24	山田商店出張所	金物商	790	芳義商会	砂糖商	2,765	高調和商行〔合資〕	米雑穀・精米（精搗）	2,783
25	サミュエル・サミュエル	各種営業	773	譲裕記	玄米	2,550	台湾水産(株)	鮮魚	2,666
26	植松台北支店〔高雄〕	材木商	711	(株)台湾鉄工場	果物	2,519	幸山河	米雑穀・精米（精搗）	2,647
27	辰馬商会〔台南〕	和洋酒類	688	(株)台湾元米商店	金物	2,480	陳永弦商行〔合資〕	各肥料	2,617
28	資生堂業舗林	呉服	675	振興	呉服	2,253	金塗端記商行〔合資〕	米雑穀・精米（精搗）	2,566
29	福田呉服店	呉服太物（洋反物諸織物類）	650	福元米商店	白米	2,250	福和商店	和洋物諸織物類	2,487
30	デエトエントカンパニー	諸茶類（精製）	646	星加商店	綿布	2,098	信和商店	呉服太物（洋反物諸織物類）	2,388

出典：栗田政治郎『昭和二年台湾商工名録』（台湾物産協会、1927年）、渋谷隆一編『都道府県別資産家地主総覧』旧植民地編 1 （日本図書センター、1991年）より作成。

備考：1）1914年および1925年は営業税、1930年は営業収益税の数値を掲げた。
　　　2）網掛けは台湾人商人を示す。
　　　3）商号・代表者名、営業科目は、営業税の主を掲載した。原資料は、たとえば台湾内に複数の営業拠点を持つ事業主体は地域別に納税額が示されているが、本表では合算せずに表記した。

半から1920年代にかけて台湾人商人が何らかの要因によって成長したこと，その過程において総合商社と台湾人商人の間に競争が生じえたことを示唆している。以上の事実を踏まえれば，その競争関係の内実は，それぞれの取引主体の行動に即して解明されるべきであろう。

　だが近年，帝国内市場ないし東アジア市場における総合商社の活動を現地商人との関係性から議論する問題意識は後退傾向にある[25]。1890年代から1920年代にかけての中国市場において三井物産が直面した現地流通機構への対応に関する問題は，山下直登，山村睦夫，長妻廣至，鈴木邦夫によって先駆的に切り開かれた[26]。しかし，山下・山村の研究は三井物産の組織形成における「現地」化の議論へ[27]，鈴木の研究は同社のリスク管理制度に関する問題系へとそれぞれ継承されて深化したため[28]，帝国内市場ないし東アジア市場における総合商社の活動を商社間あるいは現地商人との競争関係から位置づける意識は相対的に希薄となった[29]。本書では，山村や鈴木の問題意識に回帰しつつ，①進出市場における商社間，あるいは現地商人によって形成される競争構造や戦略，②商慣習の異なる現地流通機構への対応や適応，③現地の人的資源の活用や現地社会との関係，といった実際の取引を担う総合商社の支店活動を制約する諸条件に着目しながら考察が進められることになろう。

　林満紅の研究に代表されるように，植民地台湾の流通機構をめぐる近年の研究では，台湾固有の伝統的な社会経済の強靱性を意識する成果が主流を占めているように思われる[30]。林の諸研究が明らかにしたことは，植民地期の台湾人商人が台湾と近距離にある福建・広東両省だけでなく，東南アジアや満洲，日本との取引にも従事していた事実であった。そして，彼らの越境的な活動を可能にした条件を林は，華商ネットワークへの依存に求めた[31]。林は，流通の最末端を担う弱者的存在として台湾人商人を理解するのではなく，19世紀末以降に拡大した近代的な輸送手段を利用し，華商ネットワークを梃子としながら対外交易を主体的に担う，越境的かつダイナミックな存在として台湾人商人を描いている。

　台湾人商人の広範な活動を明らかにした林の近年の研究は，これまでの自己

の研究蓄積にアジア・ネットワーク論32)で展開される「非公式ネットワーク」の要素を加味した成果である。そして，それらの成果は，華商ネットワークが近代日本の「帝国」化過程においても強靱な力を発揮しえたことを示唆しており，興味深い。だが，林の研究には2つの大きな問題が看取される。1つは，国際公共財，特に鉄道や蒸気船定期航路など近代的な輸送手段が持つ利便性や開放性を一般論に収斂して与件とした点である。そのため，取引主体によって異なる輸送コストの問題はほとんど無視されている33)。もう1つは，歴史的な条件や外部環境の変化を捨象して地縁・血縁に基づく「非公式ネットワーク」の強靱性を過大視した点にある34)。これらの問題は，近代東アジアにおける華商ネットワークの役割をどの程度評価しうるかという問題にも繋がっており，重要な論点となろう。林が示した台湾人商人のダイナミックなイメージを肯定的に継承しつつ，輸送コストや競争構造の変化が与える影響を踏まえながら台湾人商人の活動を解明することも本書の重要なテーマとなる。

　戦間期に輸移出額を急速に拡大させた果実（前掲表序-4）の流通機構をサプライチェーン全体の動向から観察した陳慈玉は，流通機構における植民地行政の支配力を示した35)。陳によれば，果実の生産・販売構造は生産から販売にいたる一連の過程を担う同業組合，その上部組織である同業組合聯合会および販売を担当する台湾青果会社が「政府当局の許可のもとで生産と輸送，販売の大権を独占」しており，「青果の生産・販売の経営の実権が統治者の手中にあった」とした。陳が明らかにした植民地台湾の流通機構は，台湾総督府や各州といった植民地行政によって統制されるそれであった。

　植民地台湾において行政を担当する台湾総督府の権力は絶大であった。事実，陳が観察した青果物の流通機構において総督府は，主導的な役割を果たしていた。しかし，総督府の権力は，帝国日本が台湾を支配した50年間の全期間において常に一定であったわけではない。1922年の法三号の施行は，総督に付与した権限を縮小する一方，その権限は地方行政組織の長たる州知事へ移譲されることになった36)。「文官総督制」の実施は，政党化した官僚に総督のポストを委ねる傾向を生み出したが，それゆえ1920年代以降の台湾統治は内閣の交代や

政党の影響といった日本国内の政治状況に強く規定されるようになった[37]。植民地統治における行政の意思決定は，決して一枚岩ではなく，きわめて複雑であった。流通機構における植民地行政の役割を観察する場合も，総督府が主張する「台湾の論理」を国内の政治状況や社会環境に照らし合わせて相対化しつつ，行政の措置に対する取引主体の行動が具体的に解明される必要があろう。

以上に整理した帝国日本と植民地台湾をめぐる流通機構やその取引主体に言及した諸研究の成果を踏まえれば，本書では以下の点に留意して研究を進めるべきであろう。第1に，流通ネットワークが構築されるうえで物的基盤となる近代的輸送手段のあり方を取引主体の活動に関連させながら分析することである。第2に，帝国日本の登場によって大きく変容した東アジアにおける通商秩序に適応し，持続的な取引を可能とした取引主体の企業組織や利益確保に向けた行動を分析することである。第3に，植民地行政のさまざまな政策に対する取引主体の行動を探ることである。この3つの分析を通じて本書は，取引主体が市場条件に規定されながら競争を展開し，持続的に取引を繰り返す要因——それが利益の獲得を期待する自発的要因か強制性を伴う植民地統治に基づく非自発的要因か，あるいは両方なのか，は改めて検証する必要がある——を考察する。このような論点の解明を本書は，次に示す研究視角に依拠しながら進めていく。

(2) 本書の視角

既述のような課題と論点を分析する際に最も適切であると思われる視角は，日本経済史・経営史研究の一領域である流通史研究に蓄積された知見の援用にあると本書は考えている[38]。その先駆的な成果とみなされている山口和雄・石井寛治編『近代日本の商品流通』は，「具体的にいかなる地帯構造＝連関を有する統一的国内市場が形成されていくか，という観点からの地域分析」と「各地域内部での生産的・個人的消費のあり方を階級分化とのかかわりで検討する階層分析を行うこと」を主目的として議論を展開した[39]。そして，流通機構を変容させる契機を汽船や鉄道といった近代的輸送手段の登場や生産者による

前方統合の進展に求めた[40]）。また，山口・石井の成果を批判的に継承した中西聡・中村尚史編『商品流通の近代史』は，取引制度の形成や取引主体の対応が原則として外部環境に強く規定されることを指し示しつつ，しかし，こうした外部環境の変化に応じた取引主体の内生的な変化や市場との関わり方が商品流通機構の多様性を生み出すことを主張した[41]）。

　つまり，これまでの流通史研究が明らかにしてきたことを総合すれば，①形状，生産・消費形態，単価あたり重量，保存性といった商品それぞれの属性，②物資集散地や市場圏の動態，③流通システム・交通体系・情報発信の変化，④これら外部環境に対応する取引主体の行動や選択，の４つが流通機構の性格を決定づける，ということである[42]）。それゆえ，それぞれの流通機構はそれぞれの条件の組み合わせによって複雑かつ多様な性格を持つことになる。帝国日本を構成する植民地の経済的・社会的特性が自然条件や歴史的経路依存に規定されて多様であったことを想起すれば[43]），これを結びつける流通機構もまたこの４つの条件に規定されて同様に複雑かつ多様となるであろう。そうであるならば，帝国内に分散した需給を結びつけ，日本と植民地の結合を担った流通機構のあり方は，単なる数値の集合ではなく，複雑かつ多様な流通機構の「束」として理解される必要がある。本書は，流通機構の性格を決定づける４つの条件に留意して複数の個別事例研究を積み重ねつつ，複雑かつ多様な流通機構の「束」から抽出される共通項をあぶり出すことで日本と植民地を有機的に結びつけた流通機構の特質を明らかにする。

　さらに本書では，上述の諸研究があまり重視してこなかった文化的な要素やそれが生み出す商慣習の差異といった，異なる文化的属性を持つ経済主体間の取引において生じる問題が流通機構に与える影響にも注目したい。

　石原武政は，商業者が持つ流通ネットワークを介して生産者が向き合いうる消費者の数を乗数的に増加させることを「商業者の市場形成機能」と呼び，生産と市場が拡大する過程における商業者の介在を必然化した。そして生産者と消費者の間に介在する商業者の多段階的な層によって商業者が現実に直面する空間的制約が解消され，「市場はさらに幾何級数的に拡大されることになる」

と主張した[44]。とはいえ,異質なエスノ・ナショナルによって構成される階層的な空間である「帝国」およびその市場では,そうした論理が円滑に進みうる保証はない。なぜなら,異質性を内包せざるをえない帝国内において流通のネットワークを幾何級数的に拡張する場合,その内部に異なる文化的属性を持つ取引主体を必然的に抱え込まざるをえないからである。これは,異なる「文化に根ざす予想」[45]を有する宗主国と植民地の取引主体が流通ネットワークの内部に混在することを意味し,取引主体間の文化的信念の体系=共有事前確率[46]に乖離が生じることを意味する。こうした差を解消して取引の円滑化を図ろうとする場合,日本人商人には「現地」化が求められるが,台湾人商人にはそれ以上に強い「同化」が求められるであろう。

　台湾・朝鮮における学校教育の側面から分析を進めた駒込武は,帝国日本の文化統合における特色である同化主義を「表面的でなく心理的にまで日本人化し,日本に対する融和親善の思想感情を涵養すること」と定義する[47]。本書が重視するこの定義のポイントはその前半にある。つまり,同化主義の本質は帝国日本の支配者たちが心理的な日本人化を被支配者に対して強要することにある。これは,被支配者の文化的信念の体系を日本人あるいは日本企業のそれに同一化することと同義にあると考えて差し支えないだろう。もし以上のように定義された同化主義が「帝国」において実現したならば,流通ネットワークの内部に異なる文化的属性を持つ取引主体を抱えたとしても何ら問題は生じない。それぞれの取引主体が初期的に持つ文化的属性に起因する「文化に根ざす予想」が同化主義およびその思想を基盤とする何らかの政策によって「帝国」のいずれの場所においても同一化されるからである。

　ただし,政策としての同化主義が実行されるそもそもの目的が「帝国」による支配の障害となる文化的な異質性を支配者の論理や必要性に合致する形で選択的かつ限定的に緩和・排除することにあったことを忘れるべきではない。この目的に鑑みれば,「帝国」では同化と異化ないし包摂と排除が同時的に進行することは何ら驚くべきことではない[48]。本書は,同化と異化あるいは包摂と排除が交錯する場である帝国日本において文化的属性の異なる日本人商人と植

民地商人が取引関係を結ぶ際に生じる問題に着目しながら流通機構のあり方を論じる。

(3) 本書の構成

本書は，冒頭に掲げた課題に即してできる限り実証的な検討を以下の構成によって行う。第Ⅰ部（第1章～第4章）では，植民地台湾をめぐる貿易の推移を概観しつつ，帝国内の市場形成と表裏の関係にある台湾—中国間経済関係の変容について検証する。日本による植民地化以前の台湾は，中国を中心とする中華帝国の周辺の一部としての位置にあった。したがって，植民地台湾が帝国日本の経済圏に包摂される過程は，同時に中華帝国が形成する経済圏から台湾が切り離され，中国との経済的関係の「断絶」を余儀なくされる過程でもあった。事実，矢内原忠雄をはじめとする従来の研究はこの問題を強く意識しており，帝国日本の帝国内市場が形成される前提として理解しなくてはならない問題である。まず，第1章では帝国日本と植民地台湾をめぐる流通機構をマクロ・データから整理し，第2章以降で取り上げる流通機構の妥当性を示しながら予備的観察を行う。つづく第2章～第4章では，植民地台湾と中国大陸の関係を台湾の対中国輸出貿易の変容過程から具体的に検討する。

第2章では，20世紀初頭において植民地台湾と中国大陸の経済関係が急速に希薄化した背景を当該期間における輸出品の大宗であった烏龍茶をめぐる取引から分析する。その際，①当該期間において烏龍茶輸出を主体とする台湾の対中国輸出が減少した要因，②台湾から輸出港にいたる流通機構を担う取引主体の交代要因の2つを論点とし，議論を進める。従来，前者の要因は台湾総督府が設定した不平等関税（＝台湾輸出税及出港税規則，1899年7月施行），後者の要因は台湾の植民地化に伴う台湾—中国間の国境設定，といった具合に，台湾総督府の経済政策が「台湾と支那との紐帯断ちて日本との新なる結合を為せることに帰し」，同時に「外国殊に支那商業資本家の勢力衰へて日本資本家の進出を容易ならしめた」[49]と理解されてきた。これに対して本書では，台湾総督府の茶業政策や基隆築港，台湾銀行による新規サービスの開始といった植民

地行政および関係機関の役割を重視しつつ，消費市場の動向や輸出商間の競争環境にも注目しながらその動因を検討する。

第3章では，1900年代から第1次世界大戦前後期において台湾の対中国輸出が質的な変化を遂げながら量的にも拡大する過程を解明する。ここで対象とされるのは，1910年以降に展開した台湾を集散地とする日本製品の対中国輸出である。この拡大要因について従来の研究は，取引を担う台湾人商人が持つ華商ネットワークの強靱性に求める一方，港湾の整備や航路拡充を担う台湾総督府の役割をほぼ等閑視してきた。なぜ台湾人商人の活動が可能となったのか，輸出港の機能や消費地の貿易構造がどのように変化したのか，という問題を海上交通網の整備から解明することが第3章の課題となる。

第4章では，第3章の検討を踏まえたうえで台湾を経由する日本製品の対中国輸出の展開を取引主体の行動から検証する。第1次世界大戦期から1920年代にかけて拡大した台湾を中継地とする日本製品の対中国輸出は，台湾人商人によって担われていた。そのため，従来の研究は台湾人商人が持つ華商ネットワークにその拡大要因を求めてきた。だが，こうした視角に依拠した場合，中継貿易の前提となる日本と台湾の取引が円滑に進んだ背景を説明することができない。第4章では，当該期間の東アジア市場に広く流通した海産物の相当部分がオホーツク海で漁獲され，加工された塩マスであったという事実を確認しつつ，この集散地であった函館の海産商と華南市場への輸出を担当する台湾人商人の関係から中継貿易の拡大要因を探る。ここでは，①函館海産商の組織化および統合，②植民地化によって生じる台湾人商人の組織変容，③両者の協調および競争のあり方，の3点が論点となろう。

第Ⅱ部（第5章～第7章）は，本書の本論に相当する。ここでは，商業者を媒介として拡大する帝国内の流通機構および帝国内市場の具体的な形成過程について，これを中心的に担ったと理解される植民地行政および総合商社の活動を現地流通機構との関係にも目配りしながら明らかにする。前述したように，これまでの研究成果は流通ネットワークの物的基盤となる近代的輸送手段の開放性を過度に強調する一方，取引主体の企業組織や利益確保に向けた行動の分

析を看過する傾向にあった。これに対して第Ⅱ部では，取引主体によって異なる輸送コストや取引主体の内部組織を可能な限り明らかにしながら持続的な取引を可能とした取引主体それぞれの競争力源泉について解明する。

第5章では，植民地行政のイニシアティブが流通機構において強く発揮されたと理解される台湾バナナの対日移出過程を戦間期に焦点を合わせて観察する。1920年代における日本市場の青果物流通は，中央卸売市場法の施行（1923年）によって消費地問屋と産地，あるいは産地問屋＝移出商と生産者の関係が大きく変容した時期であった。流通機構に強い影響力を有していた消費地問屋は，中央卸売市場に収容される一方，株式会社に改組され大規模中継卸売商業資本へと転じていった。また，せり市の開始によって商業者と生産者の間に存在した価格情報の非対称性が緩和されたことから，生産者による共同出荷が促進された。そのため，産地問屋＝移出商は零細生産者への金融機能を保持しつつ，新たに流通機構に登場した生産者と競争関係にならざるを得なかった。第5章では，1920年代における日本の青果物流通機構に生じたこのような変化を前提としつつ，1920年代から1930年代にかけて急増する台湾バナナの対日移出過程を，①国内青果物流通機構との関係および両者の比較，②近代的な輸送手段の拡充と産地形成の関係，の2つを論点として明らかにする。

第6章では，帝国内に分散した需給を結びつける主導的な役割を果たしたと理解されている総合商社の活動について論じる。戦間期において日本の対植民地依存は加速度的に上昇したが，同時に三井物産と三菱商事の社内における在植民地支店も取扱高を大幅に拡大させた。とりわけ1924年に台湾市場へ新規参入した後発の三菱商事は，先発した三井物産へのキャッチアップを試みて急速にシェアを拡大し，台湾米と肥料の取扱では特に顕著な成長を示した。第6章では，①先行する三井物産の市場支配力，②商慣習の異なる現地流通機構や取引相手の零細性および有力な現地商人といった現地要因，の異なる2つの問題に直面した三菱商事が，台湾市場において急速にプレゼンスを高める過程を同社の競争戦略から探っていく。

第7章は，1930年代の総合商社にとって最大の取扱品であり，かつ戦間期に

は砂糖に次ぐ対日移出品となった台湾米の流通機構に焦点を移して大量の台湾米移出が可能となった条件を流通機構およびその競争関係から明らかにする。周知のように，1920年代以降，蓬莱米の登場を契機として台湾米の対日移出が急増した。この最大の要因は，当然ながら生産量の増加に求めるべきであるが，そうした生産局面とは別に膨大な移出米の取引を可能とした流通機構の性格や取引主体の活動も台湾米の移出を促進した決定的要素として説明されるべきであろう。しかも1930年代には，1920年代に流通機構の中心を担っていた台湾人移出商が取引から退出し，三井物産・三菱商事・杉原商店・加藤商会の4大移出商がこれに取って代わるという事態も生じている。第7章では，植民地行政によって促された取引環境の変化と取引主体の対応，船会社との提携関係に留意しながらこの問題を詳らかにしていく。

　流通機構を歴史具体的に分析する第2章から第7章で留意されることは，植民地の流通ネットワークに強い影響を与える植民地行政による社会資本整備の内実との関連から流通機構のあり方を検証することにある。1980年代に勃興したネットワーク論では，ネットワーク組織を結合する情報流通のあり方を重視しつつ，ヒトとヒト，組織と組織を結びつける物的・社会的基盤（＝輸送手段や情報通信手段などの社会資本）の形成過程にも注意を払ってきた[50]。この6つの章では，原初的なネットワーク論が示す視角に立ち戻りながら現在の研究が過度に強調する「非公式ネットワーク」ないし「関係性のネットワーク」の相対化を図ることになろう。

1) 本書がカギ括弧を添えて表記する「帝国」は，概念上の「帝国」を意味する。一方，空間的な拡がりを持つ，実体としての帝国を意味する場合には，"帝国日本"のようにカギ括弧を付さない。
2) 大江志乃夫「東アジア新旧帝国の交替」（大江志乃夫ほか編『岩波講座　近代日本と植民地』1，岩波書店，1992年）5～10頁。いうまでもなく，いわゆる「国内植民地」が今日的に孕む問題は迅速な解決が求められており，そうした解決に資する歴史研究の役割もきわめて重要である（今西一編『世界システムと東アジア——小経営・国内植民地・「植民地近代」』日本経済評論社，2008年）。

3） 高江洲昌哉『近代日本の地方統治と「島嶼」』（ゆまに書房，2009年）。
4） 春山明哲『近代日本と台湾――霧社事件・植民地統治政策の研究』（藤原書店，2008年）157～173頁。
5） 山室信一「「国民帝国」論の射程」（山本有造編『帝国の研究――原理・類型・関係』名古屋大学出版会，2003年）116頁。
6） 酒井哲哉「帝国日本の形成」（樺山紘一ほか編『岩波講座　世界歴史』23，岩波書店，1999年）286～299頁。
7） 以下，山本有造「「帝国」とはなにか」（前掲『帝国の研究』）10～12頁。
8） 李英美『韓国司法制度と梅謙次郎』（法政大学出版局，2005年），檜山幸夫「台湾統治基本法と外地統治機構の形成――六三法の制定と憲法問題」（台湾史研究部会編『日本統治下台湾の支配と展開』中京大学社会科学研究所，2004年），浅野豊美・松田利彦編『植民地帝国日本の法的展開』（信山社出版，2004年），浅野豊美『帝国日本の植民地法制――法域統合と帝国秩序』（名古屋大学出版会，2008年）。
9） 加藤聖文「植民地統治における官僚人事――伊沢多喜男と植民地」（大西比呂志編『伊沢多喜男と近代日本』芙蓉書房，2003年），李炯植「「文化統治」初期における朝鮮総督府官僚の統治構想」（『史学雑誌』115（4），2006年4月），岡本真希子『植民地官僚の政治史――朝鮮・台湾総督府と帝国日本』（三元社，2008年），松田利彦・やまだあつし編『日本の朝鮮・台湾支配と植民地官僚』（思文閣出版，2009年）。
10） ここでは，代表的な研究成果の紹介だけにとどめておく。駒込武『植民地帝国日本の文化統合』（岩波書店，1996年），見市雅俊・斎藤修・脇村孝平・飯島渉編『疾病・開発・帝国医療――アジアにおける病気と医療の歴史学』（東京大学出版会，2001年），藤井省三・黄英哲・垂水千恵編『台湾の「大東亜戦争」――文学・メディア・文化』（東京大学出版会，2002年），青井哲人『植民地神社と帝国日本』（吉川弘文館，2005年），大友昌子『帝国日本の植民地社会事業政策研究――台湾・朝鮮』（ミネルヴァ書房，2007年）。
11） たとえば，松本武祝『朝鮮農村の〈植民地近代〉経験』（社会評論社，2005年），三澤真美恵『「帝国」と「祖国」のはざま――植民地期台湾映画人の交渉と越境』（岩波書店，2010年），伊藤るり・坂元ひろ子・タニ・E.バーロウ編『モダンガールと植民地的近代――東アジアにおける帝国・資本・ジェンダー』（岩波書店，2010）など。植民地近代論については，多くの有用なサーベイ論文が刊行されている。以下を参照されたい。松本武祝「朝鮮における「植民地的近代」に関する近年の研究動向――論点の整理と再構成の試み」（『アジア経済』43（9），2002年9月），並木真人「朝鮮における「植民地近代性」・「植民地公共性」・対日協力――植民地政治史・社会史研究のための予備的考察」（『国際交流研究』5，2003

年3月），板垣竜太「〈植民地近代〉をめぐって——朝鮮史研究における現状と課題」（『歴史評論』654，2004年10月），戸邉秀明「ポストコロニアリズムと帝国史研究」（日本植民地研究会編『日本植民地研究の現状と課題』アテネ社，2008年），三ツ井崇「朝鮮」（同前）。

12) 前掲「ポストコロニアリズムと帝国史研究」64頁。
13) 宮本正明「植民地と「文化」」（『年報・日本現代史』10，2005年5月）206頁。
14) 前掲「「帝国」とはなにか」12頁。なお，山本は「ここでいう「広域的公共財」とは通常「国際公共財（international public goods）」とよばれるものとほぼ同概念であるが，国際という用語を避けて「広域的」という」と述べており，機能面では「広域的公共財」と「国際公共財」を同義として使用している。
15) 山本有造『日本植民地経済史研究』（名古屋大学出版会，1992年），金洛年「植民地期台湾と朝鮮の工業化」（堀和生・中村哲編『日本資本主義と朝鮮・台湾——帝国主義下の経済変動』京都大学学術出版会，2004年）。
16) 堀和生『東アジア資本主義史論Ⅰ——形成・構造・展開』（ミネルヴァ書房，2009年）36頁。
17) 「〔台湾の〕値は，南樺太や南洋群島と比較すれば低いが，日本本土の値を大きく上回る45〜60％の値を示しており，諸外国の経験と比較してかなり高い水準にあるといってよい。台湾の輸出は，米，砂糖，果物よりなっており，台湾の経済成長は輸出をエンジンとした農業の発展によって支えられてきたといってよい。この意味では，オーストラリア経済の分析などで利用されるステイプル理論も十分妥当するように思われる」（梅村又次・溝口敏行「「旧日本帝国」の経済構造——国民経済計算による分析」（溝口敏行・梅村又次編『旧日本植民地経済統計——推計と分析』東洋経済新報社，1988年，10頁）。
18) 堀和生の測定によれば，台湾・朝鮮・日本の1人あたり輸移出入額は以下の通りである。1913年：台湾32.6円，朝鮮6.1円，日本29.5円。1925年：台湾108.4円，朝鮮35.8円，日本97.7円。1935年：台湾115.5円，朝鮮55.3円，日本95.1円（前掲『東アジア資本主義史論Ⅰ』80頁）。
19) この差異について金洛年は，①台湾は植民地化以前の時点においてすでに商品経済化が進展していたこと，②近代的な製糖資本の進出によって農産物の加工品工業が発達したことの2点を挙げ，輸移出に適合的な農業の展開が台湾の高い貿易依存度を形成したと指摘している（前掲「植民地期台湾と朝鮮の工業化」155頁）。
20) 「台湾の成長率の変化を見ると，1920年までは日本の景気動向と同じパターンをとっていたように思われる…(略)…1920年代に入ると，台湾の変動パターンは日本本土のそれと異なっている。すなわち，日本本土の成長率が停滞するのに対して，

序章　問題の所在　23

台湾の経済成長率はかなりの水準を維持しており，その傾向は1930年代に引きつがれ，台湾の経済成長率は日本本土のそれを上回っているといえよう」(前掲「「旧日本帝国」の経済構造」8頁)。
21) 劉進慶「清末台湾における対外貿易の発展と資本蓄積の特質 (1858-1895年)」(『東京経大学会誌』138，1984年11月) 56～57頁。
22) 矢内原忠雄『帝国主義下の台湾』(岩波書店，1929年)，高橋亀吉『現代台湾経済論』(千倉書房，1937年) のほか，篠原三代平・石川滋編『台湾の経済成長――その数量経済的研究』(アジア経済研究所，1972年)，溝口敏行『台湾・朝鮮の経済成長』(岩波書店，1975年)，前掲『旧日本植民地経済統計』，尾高煌之助・斎藤修・深尾京司監修，溝口敏行編『アジア長期経済統計1　台湾』(東洋経済新報社，2008年) など，数量経済史研究のアプローチから提出された一橋大学研究グループの成果がある。そのほか，日本―台湾間貿易を直接取り扱った研究としては，吉信粛「日本の対植民地貿易――その統計的検討」(小野一一郎・吉信粛編『両大戦間期のアジアと日本』大月書店，1979年)，洪詩鴻「台湾資本主義の発展と商人資本」(『経済論叢』154 (3)，1994年9月)，林采秀「日本的海上経路与台湾的対外貿易 (1874-1945)」(黄富三・翁佳音主編『台湾商業伝統論文集』中央研究院台湾史研究所籌備処，1999年)，游棋竹『台湾対外貿易与産業発展之研究 (1897-1942)』(稲郷出版社，2005年) などが挙げられる。
23) 前掲『東アジア資本主義史論Ⅰ』6頁。
24) 以下，涂照彦『日本帝国主義下の台湾』(東京大学出版会，1975年) 204～206頁。
25) 近代日本は，貿易に強く依存して経済発展をなし遂げたことから，これを牽引する担い手であった総合商社は多くの研究者の関心を引き寄せ，研究の対象とされてきた。そしてその主たる関心は，①総合商社が発生するメカニズム，②総合商社が「総合商社」化する過程，③一手販売契約や見込商売などの取引方法，④総合商社の企業行動を補完する付帯業務，の4つに寄せられており，特に顕著な成果を残してきた。総合商社に関する研究史や近年の研究動向については，上山和雄『北米における総合商社の活動――1896～1941年の三井物産』(日本経済評論社，2005年)，大島久幸「総合商社の展開」(阿部武司・中村尚史編『講座・日本経営史2　産業革命と企業経営――1882～1914』ミネルヴァ書房，2010年) および大森一宏・大島久幸・木山実編『総合商社の歴史』(関西学院大学出版会，2011年) を参照されたい。
26) 山村睦夫「日本帝国主義成立過程における三井物産の発展――対中国進出過程の特質を中心に」(『土地制度史学』19 (1)，1976年10月)，同「日清戦後における三井物産会社の中国市場認識と「支那化」――総合商社の形成と中国市場」(『和

光経済』22 (3), 1990年3月), 山下直登「日本資本主義確立期における東アジア石炭市場と三井物産——上海市場を中心に」(『エネルギー史研究ノート』9, 1977年12月), 同「日本帝国主義成立期の香港市場と三井物産——石炭市場を中心に」(『エネルギー史研究』10, 1979年3月), 同「日本帝国主義成立期の香港市場と三井物産 (下)」(『エネルギー史研究』11, 1981年10月), 鈴木邦夫「見込商売についての覚書——一八九〇年代後半〜一九一〇年代の三井物産」(『三井文庫論叢』15, 1981年12月), 長妻廣至「戦前期三井物産の台湾における活動——米と肥料の流通を中心として」(長妻廣至遺稿集刊行会編『農業をめぐる日本近代——千葉・三井物産・ラートゲン』日本経済評論社, 2004年)。1979年度に提出された未刊行の修士論文を2004年に改めて刊行した長妻の「戦前期三井物産の台湾における活動」は, 三井文庫所蔵の資料を駆使して1890年代後半から1925年までの台湾市場における三井物産の活動を明らかにするとともに, 前掲『日本帝国主義下の台湾』では等閑視された瑞泰の活動を同資料から逆照射した先駆的業績と位置づけられる。研究史上における同稿の意義と問題点は, 第7章で言及したい。

27)　若林幸男『三井物産人事政策史1876年〜1931年——情報交通教育インフラと職員組織』(ミネルヴァ書房, 2007年), 山藤竜太郎「三井物産の買弁制度廃止——上海支店に注目して」(『経営史学』44 (2), 2009年9月)。三井物産の「現地化」を取り扱った近年の研究は, 1900年代初頭の在中国店が廃止した買弁の機能を代替する人材育成の観点から議論が組み立てられる。そのため, 三井物産の人事あるいは組織形成に主たる関心が寄せられる一方, 「現地化」によって変化する具体的な取引活動や競争優位の形成過程は分析の範囲に含まれないことが多い。

28)　山崎広明「日本商社史の論理」(『社会科学研究』39 (4), 1987年12月), 大島久幸「第一次大戦期における三井物産——見込商売の展開と商務組織」(『三井文庫論叢』38, 2004年12月)。

29)　ただし, この間も日本帝国主義論に依拠した坂本雅子『財閥と帝国主義——三井物産と中国』(ミネルヴァ書房, 2003年)や三井物産の活動を規定する中国東北地域の経済状況に着目した塚瀬進「中国東北地域における大豆取引の動向と三井物産」(江夏由樹・中見立夫・西村成雄・山本有造編『近代中国東北地域史研究の新視角』山川出版社, 2005年) など, さまざまな視角から研究成果が提出された。さらに近年では, これまで十分に明らかにされてこなかった戦時期における三井物産の活動が春日豊『帝国日本と財閥商社——恐慌・戦争下の三井物産』(名古屋大学出版会, 2010年) によって詳らかにされた。このように, 帝国内市場ないし東アジア市場における総合商社の活動を考察する成果が提出されなかったわけではない。しかし, いずれの研究も三井物産1社のみに強い関心を寄せるため, 商

社間あるいは商社と現地商人との間で展開される競争は分析の対象となっていない。

30) 林満紅「台湾与東北間的貿易（1932-1941）」（『中央研究院近代史研究所集刊』24（下），1995年6月），同「「大中華経済圏」概念之一省思——日治時期台商之島外経貿経験」（『中央研究院近代史研究所集刊』29, 1998年6月），同「華商と多重国籍——商業的リスクの軽減手段として（1895-1935）」（『アジア太平洋討究』3, 2001年3月），同「アジア・太平洋経済における台湾・香港間の競合関係——附日本植民地期台湾・福建関係」（藤善眞澄編『福建と日本』関西大学出版部, 2002年），同「日本の海運力と「僑郷」の紐帯——1930年代の台湾—満洲間貿易を中心に」（松浦正孝編『昭和・アジア主義の実像——帝国日本と台湾・「南洋」・「南支那」』ミネルヴァ書房, 2007年）。

31) 林満紅「日本と台湾を結ぶ華人ネットワーク——戦前の日台経済関係における台湾人商人・華商・日本政府」（貴志俊彦編『近代アジアの自画像と他者——地域社会と「外国人」問題』京都大学学術出版会, 2011年）。なお，地縁・血縁に基づく非公式なネットワークについて林は，「華人ネットワーク」，「華商ネットワーク」，「「僑郷」の紐帯」などさまざまな語句で表現しているが，本書では引用箇所以外は原則として「華商ネットワーク」と統一表記する。

32) 代表的な成果は以下の通り。杉山伸也・リンダ・グローブ編『近代アジアの流通ネットワーク』（創文社, 1999年），古田和子『上海ネットワークと近代東アジア』（東京大学出版会, 2000年），籠谷直人『アジア国際通商秩序と近代日本』（名古屋大学出版会, 2000年），廖赤陽『長崎華商と東アジア交易網の形成』（汲古書院, 2000年），籠谷直人・脇村孝平編『帝国とアジア・ネットワーク——長期の19世紀』（世界思想社, 2009年）。

33) 運賃同盟が結成された定期船航路では，特定顧客の優遇は禁止されていたが，実際には固定的取引を前提とする秘密運賃割戻制度が広く普及していた。たとえば大島久幸は，戦間期の三井物産が秘密運賃割戻制度を利用して競争力を高めていったことを明らかにしている（大島久幸「戦間期における海運市場の変容と三井物産輸送業務」『経営史学』43 (4), 2009年3月）。本書は，定期船航路が有する国際公共財としての一般的な利便性や開放性を否定するものではない。しかし，実際の運賃は取引主体によって差異があり，そしてその差異こそが取引主体の競争力や優位性の源泉であったと考えている。

34) この問題は，林が依拠したアジア・ネットワーク論が抱える問題だとも言いうる。アジア・ネットワーク論に対する批判は，高村直助「開港後の神戸貿易と中国商人」（『土地制度史学』176, 2002年7月），本野英一『伝統中国商業秩序の崩壊——

不平等条約体制と「英語を話す中国人」』（名古屋大学出版会，2004年）。

35) 以下，陳慈玉「台湾バナナ産業と対日貿易——1912～1972年」（『立命館経済学』59 (2)，2010年7月）170頁。

36) 檜山幸夫「台湾総督の職務権限と台湾総督府機構」（檜山幸夫編『台湾総督府文書の史料学的研究——日本近代公文書学研究序説』ゆまに書房，2003年）。

37) 前掲『近代日本と台湾』。

38) たとえば，山口和雄『流通の経営史——貨幣・金融と運輸・貿易』（日本経営史研究所，1989年），吉田伸之・高村直助編『商人と流通——近世から近代へ』（山川出版社，1992年），中西聡『近世・近代日本の市場構造——「松前鯡」肥料取引の研究』（東京大学出版会，1998年），老川慶喜・大豆生田稔編『商品流通と東京市場——幕末～戦間期』（日本経済評論社，2000年），桜井英治・中西聡編『新体系日本史12　流通経済史』（山川出版社，2002年），石原武政・矢作敏行編『日本の流通100年』（有斐閣，2004年），石井寛治『日本流通史』（有斐閣，2003年），高宇『戦間期日本の水産物流通』（日本経済評論社，2009年）。

39) 石井寛治「国内市場の形成と展開」（山口和雄・石井寛治編『近代日本の商品流通』東京大学出版会，1986年）5頁。

40) 同前，59～60頁。

41) 中西聡・中村尚史編『商品流通の近代史』（日本経済評論社，2003年）2頁，339頁。

42) 同前，石井寛治編『近代日本流通史』（東京堂出版，2005年）(3) 頁。

43) 柳沢遊「日本帝国主義史研究の現段階——1930年代帝国主義の中国侵略と経済団体」（『地域と経済』3，2006年3月）78頁。

44) 「いま1人の商業者が2,000人の消費者と取引するとすれば…（略）…生産者は20人の商業者と取引すれば，40,000人の消費者と向き合うし，100人の商業者と取引すれば200,000人の消費者と向き合うことができる。しかし，直接取引を行う商業者の数を増加させることは，再び生産者にとっての負担となる。このとき，生産者と商業者〔小売商〕との間にもう1段階別の商業者〔卸売商〕が介在することになる…（略）…いま卸売商が介在してそれぞれ50人の小売商と取引し，さらに各小売商が2,000人の消費者と取引するとすれば，生産者はわずか10人の卸売商と取引を行うことによって，実に100万人の消費者と向き合うことが可能になる」（石原武政『商業組織の内部編成』千倉書房，2000年，76頁）。

45) アブナー・グライフ（岡崎哲二・神取道宏監訳）『比較歴史制度分析』（NTT出版，2009年）。

46) 青木昌彦「制度とは何か——制度変化を考えるために」（中林真幸・石黒真吾編

『比較制度分析・入門』有斐閣，2010年）10頁。
47）　前掲『植民地帝国日本の文化統合』20頁。
48）　谷ヶ城秀吉「台湾の戦時体制の構築と「同化」・「異化」」（加藤聖文・谷ヶ城秀吉編『台湾総督府臨時情報部「部報」』別巻1，ゆまに書房，2006年）。
49）　前掲『帝国主義下の日本』161頁。
50）　今井賢一・金子郁容『ネットワーク組織論』（岩波書店，1988年）22～24頁。

第Ⅰ部　2つの帝国と台湾

第1章　数量的概観

はじめに

　序章では，本書が取り組むべき課題と論点をその方法や視角とともに示した。本章では，第2章以降の具体的な事例分析を展開する前提として，あるいは行論を深めることを目的として帝国日本と植民地台湾の流通機構を数量的に概観して予備的に考察する。なお，この分野ではすでに多くのすぐれた先行研究の蓄積がある。そこで本章は，主としてこれらの研究蓄積を整理し，活用することで論点を抽出する。

第1節　帝国日本の貿易構造と植民地

　まずは，近代日本の対外貿易を概観しながら対比的に帝国内の流通機構（＝対植民地貿易）を量的な側面から確認する。図1-1および図1-2は，堀和生が集計した1874年から1938年までの日本の地域別実質貿易額を2年毎にグラフ化したものである。同図では，名和統一が言う3つの環節，すなわち対北米，対イギリス帝国（帝国を構成する英領インド・海峡植民地は，本図では「アジア」に含まれている），対中国・満洲のいずれもが量的に重要であった事実が確認される[1]。これに対して「朝鮮・台湾」で示した対植民地貿易は，1890年代から1900年代にかけて急激に上昇し，1930年代後半には日本にとって最も重要な環節となった。従来の研究が繰り返し指摘するように，第1次世界大戦以降，日本の貿易構成における植民地のウエイトが拡大したこと[2]，特に1930年

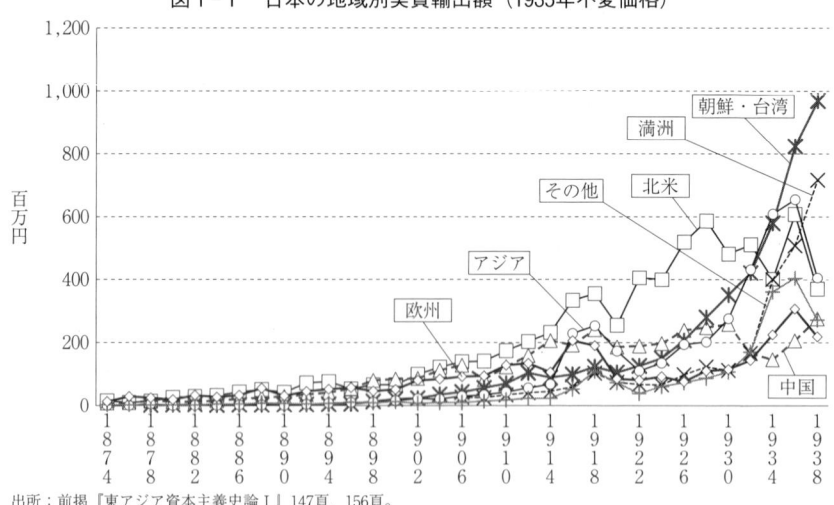

図1-1　日本の地域別実質輸出額（1935年不変価格）

出所：前掲『東アジア資本主義史論 I』147頁，156頁。

代後半以降には最大の環節へと成長したことが改めて確認される。

　表1-1は，前掲図1-1および図1-2の10年毎数値を年平均成長率で再構成したものである。対朝鮮・台湾貿易の特徴を示せば，以下の2つが挙げられる。第1に，ほぼ縮小することなく，一貫した高い成長が認められる点である。同表は，輸出・輸入双方における中国の成長率の意外な低さを示している。おそらく，1910年代以降の対中国東北貿易を満洲として分離しているためであると思われる。これに対して朝鮮・台湾は，1880年代と1910年代の輸出成長率が平均をやや下回ることを除けば，いずれの期間においても平均値を大幅に上回っている。とりわけ1890～1900年代の高い数値は，日本が朝鮮・台湾を急激に帝国経済の圏内へと包摂し，帝国内市場を形成する端緒にあったことを示している。この要因について堀は，朝鮮・台湾のいずれにおいても植民地化に伴う社会資本の整備が進められたためであると見通している[3]。そうした見通しを踏まえたうえで社会資本の整備が流通機構の変容に与えた影響が個別の取引から検討される必要があろう。

　第2に，第1次世界大戦以降の拡大のあり方が，移出と移入，あるいは時期

図1-2　日本の地域別実質輸入額（1935年不変価格）

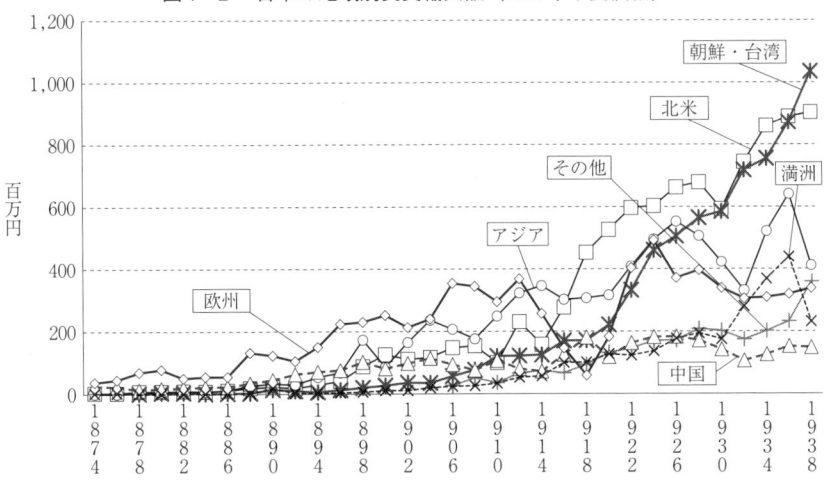

出所：前掲『東アジア資本主義史論Ⅰ』145頁、155頁。

表1-1　日本の地域別実質貿易額の平均伸び率

(単位：%)

	輸移出							
	欧州	北米	中国	アジア	その他	満洲	朝鮮・台湾	平均
1880s	17.1	29.5	9.3	26.0	32.0	…	14.9	17.4
1890s	-3.5	5.3	26.2	40.6	2.4	…	45.4	9.5
1900s	15.4	16.4	0.7	25.3	9.2	…	33.9	14.7
1910s	15.1	20.3	23.8	49.4	50.8	32.7	17.0	25.2
1920s	-10.4	10.6	0.6	-4.4	-4.4	3.6	17.9	3.6
1930s	14.8	-8.8	2.2	15.0	25.6	42.3	28.2	14.6

	輸移入							
	欧州	北米	中国	アジア	その他	満洲	朝鮮・台湾	平均
1880s	13.9	18.9	21.2	68.3	0.0	…	24.6	18.5
1890s	11.7	35.9	24.6	45.0	24.6	…	46.1	23.3
1900s	8.4	11.8	-5.7	0.3	34.1	…	30.9	7.9
1910s	-29.7	24.1	19.0	11.8	31.2	13.0	17.3	8.6
1920s	46.3	8.4	-1.1	10.6	13.9	17.2	27.0	14.8
1930s	-3.1	5.9	-2.8	-4.1	3.6	11.5	12.9	4.7

出所：前掲『東アジア資本主義史論Ⅰ』145頁、147頁、155～156頁より作成。
備考：1）…は不明を示す。
　　　2）平均以上の成長率を示す地域には網をかけた。

表1-2　20世紀初頭における台湾

	関東州*	中国				香港	南洋	イギリス	ドイツ	アメリカ
		華北	華中	華南	(小計)					
輸　出										
1900-04	—	...	...	...	7,297	2,075	4	55	15	1,656
1905-09	3	1	230	3,521	3,752	1,407	48	418	346	3,943
1910-14	85	11	402	3,129	3,542	373	586	801	1,235	5,466
1915-19	684	479	2,282	8,765	11,526	4,127	2,964	819	—	6,798
1920-24	497	1,231	3,683	8,334	13,248	4,971	5,423	921	88	5,942
1925-29	1,054	963	3,640	17,596	22,199	4,956	5,322	1,083	103	5,856
1930-34	1,646	763	894	5,878	7,535	2,666	2,894	1,119	25	4,040
輸　入										
1900-04	—	...	...	...	5,055	6,276	49	407	0	170
1905-09	155	0	692	3,156	3,848	6,055	253	818	215	628
1910-14	1,570	3	857	3,349	4,209	5,948	336	1,890	819	924
1915-19	5,313	100	3,353	4,399	7,853	6,596	1,270	526	0	795
1920-24	11,733	209	3,608	6,832	10,650	7,485	933	1,172	208	3,830
1925-29	18,576	342	4,184	5,160	9,686	7,135	3,035	2,858	4,707	2,228
1930-34	14,490	247	3,431	1,801	5,480	4,693	1,068	1,337	3,930	1,974
輸出－輸入										
1900-04	—	...	...	...	2,242	-4,201	-45	-351	15	1,486
1905-09	-152	0	-462	365	-96	-4,648	-205	-400	131	3,315
1910-14	-1,484	8	-455	-220	-667	-5,575	250	-1,090	416	4,542
1915-19	-4,629	379	-1,071	4,366	3,673	-2,470	1,694	293	0	6,002
1920-24	-11,236	1,021	75	1,502	2,598	-2,514	4,489	-251	-121	2,112
1925-29	-17,523	621	-544	12,436	12,513	-2,179	2,287	-1,775	-4,604	3,628
1930-34	-12,844	516	-2,537	4,076	2,055	-2,027	1,826	-218	-3,905	2,065

出所：台湾総督府財務局『台湾の貿易』(1935年) より作成。
備考：1) ＊関東州には「満洲国」を含む。＊＊「計」にはその他を含む。
　　　2) 上位5の地域および貿易収支が赤字の地域には網をかけた。
　　　3) 1,000円未満の数値は四捨五入した。したがって、各項目の合計が一致しないことがある。

によって異なる点が挙げられる。たとえば1920年代に着目すると，移出（17.9％）・移入（27.0％）の双方で高い成長率を確認できるものの，移入の成長率は移出のそれに比して約10ポイント程度高位にある。他方，対植民地貿易は1930年代も継続的に成長することとなるが，ここでは逆に移出成長率が15ポイントほど高い（移出28.2％，移入12.9％）。これらのデータは，財の移動局面における日本の高い植民地依存が移入面（＝植民地側から見れば移出面）から起動し，次いで移出面（＝同，移入面）の拡大へと転じていったことを示している。いずれにせよ，朝鮮，台湾，満洲といった公式／非公式植民地の存在が近代日本の経済発展にとっていかに重要であったかを改めて知ることができ

第1章 数量的概観 35

の地域別貿易額の動向（年平均）

(単位：千円)

計(A)**	移出								計(B)**	A+B
	北海道	京浜	名古屋	阪神	関門	九州	沖縄	朝鮮		
11,153	…	…	…	…	…	…	…	…	7,863	19,016
10,227	1	10,729	60	8,963	1,069	446	32	—	22,058	32,285
13,209	126	19,478	2,938	18,895	2,757	965	369	—	46,671	59,881
31,245	67	34,680	6,818	44,092	9,799	630	1,570	—	98,759	130,004
32,201	996	53,053	17,288	65,706	19,219	3,549	1,599	589	163,511	195,712
41,793	3,990	65,270	21,239	77,950	22,950	9,982	1,299	3,696	214,533	256,325
20,897	5,014	84,996	17,241	66,987	18,967	6,598	3,787	5,287	230,579	251,477
移入										
12,016	…	…	…	…	…	…	…	…	2,031	14,047
12,918	30	2,444	259	12,119	1,884	653	140	—	18,760	31,678
17,950	1,104	5,260	862	21,524	4,807	944	81	—	37,768	55,718
29,400	2,050	11,442	688	35,166	9,316	973	448	—	63,795	93,195
44,651	3,295	14,309	999	51,156	12,734	1,316	537	27	89,071	133,723
61,443	5,047	10,353	3,339	81,051	14,677	4,348	2,563	434	129,021	190,464
36,108	2,986	15,819	4,442	79,553	15,204	3,901	326	2,774	139,650	175,758
移出−移入										
−863	…	…	…	…	…	…	…	…	5,832	4,969
−2,690	−29	8,286	−198	−3,156	−815	−207	−108	—	3,297	607
−4,741	−978	14,218	2,076	−2,628	−2,050	20	288	—	8,903	4,162
1,845	−1,983	23,238	6,130	8,926	483	−343	1,122	—	34,964	36,809
−12,450	−2,299	38,743	16,289	14,551	6,486	2,233	1,062	561	74,440	61,990
−19,650	−1,057	54,917	17,900	−3,101	8,273	5,634	−1,264	3,262	85,511	65,861
−15,210	2,027	69,177	12,799	−12,566	3,763	2,697	3,460	2,513	90,929	75,719

よう。

第2節　植民地台湾の貿易構造

(1) 地域別貿易額

　以上の概観を踏まえたうえで次に本書が対象とする植民地台湾の地域別年平均貿易額を表1−2から確認する。台湾の輸移出額・輸移入額（A＋B）は，前掲図1−1および図1−2を用いた考察と同様に継続的な拡大傾向にある。1900

〜04年には1,901.6万円であった輸移出額は1930〜34年には2億5,147.7万円，同じく輸移入額は1,404.7万円から1億7,575.8万円となり，それぞれ約13倍ほどの成長が確認される。また，貿易収支はおおむね台湾側の出超であり，この傾向は年を追うにつれて拡大する。このように，強い輸移出競争力に起因するこの出超こそが朝鮮とは異なる台湾の特色であった[4]。たとえば，1910〜14年において朝鮮では3,414万円の入超であったのに対して台湾は416万円の出超，以下，1915〜19年は朝鮮2,271万円入超，台湾3,681万円出超，1920〜24年は朝鮮1,834万円入超，台湾6,199万円出超，1925〜29年は朝鮮3,151万円入超，台湾6,586万円出超，1930〜34年は朝鮮3,841万円入超，台湾7,572万円出超といった具合である[5]。

　これらの出超は，日本との取引において生じたものであった。序章で指摘したように，帝国日本は宗主国と植民地のきわめて強固な結合によって構成されていたが，この特質は植民地である台湾側では貿易構造の偏倚性として現れてくる。たとえば，1900〜04年には41.4％であった輸移出額に占める対日移出額は，1910〜14年には77.9％，1930〜34年には91.7％と，日本に著しく依存する貿易構造が形成される[6]。この内訳を再び表1-2から確認しよう。

　データが得られる1905〜09年の段階において最も移出額が多かったのは，京浜の1,072.9万円であり，次いで阪神896.3万円，関門106.9万円であった。これを輸移出総額に占める割合で見ると，京浜33.2％，阪神27.8％，関門3.3％となる。1920年代以降，名古屋と関門のシェアが上昇するものの，京浜と阪神がともに20％台の後半から30％台前半のシェアを占めるという構造に変化はない。この数値は，台湾の対日移出が航路の整備状況に左右されるとともに，大都市における需要の変化によって強く規定されることを示している。

　本書が分析期間として重視する1920〜30年代は，東京・大阪への顕著な人口集中が見られた時期であった。表1-3に示したように，1920年には369.9万人であった東京府の人口は1937年には672.6万人に，同様に大阪府は258.8万人から452.4万人へと急増した。1920〜37年における年平均増加率は，東京府3.58％，大阪府3.34％であったが，これは同時期の全国平均を大幅に上回るだけでなく，

高度経済成長期の1955〜72年をも上回っていた。加えて，1930年には576円であった東京府の1人あたり県民所得は1935年には654円（1.135倍）に，大阪府は447円から522円（1.168倍）に達することにも注目したい[7]。要するに，1920〜30年代における台湾の移出額の急増は，大都市部への人口集中と市民生活の向上に伴う消費の拡大によってもたらされたのである。

一方，移入面では，台湾航路の起点である神戸を擁する阪神のシェア（1905〜09年38.3％，1930〜34年45.3％）が圧倒的に高く，次いで京浜，関門という順である。台湾は阪神から絹綿布，鉄材，機械類，肥料，紙，ガンニー嚢[8]，清酒といったさ

表1-3　人口の推移および年平均増加率
(単位：千人)

	東京府	大阪府	全国
1920	3,699	2,588	55,963
1921	3,831	2,687	56,666
1922	3,984	2,779	57,390
1923	3,859	2,927	58,119
1924	4,186	2,998	58,876
1925	4,485	3,060	59,737
1926	4,694	3,160	60,741
1927	4,897	3,260	61,659
1928	5,101	3,361	62,595
1929	5,300	3,456	63,461
1930	5,409	3,540	64,450
1931	5,521	3,655	65,458
1932	5,756	3,792	66,434
1933	5,975	3,938	67,432
1934	6,177	4,113	68,309
1935	6,370	4,297	69,254
1936	6,587	4,463	70,114
1937	6,726	4,524	70,630
年平均増加率（％）			
1920-37	3.58	3.34	1.38
1955-72	2.19	3.26	1.10

出所：東洋経済新報社編『昭和国勢総覧（上）』（東洋経済新報社，1980年）33〜37頁より作成。

まざまな消費財と原材料を，北海道から海産物や豆類といった食料品の供給を受ける立場にあり，台湾内で生産された砂糖，米，バナナ，鳳梨缶詰[9]などが京浜・阪神市場を中心とする日本国内の大都市圏へと供給されるという循環構造が形成されていた（表1-4）。

日本と台湾の経済的な関係がこうした循環によって強化される一方，台湾の外国貿易は相対的な停滞がみられる。再び表1-2を見られたい。1900〜04年には729.7万円であった対中国輸出は，1905〜09年には375.2万円，1910〜14年には354.2万円と急速に縮小する。従来の研究は，この縮小を台湾―中国間経済関係の「断絶」と捉えてきた。しかし，1915〜19年1,152.6万円，1920〜24年1,324.8万円，1925〜29年2,219.9万円といった具合に，第1次大戦期から

表1-4　地域別重要輸移出入品（1930年代）

地域		品目
北海道	[移出]	米，砂糖，食塩，鳳梨缶詰，バナナ，切乾薯，酒精
	[移入]	海産物，豆類，馬鈴薯デンプン，木材，コンデンスミルク
京　浜	[移出]	砂糖，米，バナナ，酒精，鳳梨缶詰，切乾薯，木材
	[移入]	肥料，鉄材，各種車輛，鉱油類，菓子類，建築材，絶縁電線，洋酒，ビール，小麦粉
名古屋	[移出]	砂糖，米，酒精，石炭，鳳梨缶詰
	[移入]	陶磁器，ビール，小麦粉，木材
阪　神	[移出]	砂糖，米，バナナ，酒精，鳳梨缶詰，木材，樟脳，樟脳油，帽子，鮮魚
	[移入]	絹綿布，鉄材，製帽原料，各種車輛，機械類，肥料，紙，ガンニー嚢，海産物，清酒など
関　門	[移出]	砂糖，米，バナナ，鮮魚，鳳梨缶詰，酒精，切乾薯
	[移入]	海産物，小麦粉，セメント，鉄材，絹綿布，紙類
九　州	[移出]	（佐賀関）鉱（三池）米，砂糖（長崎）切乾薯，酒精，鳳梨缶詰（鹿児島）砂糖，米
	[移入]	（三池）コークス，石炭，硫安（長崎）海産物，石鹸，外米，小麦粉，セメント，肥料（鹿児島）タバコ，豚，小麦粉，たくあん
沖　縄	[移出]	米，包種茶，大豆，苧麻布，鉱油類，日用雑貨
	[移入]	木材，豚
朝　鮮	[移出]	砂糖，米，鳳梨缶詰，糖蜜，食塩，酒精，麻糸
	[移入]	肥料，小麦粉，海産物

出所：前掲『台湾の貿易』31～34頁，91～97頁より作成。

1920年代にかけて台湾の対中国輸出が再び上昇傾向を示すことに注意したい。とりわけ，華南に対する輸出増は著しく，この寄与によって1905～14年には入超であった台湾の対中国貿易は1915～19年には367.3万円，1920～24年には259.8万円の出超となる。さらに1925～29年には1,251.3万円の出超を記録しているが，これは京浜（5,491.7万円），名古屋（1,790.0万円）に次ぐ出超であった。この事実は，第1次大戦以降の台湾—中国間経済関係がそれ以前とは異なる形で再編成されたことを示唆するものである。台湾にとって中国は，貿易の絶対額では阪神や京浜に遠く及ばないが，以上の意味においてこの事実は注目と考察に値しよう。

　加えて外国貿易では，入超地域と出超地域が明確に分類しうる点にも留意したい。台湾は関東州，香港，イギリスおよび1920年代以降のドイツに対して入

超である一方，華南，南洋，アメリカに対しては継続的な出超傾向を示している。これは，台湾がそれぞれの地域に適合的な輸出品を持つか否かによって規定された。たとえば1870年代以来の伝統的な台湾の輸出品である烏龍茶は，第2章で詳述するようにそのシェアを減少させながらも，北米市場において相応の商品競争力を保有し続けており，また南洋に輸出された包種茶は同地に居住する華人の嗜好にマッチしたものであった[10]。

さらに農産物の生産効率を上昇させる大量の肥料が海外から輸入されている点にも言及しておく必要があろう。日露戦争以降の中国東北における満鉄の活動は，満洲の特産である大豆三品を効率的に日本市場へ搬出することを可能としたが[11]，その相当部分が台湾へと輸出されていた[12]。またドイツは，「〔台湾〕島内の物資需要の状況が変遷した為若し鉄道用品や機械類のみの輸入を以てしては到底昔日に及ぶべきではなかつたが偶同国に於ける硫安工業の顕著なる発達と本島に於ける之が需用の台頭とはその輸入を激成するに至り畢竟貿易は逓増し殊に昭和時代の貿易は全く対英貿易を凌駕した」[13]。台湾では，満洲から輸入される大豆粕が稲作地に投下される一方，ドイツや日本から化学肥料が搬入されて当初は蔗作地へ，後には稲作地へも投下され，土地あたりの収穫量が飛躍的に向上した[14]。台湾の対日砂糖・米移出の急増は，こうした肥料の大量輸移入を前提としていたのである。

(2) 商品別貿易額

最後に植民地台湾の商品別貿易額の構成を確認しよう。表1-5に，1897年から10年毎に抽出した商品別輸貿易額の上位10とその構成比を示した。このうち，対日移出入額よりも海外への輸出入額の方が大きいものに関しては，斜体網掛けで区分した。

日本が台湾を領有した直後の1897年を見ると，樟脳油を除くすべての主要生産品が日本以外の海外へと輸出されていたことがわかる。北米市場に輸出される烏龍茶が輸移出総額の43.5％を占めて圧倒的な地位にあるほか，砂糖類，米類，苧麻，石炭[15]，乾筍といった中国への輸出品が上位に現れる。ところが

表1-5　商品別

年次	第1位	第2位	第3位	第4位	第5位	第6位	第7位	第8位	第9位	第10位	合計
1897	烏龍茶	砂糖類	米類	樟脳	包種茶	樟脳油	苧麻	石炭	乾筍	マッチ	
	6,463	2,688	1,874	1,509	461	448	353	24	14	15	14,857
	(43.5)	(18.1)	(12.6)	(10.2)	(3.1)	(3.0)	(2.4)	(0.2)	(0.1)	(0.1)	(100.0)
1907	砂糖類	米類	烏龍茶	樟脳	樟脳油	包種茶	苧麻	食塩	銅	帽子	
	7,470	6,156	4,172	3,567	1,860	1,168	566	200	172	113	27,376
	(27.3)	(22.5)	(15.2)	(13.0)	(6.8)	(4.3)	(2.1)	(0.7)	(0.6)	(0.4)	(100.0)
1917	砂糖類	米類	酒精	樟脳	烏龍茶*	包種茶	石炭	樟脳油	マッチ	乾魚・鹹魚	
	84,120	12,985	9,238	5,642	5,104	2,864	2,063	1,847	1,789	1,712	145,713
	(57.7)	(8.9)	(6.3)	(3.9)	(3.5)	(2.0)	(1.4)	(1.3)	(1.2)	(1.2)	(100.0)
1927	砂糖類	米類	バナナ	石炭	包種茶	酒精	烏龍茶	乾魚・鹹魚	綿織物	鳳梨缶詰	
	98,981	98,010	8,790	7,658	6,515	5,471	5,137	3,748	3,180	3,168	246,676
	(40.1)	(39.7)	(3.6)	(3.1)	(2.6)	(2.2)	(2.1)	(1.5)	(1.3)	(1.3)	(100.0)
1937	砂糖類	米類	バナナ	鳳梨缶詰	酒精	紅茶	樟脳	石炭	帽子	切乾薯	
	191,546	126,198	12,335	9,220	7,626	7,046	4,476	3,932	3,270	2,950	440,175
	(43.5)	(28.7)	(2.8)	(2.1)	(1.7)	(1.6)	(1.0)	(0.9)	(0.7)	(0.7)	(100.0)

出所：前掲『日本貿易精覧』484～502頁，台湾総督府財務局編『昭和十二年台湾貿易年表』(1938年) 4～5頁より作成。
備考： 1） 各項目最下段括弧内の数値は，輸移出総額に占める割合（％）を示す。
　　　 2） 移出入額よりも輸出入額の方が大きい商品は，斜体網掛けで区分した。
　　　 3） *1917年の烏龍茶は，統計上，輸出よりも移出がわずかに大きいが，これは輸送ルートに規定される統計

1907年以降，この状況が一変する。1897年時点において最大の対中国輸出品であった烏龍茶は北米市場へ[16]，同様に砂糖類，米類が日本市場へと転じるとともに，海外へ輸出される商品は樟脳[17]と包種茶を除いて軒並みウエイトを減少させている。

　総じていえば，台湾の輸移出は砂糖類と米類の対日移出を大宗とする構造であった。輸移出総額に占める砂糖類と米類のウエイトは，1907年には49.8％であったが，1917年には66.6％，1927年には79.8％を占めた。ただし，このウエイトは1920年代後半をピークとして頭打ちとなる。これは，バナナ，酒精，鉱，鳳梨缶詰，帽子[18]といった新たな対日移出品や石炭，乾魚・鹹魚，マッチなど従来見られなかった輸出品が登場したことに起因する。こうした1920年代以降における輸移出品目の多様化については，後に改めて問題としよう。

貿易額の動向

(単位:千円)

輸移入										
第1位	第2位	第3位	第4位	第5位	第6位	第7位	第8位	第9位	第10位	
綿絹織物	アヘン	紙巻タバコ	灯油・軽油	木材	米	紙	麻織物	砂糖	毛織物	
2,018	1,570	869	725	486	469	398	359	288	277	16,383
(12.3)	(9.6)	(5.3)	(4.4)	(3.0)	(2.9)	(2.4)	(2.2)	(1.8)	(1.7)	(100.0)
綿絹織物	アヘン	木材	鉄類	米	葉タバコ	小麦粉	灯油・軽油	乾魚・鹹魚	紙	
3,224	2,276	2,000	1,314	1,073	900	740	738	699	627	30,971
(10.4)	(7.3)	(6.5)	(4.2)	(3.5)	(2.9)	(2.4)	(2.4)	(2.3)	(2.0)	(100.0)
綿絹織物	鉄類	大豆油粕	乾魚・鹹魚	肥料	アヘン	小麦粉	灯油・軽油	木材	マッチ	
7,233	6,990	5,399	5,224	5,151	3,858	2,890	2,523	2,376	2,198	88,844
(8.1)	(7.9)	(6.1)	(5.9)	(5.8)	(4.3)	(3.3)	(2.8)	(2.7)	(2.5)	(100.0)
綿絹織物	大豆油粕	硫安	鉄類	木材	乾魚・鹹魚	砂糖	ガンニー嚢	肥料	紙	
15,255	12,323	9,858	8,951	6,737	6,278	4,442	3,894	3,470	3,186	186,948
(8.2)	(6.6)	(5.3)	(4.8)	(3.6)	(3.4)	(2.4)	(2.1)	(1.9)	(1.7)	(100.0)
綿絹織物	硫安	肥料	大豆油粕	木材	紙巻煙草	紙	ガンニー嚢	大豆	乾魚・鹹魚	
21,635	20,063	19,953	13,633	13,545	7,913	6,374	5,811	5,622	5,597	322,124
(6.7)	(6.2)	(6.2)	(4.2)	(4.2)	(2.5)	(2.0)	(1.8)	(1.7)	(1.7)	(100.0)

上の問題にすぎない。烏龍茶の最終消費地は,常に北米市場であったから,本表では海外への輸出品として扱った。

　一方,当初はそのほとんどが海外から輸入されていた主要商品は,1907年以降には日本からの移入に転じている。特に輸移入品の大宗である綿絹織物のほか,灯油・軽油,木材[19],紙,硫安が日本製品に代替された。植民地期台湾における輸移入局面では,前述した大豆油粕のほか,英領インドとイランから輸入されるアヘン[20],ジュートで織られ砂糖・米の包装として用いられるガンニー嚢など,日本国内で生産しえない特殊品を除けばほとんどが日本から移入されることになったのである。

第3節　砂糖の流通機構と類型化

　かつて矢内原忠雄が植民地台湾の特質を「糖業帝国主義」にあると喝破した

ように，砂糖は日本による台湾支配の象徴とみなされてきた。事実，表1-5でみたように，1920年代以降における砂糖類の対日移出額は相対的な停滞傾向にあるものの，その絶対額は依然としてきわめて大きい。では，植民地台湾で生産された砂糖はいかなる流通機構によって日本へ移出されたのであろうか。その流通機構が持つ特色は，どのようなものであったのだろうか。「砂糖流通過程の錯綜性とメーカー主導型流通機構の形成」と「糖業連合会と物流」の2つの論文から大島久幸が得た知見を本書の関心に従ってまとめれば，以下のようである[21]。

　砂糖の対日移出が本格化した1900年代初頭における流通機構は，外商と台湾人商人によって支配されていた。彼らは組合を組織して大阪商船と排他的契約を結び，低率運賃によって得た競争力を源泉として台湾糖の移出を担当していた。一方，新たに台湾糖移出業務に参入した三井物産は，日本郵船と船舶代理店契約を締結してこれに対抗する。さらに1905年には増田増蔵商店と安部幸兵衛商店が，1907年以降には鈴木商店，湯浅商店などが台湾へ進出し，糖商間の競争は激化した。彼らは，台湾製糖と三井物産，明治製糖と増田屋，東洋製糖と鈴木商店といったように各製糖会社との委託販売契約を梃子に競争を展開した。なお，大島の研究では必ずしも明示されていないが，それまで砂糖の流通機構を担っていた台湾人商人や外商は，各製糖会社と日系糖商の固定的な取引関係が確立する過程において取引から排除されていったものと思われる。

　糖商の取引活動は，各製糖会社との委託販売契約を基軸とする名目上のコミッション・マーチャントとして機能していた。しかし，これら糖商の実質的な活動は三井物産と台湾製糖の関係を例外とすれば見込商売の要素が濃く，思惑取引を基調とした，流通過程での利益拡大を強く志向するような行動がとられた。このような投機的性格を持つ有力糖商の多くは，第1次世界大戦期の好況局面から1920年代の不況局面に転じる過程で破綻に陥る。明治製糖の流通を担当していた増田屋は1920年に，塩水港製糖のそれを担っていた鈴木商店は1927年に破綻した。こうした有力糖商のプレゼンス低下ないし破綻を契機として各製糖会社は，メーカー主導によって流通機構を再編していく。1930年代には，

価格決定機能の一部を三井物産に代表される大手糖商が保有しえたものの，砂糖流通におけるメーカーの主導性は決定的となった。一方，日本市場においてジャワ糖との価格競争を強いられる台湾糖にとって輸送コストの削減はきわめて重要な課題であった。それゆえ製糖会社は，糖業聯合会を通じた船会社との一括交渉によって交渉力を増強し，輸送上の競争力確保を目論んだ。ただし，船会社も運賃カルテルによって運賃引き下げ圧力に対抗したため，輸送コストの削減は容易ではなかった。最終的に輸送コストの問題は，新たな業者を加えるという競争条件の変更によって実現したのである。

　以上に示した大島の分析を本書の枠組みに沿って要約すれば，①台湾人商人・外商から日本人糖商へという担い手の変化，②1920年代の景気停滞局面における，総合商社を含む糖商の低迷とメーカー主導による前方統合の進展，③取引主体の競争力を決定づける船会社との提携関係，の3点がポイントとなる。すなわち，砂糖の対日移出過程を植民地台湾の流通機構をめぐる1つの類型だとすれば，①地縁・血縁に基づく華商ネットワークの強みを持つ台湾人商人がなぜ取引から退出しなくてはならなくなったのか，②製糖会社のような巨大メーカーが存在しない商品取引の場合，生産者による前方統合はどのように進展したのか，③船会社が取引主体に付与する競争力は流通機構の構造において具体的にどのような影響を与えたのであろうか，といった問いが立てられよう。本書が第2章以降で行う個別具体的な実証過程は，砂糖の流通機構を植民地台湾をめぐる類型の1つと措定し，それ以外の商品流通を検討することで流通機構の複雑性や多様性を示しつつ，その「束」から得られる共通項を取り出す作業が中心となる。

おわりに

　以上，本章は第2章以降の議論を理解するために，マクロ・データから植民地台湾の貿易構造を概観した。本章の議論を整理しておこう。
　まず本章では，堀和生が集計したデータを用いて対植民地貿易の量的な重要

性を改めて確認した。名和統一が掲げる3つの環節，すなわち対米，対イギリス帝国，対中国・満洲の各環節は，近代日本の貿易環節としてきわめて大きな位置にあったが，他方の対植民地貿易はそれと同等，あるいはそれ以上の量的重要性を有していた。そして，その発展経緯には次の2つの特徴が見られた。すなわち，①1890年代以降，常に高い成長率が見られ，②第1次世界大戦以降，まずは1920年代に植民地側の対日移出が上昇し，次いで1930年代に日本側の対植民地移出が拡大した。

つづいて植民地期台湾の貿易構造を地域別・商品別に区分して整理した。地域別の考察では，①台湾は常に出超であり，この点が台湾貿易構造の最大の特徴であること，②ただしこの出超は，対日移出の拡大によって実現したものであり，こうした対日依存が台湾の貿易構造を強く規定したこと，③台湾は，阪神から消費財・原料を，北海道から食料品の供給を受けつつ，京浜・阪神市場を中心とする日本国内の大都市圏に生産品を移出するという循環構造が形成されたことを示した。さらに，④日本以外の対外貿易はおおむね低調であるが，第1次大戦期から1920年代にかけての対中国貿易では大きな出超が見られること，⑤台湾の高い農業生産を担保する諸肥料は，満洲やドイツから輸入されたことも観察された。

また，商品別の考察では，台湾が日本の消費市場となることで「帝国」としての輸入代替を実現しつつ，特に輸移出の局面では第1次大戦以降，いくつかの新たな商品が登場したことを示した。

以上の知見を踏まえたうえで，第2章以降は具体的な流通機構の変容過程を検討していく。個別の流通機構そのものを分析の俎上に乗せる本書では，網羅的な考察を行わず，いくつかの代表的な商品を選択して分析を進める。その際，本書は量的側面の変化を看過するものではないため，砂糖に匹敵する，あるいは砂糖に次ぐ商品を分析対象として選択することとした。本章で確認したように，1910年代以降，台湾の輸移出品は多様化し，無数の商品が搬出された。こうした多様化を反映して近年の研究では，さまざまな商品の生産・流通過程が分析対象とされている[22]。本書は，こうした商品の流通機構を個々に検討して

いく必要性を認めつつ，ミクロの取引関係や担い手の競争状態を看取しうる相当程度の流通機構を分析の俎上に乗せた。

これらの議論を踏まえたうえで，第2章以降は流通ネットワークの具体的な検討に進むこととする。

1） 名和統一『日本の紡績業と原棉問題研究』（大同書院，1937年）。
2） 第1次世界大戦後における対植民地貿易の急激な拡大について吉信粛は，「大戦によって市場から撤退を余儀なくされたヨーロッパ諸国の間隙をぬって，日本資本主義は外国への輸出をいっそう急速に拡大していったのであるが，大戦の終了によってこれらの諸国の市場復帰が始まると，輸出は停滞状態に陥れられ，植民地市場への移出ドライブに向かわざるをえなかったと見られるのである」と指摘している（前掲「日本の対植民地貿易」14頁）。
3） 前掲『東アジア資本主義史論Ⅰ』44～45頁。序章で述べたように，本書の目的はこの社会資本の形成それ自体を検討し，かかる形成が流通ネットワークのあり方に与えた影響を考察することにある。
4） 羽鳥敬彦「植民地──朝鮮と台湾」（小野一一郎編『戦間期の日本帝国主義』世界思想社，1985年）。
5） 東洋経済新報社編『日本貿易精覧』（東洋経済新報社，1935年）577頁。もちろん，台湾と朝鮮とでは貿易規模が異なる点に留意を要する。たとえば，1925～29年における台湾の年平均輸移出総額は2億5,633万円，同輸移入額1億9,046万円であったのに対し，朝鮮はそれぞれ3億5,503万円，3億8,654万円であった。
6） 他方，輸移入は，1900～04年14.5％，1910～14年67.8％，1930～34年79.5％であり，輸移出に比すれば対日依存は相対的に緩やかであった。
7） 東洋経済新報社編『昭和国民総覧（上）』（東洋経済新報社，1980年）115頁。
8） 平井健介「包装袋貿易から見た日本植民地期台湾の対アジア関係の変容」（『アジア経済』51(9)，2010年9月）。
9） 関沢俊弘「植民地期台湾におけるパイナップル缶詰工業の展開──台湾人工場の発展をめぐって」（『早稲田経済学研究』58，2003年12月），同「植民地期台湾における日系パイン缶詰工場の経営──台湾鳳梨缶詰株式会社を事例として」（『経営史学』46(1)，2011年6月）。
10） 河原林直人『近代アジアと台湾──台湾茶業の歴史的展開』（世界思想社，2003年）74～76頁。

11) 岡部牧夫「「大豆経済」の形成と衰退——大豆をとおして見た満鉄」（岡部牧夫編『南満洲鉄道会社の研究』日本経済評論社，2008年）。
12) 1917年には大連から日本へ1,104万ピクルの大豆粕が輸出されたが（大連商業会議所編『大連港貿易年報』大連商業会議所，1918年，7頁），その10％強にあたる115万ピクルは台湾に向けられたものであった（前掲『日本貿易精覧』534頁）。
13) 台湾総督府財務局『台湾の貿易』（1935年）32頁。
14) 前掲『東アジア資本主義史論Ⅰ』90頁，湊照宏「植民地期および戦後復興期台湾における化学肥料需給の構造と展開」（田嶋俊雄編『20世紀の中国化学工業——永利化学・天原電化とその時代』東京大学社会科学研究所，2005年）100～106頁。
15) 陳慈玉『台湾礦業史上的第一家族——基隆顔家研究』（基隆市立文化中心，1999年）。
16) この問題について堀は，「19世紀末には中国が〔台湾の地域別輸出額の〕6～7割を占めていたが，これは最終目的地ではない。つまり，中国と香港に向けたものから再度別の国に輸出される場合があるからである。当初は欧州への輸出が皆無となっているが，これはあり得ないので，海関統計と同じ問題から来ている見かけの姿である。統計から判断すると，1904～08年の間に輸出における最終目的地主義の徹底がはかられた。香港の減少と欧州の登場はその結果である。しかし，そのような統計作成上の変化があるにせよ，それとは異なる実態上の大きな変化が進行していることがより重要である。つまり，中国本土への輸出が顕著に減少したことである」（前掲『東アジア資本主義史論Ⅰ』77頁）と述べている。本書ではこの問題を第2章で詳述することとする。
17) 黄紹恆「不平等条約下の台湾領有——樟脳をめぐる国際関係」（『社会経済史学』67 (4)，2001年11月）。
18) 四方田雅史「模造パナマ帽をめぐる産地間競争——戦前期台湾・沖縄の産地形態の比較を通じて」（『社会経済史学』69 (2)，2003年7月）。
19) 松浦章「清代福州の木材輸出と日本統治時代台湾」（『関西大学文学論集』60 (4)，2011年3月）。
20) 劉明修『台湾統治と阿片問題』（山川出版社，1983年），山田豪一「台湾阿片専売史序説——水野遵『台湾阿片処分』と後藤新平「台湾島阿片制度ニ関スル意見」を中心に」（『社会科学討究』38 (1)，1992年8月），栗原純「『台湾総督府公文類纂』にみる「台湾阿片令」の制定過程について」（『東京女子大学比較文化研究所紀要』64，2003年1月），同「台湾総督府の阿片専売政策——明治三四年の扶鸞「降筆会」運動の意味するもの」（国史館台湾文献館整理組編『第六届台湾総督府檔案学術研討会論文集』国史館台湾文献館，2011年）。

21) 大島久幸「砂糖流通過程の錯綜性とメーカー主導型流通機構の形成」(社団法人糖業協会監修・久保文克編『近代製糖業の発展と糖業連合会――競争を基調とした協調の模索』日本経済評論社,2009年),同「糖業連合会と物流――台湾産糖輸送契約の継続的成立と倉庫業への関与」(同前)。
22) 前掲「不平等条約下の台湾」や注9および注18に掲げた四方田・関沢の成果のほか,とりわけ台湾ではその傾向が著しい。ここ数年だけでも,李力庸「由『水竹居主人日記』看日治時期米穀的生産与流通」(陳志声編『水竹居主人日記学術討会論文集』台中県文化局,2005年),李若文「台湾与大陸両岸商貿交流的地方個案――東石港(1897-1942)」(頼沢函・朱徳蘭編『歴史視野的両岸関係(1895-1945)』海峡学術,2005年),呉栄発「浅野水泥高雄場的発展(1917-1948年)」(『高市文献』18(3),2005年9月),許賢瑤「台湾包種茶の沖縄への移出について(1908-1943)」(『天理台湾学報』15,2006年7月),趙祐志「地縁網絡与盛進商行,高進商会,菊元商行的営運」(『台北文献』157,2006年9月),蔡昇璋「日治初期港口「郊商」与「特別輸出入港」之設置」(『台湾文献』57(4),2006年12月),游智勝「日治時期台湾沿岸「命令航路」客貨数分析」(『高市文献』20(4),2007年12月),呉子政「日治時期蓬莱米之倉儲及出口運輸(1926-1939)」(『台湾史学雑誌』5,2008年12月),蕭明礼・陳慈玉「台湾対華南的水泥輸出貿易(1931-1937)」(『両岸発展史研究』7,2009年6月),江辛美「台湾日治時期醤油産業的変遷」(『台湾博物』28(3),2009年9月)など,多岐にわたる数多くの成果が提出されている。

第2章　帝国日本の形成と台湾—中国間経済関係
―― 1890年代末～1900年代 ――

はじめに

　第1章で確認したように，台湾の生産品は日本の台湾領有を契機としてその市場を中国大陸から日本へと変えつつ，金融・通貨を含む台湾経済は全般的に帝国経済の圏内へと包摂された。石井寛治は，その起点を日清戦後経営の一局面と捉え，1895年に設置された台湾総督府に与えられた使命は，台湾の軍事的・政治的な制圧だけでなく，台湾経済を中国大陸から切り離して日本の経済圏内に編入することにあったと指摘した[1]。そして，大阪商船による定期航路の開設や台湾縦貫鉄道の敷設といった交通通信機関，あるいは台湾銀行の設立を骨子とする金融機関の整備がそのプロセスにおいて決定的な役割を果たしたこと，このような帝国編成の過程が東アジア地域全体に影響を与えたことを見通した[2]。ただし，石井の同稿は日清戦後における「日本資本主義の帝国主義転化」[3]を議論することに主眼を置いたから，流通機構の具体的な変容は考察の範囲外にあった。そこで本章では，石井の指摘を意識しつつ，東アジアにおいて新たに帝国が編成された結果として生じた台湾と中国大陸の経済的関係の変容が流通機構に与えた影響を論じたい。

　この課題を達成するために本章は，その過程を烏龍茶貿易に焦点を絞って検討する。台湾—中国間経済関係を分析する際に烏龍茶が対象として選択される理由は，台湾の対中国輸出総額に占める割合の大きさにある。図2-1に台湾の対中国輸出額（A）と対中国烏龍茶輸出額（B）の関係を示した。1899年には869.2万円であった対中国輸出額は，徐々に減少し1906年以降に急減するこ

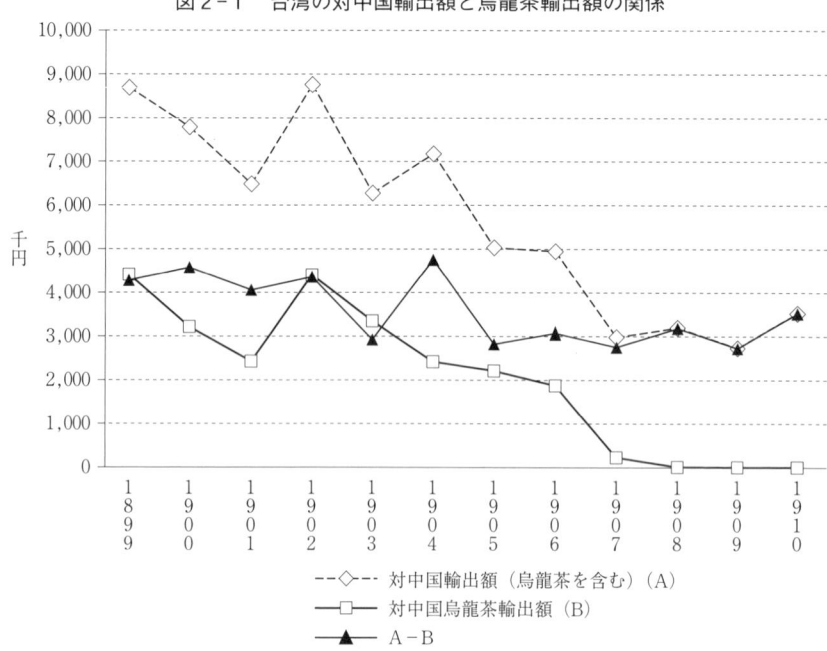

図2-1　台湾の対中国輸出額と烏龍茶輸出額の関係

--◇-- 対中国輸出額（烏龍茶を含む）(A)
--□-- 対中国烏龍茶輸出額 (B)
--▲-- A－B

出所：台湾総督府財務局編『台湾の貿易』(1935年), 台湾総督府殖産局特産課『台湾茶業統計』(1929年) より作成.

とがわかる。後述する諸研究は，この貿易統計の変化を根拠として台湾―中国間経済関係の「断絶」を論じている[4]。しかし，対中国輸出額から対烏龍茶輸出額を差し引いた数値は（A－B），それほど大きく変化していない。すなわち，先行研究が言う台湾―中国間経済関係の「断絶」は，烏龍茶輸出額の動向を検討することである程度説明しうることが理解される。

この考察を行うために本章が設定した論点は，以下の2つである。第1の論点として，20世紀初頭に台湾の対中国貿易が減少した要因，すなわち量の変化に関する問題を検討する。台湾経済が日本に包摂される過程と要因について矢内原忠雄は，「台湾の貿易の内地転向はわが投資，金融，海運，総督府の樹立，及び内地人の来住等に負ふも，之に対して決定的影響を及ぼしたるは関税制度である」と断じた[5]。1899年7月に施行された台湾輸出税及出港税規則（律令

第19号）で設定された輸出時に課税される輸出税と日本への移出時に賦課される出港税の税率は均等ではなかった。矢内原は，その不均衡によって中国大陸への輸出が不利となり，その結果，台湾と中国大陸の経済的関係が「断絶」したと強調したのである。この議論は，林満紅などに継承され，現在では通説化しているといってよい[6]。確かに矢内原や林が指摘するように，輸出税の税率は出港税のそれに比しておおむね高く，また事実として日本の領有以降，台湾から中国への輸出額は減少することになった。しかし，他方で彼らが言及するように，流通量の変化は関税制度だけではなく，交通通信機関や金融機関といった社会資本や取引制度，消費市場の動向といった要素にも規定される。そこで本章は，台湾輸出税及出港税規則，輸送コスト，取引制度をそれぞれ具体的に観察し，烏龍茶貿易を紐帯とする台湾と中国の経済関係が「断絶」した決定因を探ることとする[7]。

第2の論点として，取引主体の変容，すなわち流通機構の質の変化に関する問題を分析する。この問題に言及した河原林直人とやまだあつしは，いずれも日本の台湾領有以降，産地から輸出港である厦門にいたる流通過程を担っていた華商が後退し，台湾人商人が取って代わったことを指摘している。その要因について河原林は，日本の台湾領有によって中国との間に国境が設定された結果，ヒトの移動が困難になったためであると説明している[8]。しかし，本章で詳述するように，華商が流通過程から撤退したのは国境が設定されてから数年後であるから，この点だけを取り上げて華商撤退の直接的な要因とするのは難しい。他方，やまだは日本の台湾領有に伴う国境の設定を間接要因としつつ，これによって「海峡両岸の自由な往来が妨げられたため，労賃や物価は高騰する傾向にあった。このため〔台湾人が経営する〕山方茶館は〔華商が経営する〕大稲埕茶館に比べて比較優位に立ち，新たな参入者も増えて行った」[9]と解釈している。本章は，経済的要因に即したやまだの議論を支持するとともに，消費市場の動向や金融機関の活動から取引主体の交替について観察する。

以上，本章はこの2つの論点を総督府の経済政策や取引主体の行動，社会資本の整備，消費市場の動向と関連づけながら烏龍茶の輸出過程が変容した要因

を探っていく。その際,『台湾総督府公文類纂』(国史館台湾文献館所蔵)を中心的な資料として用いつつ,台湾銀行総務部調査課『台湾烏龍茶ノ概況並同茶金融上ノ沿革』(以下,『沿革』)に掲載された記述やデータを利用する。同報告書は,この時期の烏龍茶輸出に言及する際には必ず用いられてきた資料であるが,いずれの論者もこの資料に掲載されている記述や統計資料を十分に活用してきたとは言い難い。本章では,同報告書を再吟味することで冒頭に掲げた課題に接近する。

第1節　19世紀末における台湾―中国間経済関係

(1)　19世紀末における貿易構造

　1858年の天津条約によって台湾北部の淡水と南部の台湾府が開港された。台湾は,本格的に世界経済へと組み込まれることになった。台湾の輸出構造は,欧米消費市場が必要とする茶,砂糖,樟脳に偏倚する形に再編された[10]。その結果,台湾―中国大陸間のローカルな交易を担っていた台南三郊など従来の商人ギルドは後退せざるをえず,これに代わって世界経済に対応した欧米商人(以下,洋行)が台頭した[11]。ただし,旧来の農村手工業的生産構造や伝統的な技術,生産者に対する資金前貸制度は温存された。そのため,台湾島内の取引機構は「対岸貿易の相対的減退と台湾島内における商品経済のいっそうの発展による,外国貿易資本の支配を受けながらも土着としての性格を強めていった」[12]。劉進慶は,この状況を「半植民地的構造に編成替えられ,一方における欧米資本支配の循環過程と他方における土着資本支配の循環過程という二重構造を形成して展開した」[13]と手際よく把握している。1895年の下関条約で日本が獲得した台湾は,世界経済の構造に組み込まれ,欧米資本の利害が錯綜する場としての側面と,ローカルな商人が活動する中華帝国に組み込まれた場という2つの側面を持っていたのである。1895年以降,帝国日本はこうした「二重構造」を持つ台湾経済を自らの経済圏に包摂していく。

表2-1　19世紀末から20世紀初頭における台湾の貿易動向（年平均）

(単位：千海関両)

		輸移出（A）		輸移入（B）		A−B	金　銀		
			（茶）		（アヘン）		（輸移入）	（輸移出）	（差引）
淡水	1880-84	2,426	2,271 (93.6)	1,466	689 (47.0)	960	783	196	587
	1885-89	3,168	3,024 (95.5)	2,194	774 (35.3)	974	1,288	252	1,036
	1890-94	3,969	3,372 (85.0)	2,727	947 (34.7)	1,242	1,512	283	1,229
打狗・台南			（砂糖）		（アヘン）				
	1880-84	1,909	1,707 (89.4)	1,730	1,208 (69.8)	179	568	557	11
	1885-89	1,266	1,097 (86.7)	1,456	1,008 (69.2)	▲190	261	410	▲149
	1890-94	1,865	1,539 (82.5)	1,654	1,073 (64.9)	211	407	506	▲99
合計			（茶＋砂糖）		（アヘン）				
	1880-84	4,335	3,978 (91.8)	3,195	1,896 (59.3)	1,140	1,352	753	599
	1885-89	4,433	4,121 (93.0)	3,650	1,782 (48.8)	784	1,549	662	887
	1890-94	5,834	4,911 (84.2)	4,381	2,020 (46.1)	1,453	1,919	789	1,130

出所："Tamsui Trade Returns"各年度，"Takow Trade Returns"各年度，"Tainan trade Returns"各年度（黄富三・林満紅・翁佳音主編『清末台湾海関歴年資料』Ⅰ・Ⅱ，中央研究院台湾史研究所籌備処，1997年），前掲『台湾の貿易』より作成。

備考：1）茶は烏龍茶と包種茶の合計値を示す。
　　　2）茶，砂糖およびアヘンの右側括弧内の数値は，それぞれ輸移出入に占める割合（％）を示す。
　　　3）1,000海関両未満の数値は四捨五入した。したがって，各項目の合計が一致しないことがある。

　本章が考察の対象とする20世紀初頭における烏龍茶貿易の前提条件を理解するために，まずは19世紀末における台湾の貿易構造を概観しておこう（表2-1）。すでに多くの研究で指摘されているように，開港以後の台湾の貿易構造は台湾側の大幅な出超であった。とりわけ1880年代以降の貿易収支（A−B）は大幅な黒字であった。1880〜84年には年平均114.0万海関両の出超を記録し，1885〜89年には78.4万海関両に縮小するものの，1890〜94年には145.3万海関両へと再び拡大した[14]）。

　海関統計から見た台湾の商品別貿易構造はきわめてシンプルである。北部の淡水から搬出される商品の約90％ほどが烏龍茶であり，他方，南部の打狗・台南から搬出される商品の80％以上が砂糖であった。これらは，開港とそれに伴う洋行の進出を契機として生産量と輸移出量を増大させたが，両者の発展過程には差異が認められる。砂糖の場合，1865年には1,943万ポンドであった輸移出量は1880年には1億4,153万ポンドに達するものの，以後は9,000万ポンド程

表2-2 打狗港における赤砂糖輸移出の動向（年平均）

(単位：ピクル)

	中国沿岸諸港	日本	その他海外	合計
1880-84	226,680 (28.9)	296,512 (37.8)	261,032 (33.3)	784,224
1885-89	218,506 (31.3)	260,902 (37.4)	218,506 (31.3)	697,914
1890-94	307,249 (52.4)	274,381 (46.8)	5,019 (0.9)	586,649

出所：前掲 "Takow Trade Returns" 各年度，前掲 "Tainan trade Returns" 各年度より作成。
備考：各項目右側弧内の数値は，合計に占める割合（％）を示す。

度にとどまり[15]，1880～84年には170.7万海関両であった輸移出額もその後は停滞傾向にあった[16]。これは，糖度や精糖率の低い台湾糖が欧米で需要される精製用原料糖として不適格であったためであり[17]，それゆえ1880年代以降の台湾糖の需要先は，含蜜糖を消費する日本と中国沿岸諸港に事実上限定されることとなった（表2-2）。台湾糖は世界経済に対応する商品としての期待から生産量を拡大させたものの，その特性によって流通範囲は東アジアの域内にとどまったのである。

これに対して烏龍茶の場合，中国茶の品質低下と対照的に台湾烏龍茶の品質は，主たる消費地である北米市場において高く評価されていた。この時期の世界的な茶需要の拡大とも相まって[18]，1880～84年には227.1万海関両であった輸移出額は，1890～94年には337.2万海関両へと急増することになる。

この拡大は，単に貿易面だけではなく，台湾島内の地域経済にも大きな影響を与えた。烏龍茶，砂糖を扱っていた洋行は，これらの代価を支払うためにアヘンを台湾に持ち込みつつ，不足分を銀で補っていたという[19]。表2-1に掲げたようにアヘンは，台湾における輸移入総額の過半近くを占めており，洋行が対台湾貿易の赤字を解消するうえで重要な役割を果たしていた。ただし注意すべきであるのは，打狗・台南の場合，砂糖輸移出の停滞がそのまま輸移出総額の停滞を引き起こしたため，対打狗・台南貿易で生じた赤字の多くはアヘンで相殺しえたが，淡水では烏龍茶輸出の拡大が著しかったためにアヘンだけでは決済しえず，洋行は大量の銀を搬入せざるをえなかったことである。それゆえ，打狗・台南からは銀の流出が見られるのに対し，淡水では大量の銀がスト

ックされることとなったのである[20]。

(2) 烏龍茶貿易の流通機構

　台湾で生産された烏龍茶のほとんどは福建省の厦門へ搬出された。さらに厦門で遠洋航海用の大型汽船に積み替えられ，最終消費地である北米市場へ輸出された[21]。当時の台湾には大型汽船を停泊しうる港湾がないため，いったん厦門に輸送されたのである[22]。以下，次節の議論の前提となる烏龍茶の生産から輸出にいたるまでの流通経路や取引形態を確認しておこう。

　毎年4月上旬から11月下旬の間に摘採される生葉は，茶園耕作者が雇用する茶工によってただちに粗製された[23]。比較的規模の大きい生産者は，台北・大稲埕に自ら粗茶を搬出して後述する洋行や茶館に直接売り込んだが，ほとんどの生産者は産地仲買人である茶販（搬）人に粗茶を売り渡したという[24]。この茶販人には2種類あり，1つは産地に在住する山方茶販人，もう1つは収穫期に中国大陸の泉州や漳州から粗茶の買い付けに訪れる市場茶販人である[25]。後者は，直接生産者から，あるいは前者が生産者から買い入れた粗茶を銀貨で購入する[26]。生産者と茶販人の取引は，おおむね現金で決済され，生産者に対して「前貸ヲ為スモノ〔茶販人は〕甚夕稀ナリ」[27]と報告されている。また，別の報告書においても茶販人は「生産者ニ対シ資金ヲ融通スルコトナキニアラス…（略）…然レトモ茶搬人ハ多クハ薄資者ニシテ茶館若クハ茶棧ヨリ百円乃至数百円ノ資金ヲ借入レ之ヲ以テ買収ニ従事スルモノナルヲ以テ生産者ヘ融通スヘキ金額ハ極メテ僅少ノモノタルヘシ」[28]と指摘されている。このように，生産者に対する茶販人の前貸しは一般的ではなかった。これは，生産者と茶販人の関係が金融を媒介とした固定的かつ従属的な関係にはなかったことを意味する。したがって，生産者は茶販人に対する一定の価格交渉力を有していたと考えるべきであろう[29]。

　茶販人が買い付けた粗茶は，「袋茶ノ売買ヲ目的トスル一種ノ取引所」である茶棧を経て，あるいは直接茶販人によって茶館へと持ち込まれ，再製加工が施される。通常，茶の収穫が開始される4月になると，福建省や広東省出身の

茶館経営者が大稲埕に店舗を開設して茶販人・茶桟から現金で粗茶を買い入れ，自身で輸送コストを負担して厦門に搬出しつつ，茶期の終了とともに中国大陸へ帰って行ったという[30]。要するに台湾から厦門に烏龍茶を搬出する取引主体は，茶館を経営する華商であった。彼らの経営について台湾銀行の調査報告は，以下のように述べている。

　　　多額ノ資力ヲ有スルモノハ甚タ稀ニシテ十中ノ九以上ハ多数ノ合股組織ニ成リ単独ノモノハ甚タ少ク其資本ノ如キモ平均二千円ヲ出テス如此ナルヲ以テ往事ト雖モ洋行及為替商等ニ対シテハ信用甚タ薄弱ニシテ直接融通ヲ受ケタルモノハ甚タ稀ナリ[31]

　ここでのポイントは，欧米市場への輸出業務を担う洋行に対する茶館の信用がその零細性ゆえに著しく不足していたことである。そのため，茶館は粗茶の買入資金や再製加工工場の運営資金を容易に調達しえなかった。そこで，厦門に本店を置く媽振館や滙兌館といった在来金融機関が茶館の信用を補完することとなる。各媽振館の台北支店は，為替商である滙兌館に対して厦門本店宛一覧払い手形を振り出して資金を得，商品価格の80％程度を茶館に前貸しする。そして，茶館から商品販売の委託を受けるとともに，厦門の洋行に対して商品の売り込みを行う。売買契約成立後，媽振館は諸経費，為替料，前貸金およびその利息，倉敷料，仲次口銭を差し引いた残金を茶館に交付する。つまり媽振館は，流通・金融両面において茶館と洋行を仲立ちする機能を果たしていたのだが，彼らの資金のほとんどは洋行が保有する厦門の倉庫に蔵入れされた商品を担保として洋行から調達されたものであった[32]。洋行は，年6％程度の利子で香港上海銀行などの外国銀行から調達した資金を年12％程度の高利で媽振館に貸し付けており，「営利的ニ此種ノ貸金ヲ歓迎シテ常ニ巨額ノ残高」[33]を保有したという。他方，洋行に提供された担保は「茶館ヨリ付託セラレタル貨物ニシテ其仕切リ価格ニ就キ直接痛痒ヲ感」じなかったため，媽振館は「其不当ナルコトヲ知ルト雖モ〔洋行に対して〕敢テ抗争ヲ試ムルコト」なく，調達し

た資金を年約16〜18％で茶館に貸し付けて負担を転嫁した。加えて茶館と洋行の間に介在する買弁が「一定ノ仲次口銭ノ外種々ナル名称ノ下ニ多クノ費用ヲ〔茶館に〕請求」しただけでなく，銀水，目引，鉛価などといった「諸費以外ニ多クノ費用ヲ貪」ったため，烏龍茶が輸出されるまでの流通過程において「茶館ノ負担ヲ多カラシムルコト」となったのである[34]。

　ここまでの観察をまとめておこう。天津条約の締結と淡水・台湾府の開港によって烏龍茶，砂糖，樟脳といった台湾の農産物は，ただちに世界経済へと組み込まれた。とりわけ烏龍茶と砂糖は，海関統計上，台湾における輸出総額の80％以上を占めることとなった。ただし，欧米市場の需要に合致しない砂糖が東アジア域内でのみ流通するローカルグッズであったのに対し，北米を主たる消費市場とした烏龍茶は，世界的な茶需要の高まりに牽引されて輸出を拡大していった。また，産地から輸出港である厦門までの流通過程は茶館＝華商によって掌握されていたものの，取引に要する資金は媽振館・滙兌館と洋行を通じて外国銀行から供給されたものであった。産地で粗茶を買い付ける茶販人および粗茶を再製加工して厦門へ搬出する役割を担っていた茶館は，媽振館・滙兌館や買弁といったメディエーターとの関係によって固定的な取引とコスト負担を余儀なくされた。他方，彼らは強い価格交渉力を持つ生産者にその負荷を転嫁しえなかったから[35]，輸出がひとたび不振に陥れば，その収益性は強く圧迫されたものと思われる。

　以上に示した取引制度は，日本の台湾領有以降も継続する。次にこれに対する総督府の認識や具体的な政策について検討していこう。

第2節　台湾総督府における茶業政策の形成

(1)　益田孝と杉村濬の対中国経済観

　淡水の『海関報告』には，1881年から日本製綿製品の項目が登場しており[36]，1889年の『淡水海関報告』は安価で均質かつ丈夫な日本製綿製品がイギリス製

表2-3 淡水港における綿製品の国別輸移入額

(単位:海関両)

	欧米	インド	日本	中国			合計
				(綿布)	(苧麻布)	(小計)	
1892	194,419	10,280	16,048	17,490	45,142	62,632	283,379
	(68.6)	(3.6)	(5.7)	(6.2)	(15.9)	(22.1)	
1893	196,773	14,288	26,563	24,334	62,634	86,968	324,592
	(60.6)	(4.4)	(8.2)	(7.5)	(19.3)	(26.8)	
1894	331,825	23,898	50,313	30,328	74,818	105,146	511,182
	(64.9)	(4.7)	(9.8)	(5.9)	(14.6)	(20.6)	

出所:"Tamsui trade report for the year 1894." 358頁。
備考:各項目下段の数値は,合計に対する割合(%)。

品の売上を停滞させ,中国製土布と対抗関係にあることを報告している[37]。また,1894年の報告は,日本製綿製品の急激な輸入拡大を表2-3に掲げたような具体的な数値を挙げて指摘している。このように,日本の台湾領有までに相当量の日本製綿製品が台湾に流入していたことが確認されるが,これらは日本から台湾に直接持ち込まれていたのではない。日本製綿製品は,「我内地より台湾に輸入する貨物さへ,一度香港に輸入せられて,其後台湾に再輸出せらるゝ有様」であり,「而して綿布は俗に支那綿布と称し,寧波辺より輸入せらる…(略)…其内には内地製の綿布も支那風なりて混じ居る」状態であった[38]。他方,「台湾より輸出せらるゝ貨物は,皆な其集散地を対岸に有し,茶は厦門に集り,樟脳砂糖は香港に集り,此等の地より再び米国欧州に向け輸出せらるゝ者」であったから,「徒らに外人をして取引売買の間に利を占めしむるに過ぎざれば,之を何とかして我邦人の手に収め,神戸横浜を以て集散地と為さゞる可からず」とする主張が登場したのである。

台湾と中国大陸の経済関係を「断絶」し,日本経済への包摂を主張した論者の1人として三井物産の益田孝が挙げられる。益田は,「余の台湾に於ける僅に二週余の短時日を台北に送りしに過ぎず…(略)…爰に台湾を談ずるは甚だ指弾を蒙ふるの虞あり」としつつ,「台湾の重要産物たる茶に付一言を費やさんとす」として以下のように述べている[39]。

台湾茶を米国に輸出する有様を聞くに輸出の用意は悉く台湾に於て之を為し，再製の如き箱詰の如き皆台湾にて完成し而して後厦門に送れり。蓋し厦門に送るは台湾には米国行汽船の寄泊すべき適当の港湾なきを以て止むを得ず厦門に寄航し，厦門に於て製茶を積載せざるを得ざるなり。故に若し運輸の便充実するに至らば厦門に出すの代わりに神戸若しくは横浜に送り，是に於て太平洋航海の汽船に積込むと大に我国を利するに居らん

　台湾烏龍茶の輸出経路が厦門を経由せざるをえないのは，遠洋航路に用いられる汽船が台湾に寄港できないためであり，したがって築港と海上交通網の整備が進展すれば，神戸・横浜を経由した輸出が可能である，とする主張であった。この議論は，台湾経済を中国経済から切り離して日本経済へと包摂しつつ，その取引によって生じる利潤の獲得を強く意図したものであった。

　ただし，益田の主張は必ずしも台湾関係者の意見を代表するものではない。その一例として，1896年11月から1898年9月まで総督府の外事課長を務めた杉村濬の議論を掲げておこう[40]。1898年5月から2カ月間，華南沿海部の視察旅行を行った杉村は，台湾の生産品が厦門や香港を経由して輸出されている実情を踏まえたうえで次のように述べている。

　　然るに中には斯う云う議論もある。成るべく支那の方の関係を絶たせて，日本の方に頭を向けさせ支那に向うの念を断たせるの必要あるか知らぬけれども，併し乍ら又一方から云ふと，今日まで継続して来た貿易の事，船舶往来の事等は出来得る限り盛んにせねば，彼の島の発展を見ることは出来ぬと云うこともある[41]

　杉村の理想は，台湾と中国大陸が持つ強固な経済的関係を「断絶」し，日本経済に包摂することにあった。とはいえ，これまでに形成された流通機構や物流設備の状態を鑑みれば，「断絶」の実行は困難であり，むしろ現状の台湾―中国間の経済関係を強化した方が台湾経済の現実的な発展に有益である，と結

論している。

　このように，同時代の観察者の議論は台湾経済を中国大陸から「断絶」させる立場と現状の台湾―中国の経済関係を維持することで台湾経済の発展を図る立場があり，必ずしもコンセンサスが得られていたわけではない。では，現実の経済政策を立案する担当者は，いかなる立場を採用したのであろうか。以下，総督府の茶業政策を担当した総督府殖産局技手藤江勝太郎[42]の意見書からその形成過程を確認しておこう。

(2) 台湾総督府における茶業政策の形成

　1899年秋頃，大稲埕の茶商呉文秀ら12名は，1896年に総督府が設定した製茶税（100斤あたり2.4円）や1897年にアメリカで設定された製茶輸入税（同10ドル＝26.7円）が茶業関係者の収益を圧迫しているとし，総督府に対して製茶税の廃止を請願した。これを受けて藤江が茶業に関する実態を調査し，総督府に報告書（「茶業取調書」，以下，取調書と略）として提出している[43]。以下，取調書に記載された数値や彼の主張を確認することで総督府茶業政策の形成過程を検討しよう。

　まず藤江は，主たる消費市場である北米において台湾烏龍茶は「常ニ良好ニシテ品質上之レヲ何レノ製茶ニ比スルモ優等」であり，他地域産の茶に比しても相対的に高価格で取引されている現状を示している[44]。一方，製茶輸入税は100ポンドあたり10ドルという従量課税であったから，高価格で取引される「本島茶ハ他国茶ニ比シ最低廉ナル税額ヲ負担」するのみであり，「需用地ニ於ケル競争上既得勝利ト言ハサルヲ得ス」と理解する。さらにこの報告書で最も注目したいことは，流通機構そのものの改善を目論んだ点にある。藤江によれば，北米市場において急伸するインド茶やセイロン茶，あるいはコーヒーと烏龍茶が競争する場合，これらに対抗しうる低価格を実現する必要がある。そのためには，「完全ナル製茶機械の応用」によって生産コストを引き下げるとともに[45]，「印度及錫蘭茶ノ手続ニ比スレハ尚二三ノ手数ヲ重ネ随テ其価ヲ高」めている流通機構の問題が解決されなくてはならない。藤江は，北米市場におけ

る台湾烏龍茶の相対的な高価格が品質だけによって形成されているのではなく，流通の多段階性に起因すると認識していた。

藤江が排除を主張する「二三ノ手数」とは，商品が厦門を経由して輸出されるという流通機構の複雑性にほかならない。結論を先取りしていえば，藤江の主張は①洋行との対抗と排除，②厦門を経由しない「直輸出」の開始の2点に要約される。これは一見，前述した益田孝の主張と同様に台湾―中国間の経済的関係を「断絶」させる立場にあるように見える。そこで本章では，先行研究が「断絶」の要因とする台湾輸出税及出港税規則（以下，「規則」）を烏龍茶輸出の実態に即して検討し，「規則」に対する藤江の認識を確認することで藤江の真意をみよう。

1899年に総督府が設定した「規則」は，輸出品に課税する輸出税の税率と日本への移出品に課税する出港税の税率が不均衡であるという問題を抱えていた。たとえば烏龍茶の場合，日本への移出時に課税される出港税が100斤あたり1円であったのに対し，海外へ輸出される際に賦課される輸出税は1.6円に設定されていた。1901年の調査によれば，淡水から厦門経由でアメリカに輸出した場合の烏龍茶100斤あたり輸送コストは6.19円，神戸経由の場合は6.31円であった[46]。既存の厦門経由ルートは，輸送コストの面において神戸経由よりも有利であった。しかし，それぞれに輸出税1.6円と出港税1円を賦課すると，厦門は7.79円，神戸は7.31円となって神戸経由が有利となる。さらに神戸経由の場合，常に金本位によって計算されるから銀の換算差損が生じない。また，アメリカ行きの便数は厦門よりも神戸の方が多かったという。神戸経由の輸出ルートは，厦門ルートに比して有利となった。

では，「規則」の施行以降，実際の烏龍茶輸送ルートはどのように変化したのであろうか。表2-4に輸出ルート別烏龍茶輸出量の動向を掲げた。これによれば，1899年の「規則」施行を契機として基隆／神戸ルートが登場し，1901年には184.2万斤（輸出総量の16.0％）に達したことがわかる。しかし，この基隆／神戸ルートはその後振るわず，1902年以降は数パーセントを占めるにすぎない。これに対して従来の淡水／厦門経由の輸出量は，1902年までは90％ほ

表2-4 輸出ルート別烏龍茶輸出量の動向

(単位:千斤)

経由揚地	積地	神戸	スエズ	太平洋 アメリカ合衆国	(小計)	合計*
1896	淡水↓厦門	—	…	…	…	13,538 (100.0)
1897		—	…	…	…	14,250 (100.0)
1898		—	…	…	…	11,400 (100.0)
1899		—	…	…	…	10,539 (92.4)
1900		—	…	…	…	9,998 (89.7)
1901		—	…	…	…	9,648 (84.0)
1902		—	…	…	…	12,219 (90.4)
1903		—	5,864	4,443	10,306 (70.7)	10,977 (75.3)
1904		—	4,245	3,840	8,085 (55.4)	8,527 (66.1)
1905		—	2,368	3,339	5,707 (39.1)	6,139 (51.3)
1906		—	3,274	2,577	5,851 (40.1)	6,283 (48.1)
1907			896	501	1,396 (9.6)	1,796 (14.1)
1908			200	12	212 (1.5)	722 (5.7)
1909			126	—	126 (0.9)	889 (6.6)
1910			13	—	13 (0.1)	302 (2.2)
1896	基隆	—	—	—	—	—
1897		—	—	—	—	—
1898		—	—	—	—	—
1899		866 (7.6)	—	—	866 (7.6)	866 (7.6)
1900		1,148 (10.3)	—	—	1,148 (10.3)	1,148 (10.3)
1901		1,843 (16.0)	—	—	1,842 (16.0)	1,843 (16.0)
1902		390 (2.9)	902	—	1,291 (9.6)	1,291 (9.6)
1903		963 (6.6)	2,183	464	3,610 (24.7)	3,610 (24.7)
1904		474 (3.7)	2,715	1,190	4,378 (33.9)	4,378 (33.9)
1905		255 (2.1)	3,222	2,341	5,818 (48.7)	5,818 (48.7)
1906		150 (1.1)	2,974	3,668	6,792 (51.9)	6,792 (51.9)
1907		566 (4.4)	4,614	5,814	10,993 (86.0)	10,993 (86.0)
1908		488 (3.8)	5,624	5,870	11,982 (94.3)	11,982 (94.3)
1909		724 (5.4)	4,648	7,172	12,544 (93.4)	12,544 (93.4)
1910		1,412 (10.4)	6,351	5,071	12,834 (94.6)	13,272 (97.8)

出所:前掲『台湾烏龍茶ノ概況並同茶金融上ノ沿革』12~13頁より作成。
備考:1) —はゼロ,…は不明を示す。また,各項目の括弧内の数値は総輸出量に占める割合(%)を示す。
   2) *合計には,ロンドン向け輸出量を含む。
   3) 1,000斤未満の数値は四捨五入した。したがって,各項目の小計・合計が一致しないことがある。

どのウエイトを占め,その後徐々に低下していった。つまり,「規則」の施行は既存の輸送ルートをただちに変化させるだけの作用を持たなかったと理解すべきであろう。それは,少なくとも烏龍茶輸出の場合,台湾—中国間経済関係

の「断絶」は「規則」の施行によって引き起こされたわけではないことを意味する。この点について藤江は，1899年の段階ですでに次のような見通しを立てている。

> 本島製茶ノ出港税ヲ免除セハ我神戸ニ輸送スル製茶ハ百斤ニ対シテ殆ト壱円五十銭ノ利益ナルヲ以テ多少内地ヲ経過スル製茶ヲ増加スベキカ蓋シ厦門ハ旧来ヨリ外商ノ居ヲ構ヘ本島ニ其支店ヲ設ケ頗ル密着ノ関係ヲ有シ製茶及其他ノ商業ニ従事スルヲ以テ現今ノ事情ハ単ニ運賃ノ低廉ナルノミヲ以テ一朝之レヲ内地ニ転セシムルハ其実行上未タ之レヲ知ルベカラサル[47]

「規則」の制定に伴う輸送コストの低下によって生じる神戸ルートの優位は，すでに洋行によって構築された取引方法に変化を促し，輸送ルートを厦門経由から神戸経由へと転換させるだけの十分な誘因にはならないことが明示されている。それゆえ，藤江が問題視したのは既存の流通機構の中枢にある洋行の存在そのものであった。「紐育ニ支店又ハ代理店ヲ有」する洋行の競争力源泉は，「需用地ト密接ノ関係ヲ有スルヲ以テ需用地ノ商況ハ朝夕之ヲ知悉」するという高い情報収集能力にあった。また，洋行が形成した烏龍茶輸出システムは，「其取引ノ方法ハ一定セスト雖，頗ル完全ナル順序ヲ以テ之ヲナ」していた。これに対抗する手段として藤江が提起したのは，「有力ナル茶商ヲ奨励シ一致協力」させて「直輸出業者」を組織することであった。そして，これを実現するために総督府は，「基隆及淡水ノ寄港或ハ築港ヲ速成セシメ何レニ輸出スルモ皆本島ニ外国航路船ノ寄港ヲナサシムルカ或ハ我汽船会社ニシテ米国其他ヘ直接ニ製茶及其他ノ貨物ヲ運輸スルノ道ニ開ク」必要があると主張したのである。

以上のような認識を藤江が持つにいたった背景として，当時の日本における製茶輸出の状況が想起されるべきであろう。売込商が産地で買い集めた粗茶は，横浜・神戸の欧米商人に売り渡され，再製加工が施されたのちに主たる消費市

場である北米へ輸出されていた。台湾と同様に日本の製茶輸出においても輸出システムの中心に位置していたのは欧米商人であった。これに対して政府や茶業関係者は，1875年頃から直輸出事業を試みた。1895年の日本製茶会社（本社：横浜）および1896年の日本製茶輸出会社（本社：神戸）の設立を契機として総輸出量に占める直輸出の割合が拡大した[48]。藤江は，かつて横浜に数年間在住しており，また直輸出運動の中心的な担い手であった大谷嘉兵衛とも知己であった[49]。藤江の構想は，横浜での経験や大谷との交流などに触発されて形成されたと考えるのが自然であろう。

　ただし，藤江の主張を注意深く読むと，事態はそう単純ではないことがわかる。以下に示すように，藤江にとって直輸出事業は生産者が販売先の選択肢を増やし，利得を獲得するための一手段として理解されていた。それゆえ，流通機構に輸出商間の競争が生じ，生産者の利得が確保されれば，洋行の排除は必須の条件ではなくなる。

　　　若シ直輸出業者ヲシテ不相当ノ価格ヲ附スレハ之レヲ外人ニ売却スルノ自
　　　由ヲ得ベシ然ラハ生産者ハ宛カモ二者ノ得意ヲ持ツカ如ク幾クハ其不相当
　　　ノ直段又擲ケ売レ残リ等ノ不幸ヲ免ル、ヲ得ベシ[50]

　つまり，生産者の収益性向上を一義的な目的とする藤江の主張は，①輸出商間競争の出現，②①のような競争によって生じる生産者のバーゲニングパワーの向上を骨子としていた。烏龍茶のサプライチェーンを掌握するのは生産者であって「直輸出業者」ではなかった。総督府の茶業政策は，生産者の保護を最優先にこのようにして形成されたのである。

第3節　取引主体の交代と輸出ルートの転換

(1)　華商の退出

　では，日本が台湾を領有した1890年代後半から1900年代にかけて取引主体や輸出ルートは実際にはどのように変化したのであろうか。前述したように，日本が台湾を領有する1895年の時点における流通機構は，産地から輸出港の厦門までは華商が経営する茶販人と茶館が，厦門から北米市場まではイギリス系洋行がそれぞれ担っていた。ところが，日本の台湾領有以降，産地から輸出港までの流通過程を担っていた華商が後退し，台湾人茶商がこれに取って代わったことが指摘されている。たとえば，「五六年前〔1906～07年〕迄ハ十中ノ九分以上」を占めていたとされる泉州・漳州出身の市場茶販人は，「近年漸次其数ヲ減少シ其二分ノ一ハ泉漳人其余ノ二分ノ一ハ本島人トナレリ」[51]，また，「領台ノ当時ハ泉州人及漳州人其七割ヲ占メ広東人其三割ヲ有シ」ていた茶館経営者は「漸次其趨勢ヲ変ヘ現今ハ本島人其四割三分」[52] といった具合である。

　従来の研究は，この要因を日本の台湾領有に伴って中国との間に国境が設定された結果，ヒトの移動が困難となったためであると説明してきた[53]。1899年5月，旅券を持たずに入国した茶販人を総督府が拘留した事件は，この証左といえる[54]。しかし，茶販人の拘留は輸出システムをただちに停止させたから，「結果として大稲埕の市況に非常の影響を及ぼし何となく不振の姿とな」り，「其筋に於ても是等の事情を斟酌する処ありてか茶販人の営業を其侭に為し置く事」として解決された[55]。つまり，総督府は烏龍茶の輸出システムを維持するために不法に入国した茶販人の活動を黙認せざるをえなかったのである。これは，国境の設定に伴うヒトの移動の困難性と華商の活動の縮小がほとんど関係なかったことを意味する。実際に前掲『沿革』の記述から確認しうるように，少なくとも1906年頃までは中国大陸から渡来した市場茶販人が「十中ノ九分以上」を占めていたのであり，また1911年には台湾人が経営する山方茶館が全体

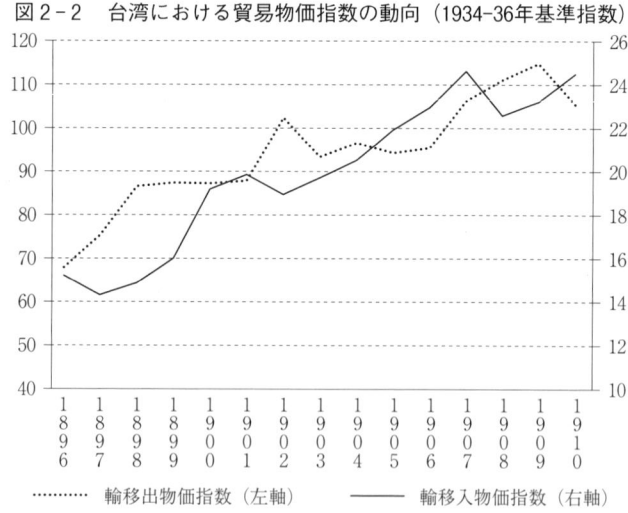

図2-2 台湾における貿易物価指数の動向（1934-36年基準指数）

出所：前掲『旧日本植民地経済統計』303頁より作成。
備考：2008年に，前掲『アジア長期経済統計1 台湾』が刊行され，貿易物価指数の補正が行われているが，同書は1896年から1899年の数値を掲載していない。そこで本稿では，以前に刊行された『旧日本植民地経済統計』に掲載された数値を使用した。

の43％を占めたとはいえ，依然として茶館の経営者の半数以上は華商によって占められていた。華商の後退は国境の設定を主因とするのではなく，取引上の何らかの問題によって段階的に後退したと捉えるべきであろう。

　この点について，たびたび引用している『沿革』は「領台以来物価ハ連リニ騰貴ヲ告ケ生産費ハ今ヤ往年ニ倍加セントシ従業漸ク困難トナリ小資本ノモノハ漸次淘汰セラレ資本較ヤ豊カナルモノ之ニ従事スルコトヽナリ又清国人ハ漸ク疎隔セラレ市場（大稲埕）商人減シ地方ノ本島商人増加スルニ至リタル」[56]ことを記している。この一文からやまだは，日本が台湾を領有した直後の物価騰貴が華商の活動を困難とし，相対的に低コストで活動しうる台湾人経営の山方茶館が取り扱いシェアを拡大させた，と解釈している。

　1896年から1910年までの貿易物価指数を示した図2-2で実際の物価動向を確認しておこう。『沿革』や先行研究の記述と符号するように輸移入物価指数は継続的に上昇しており，特に1897～1900年には年平均6.0％のペースで急上

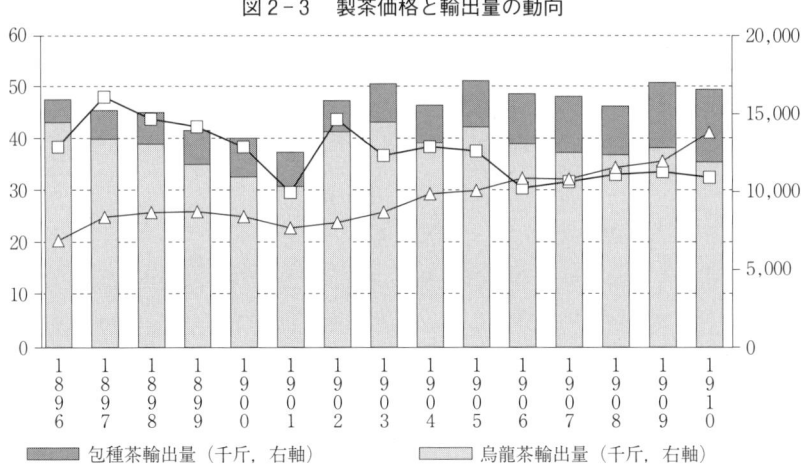

図2-3 製茶価格と輸出量の動向

包種茶輸出量（千斤，右軸）　　烏龍茶輸出量（千斤，右軸）
烏龍茶価格（100斤あたり／円，左軸）　　包種茶価格（100斤あたり／円，左軸）

出所：台湾総督府殖産局『台湾茶ニ関スル調査』(1916年) 29頁より作成。
備考：価格は輸移出合計平均100斤価格を採用した。

昇していることが看取される。この物価上昇は，生活物資を島外に依存する台湾の消費者物価を引き上げたはずであり，かかる物価上昇は『沿革』が指摘するような茶館経営のコスト上昇と収益の悪化につながったと考えられる。

ただし，同期間の輸移出物価指数も年平均6.5％で上昇している点に注目したい。仮に烏龍茶の輸出価格が輸移出物価指数と同様に上昇していれば，物価上昇に伴うコスト上昇によって生じる差損は相殺されるはずである。それゆえ，問題は烏龍茶輸出価格の動向にあると考えられる。これを確認するために烏龍茶価格の推移を図2-3に示した。ここで明らかなように，輸移出物価指数の上昇に対して烏龍茶価格は逆相関を示しており，1902年にはやや持ち直すものの，1906年以降は包種茶のそれを下回ることが確認される。これは，烏龍茶輸出取引の交易条件が悪化したことを意味するが，ここでの収益減少は洋行に対しても生産者に対しても価格交渉力を持たない零細な茶館や茶販人が負担せざるをえなかった。このような外的環境の変化と相対的に経営規模が大きく，コストパフォーマンスが優良であった台湾人経営の山方茶館との競争関係が[57]，

福建・広東出身者が経営する大稲埕茶館の経営を困難に陥れ，取引から徐々に撤退させたものと思われる。

では，輸移出物価指数が上昇傾向にあったにもかかわらず，烏龍茶価格はなぜ下落したのであろうか。『沿革』は次のように指摘している。

> 領台後二三年間ハ民心帰一セス匪賊各所ニ横行シ安シテ其業ニ従事スルコトヲ得サリシニヨリ当年ノ好況ヲ見ルコト能ハサリシモ尚ホ大体ニ於テ毎年相当ノ利益ヲ上ケ得タリシモノ、如シ然ルニ明治三十二〔1899〕年ニ至リテハ米国カ西班牙ト戦端ヲ啓クニ当リ戦時税トシテ忽チ輸入茶一封度ニ対シ米貨十仙即チ我百斤ニ付二十六円六十六銭ノ重税ヲ課シタルノミナラス粗悪茶ノ輸入ヲ禁遏スルノ目的ヲ以テ始メテ輸入標準茶ヲ定メ輸入茶ニ制限ヲ附シ一大打撃ヲ与ヘタルニヨリ爾後漸ク不振ノ情況ニ在リテ損失相次キ同三十四〔1901〕年ニ至リテハ殆ント其極点ニ達シタリ58)

この報告から読み取れることは，次の2点である。①日本の台湾領有にともなう社会不安によって1895〜98年の烏龍茶取引は「明治二十六七年〔1893〜94年〕ノ…(略)…最モ隆盛ヲ極メタル時代」59)（前掲表2-1）のような活況ではなかったものの，茶業関係者は相応の利益を獲得しえた。②1899年の米西開戦に伴う製茶輸入税の課税と輸入標準茶の設定によって烏龍茶価格が急落した。これら点について『台湾日日新報』は，「台湾烏龍茶の市況は関税の影響今や漸く顕はれ来り高直の上等よりは安物の売行を呈しけれど在荷少く之れに反し上物は非常に残荷停滞し居れば今年高直の上物を送りても売行見込立たず」60)と報告している。製茶輸入税の賦課は，高級烏龍茶の売れ行きを不振に陥れた。高級品を敬遠した消費者は「十五仙乃至四五仙の…(略)…極て下等品〔の烏龍茶〕」61)を選好したため，結果的に消費地における烏龍茶価格が下落したものと思われる。また，1902年は「戦時税廃止ノ説漸ク世上ニ唱道セラレ」たため，「市場ハ俄然激浪澎湃ノ勢ヲ以テ活況ヲ呈シ」たものの，翌1903年は「見越輸入ノ常態トシテ輸入過剰ノ声ヲ以テ充サレ暴落ニ次ク暴落ヲ以テ忽チ一大頓挫

ヲ来シ延テ当地ニ於ケル各製茶業者〔茶館〕ヲシテ実ニ未曾有ノ損失ヲ被ラシメタリ」と報告されている[62]。

以上のように，烏龍茶価格の急落は北米市場における製茶輸入税の賦課に起因する消費の冷え込みによるものであった。そして，こうした価格下落が零細な取引主体の収益を圧迫し，とりわけ経営基盤が脆弱であった大稲埕茶館＝華商の撤退を招いたものと理解されよう。

(2) アメリカ系洋行の新規参入と台湾銀行

1897年10月，「内地緑茶貿易商中にても大館を以て目せらるゝ横浜の三十三番館及び五十番館の得意先なる米国の某商館」が烏龍茶輸出業に参入するために「目下店舗の借入に奔走中」であることが報じられている[63]。また，1899年には横浜に店舗を構えていた同じくアメリカ系のスミス・ベーカー商会（Smith, Baker & Co., 隆興）が基隆／神戸経由ニューヨーク輸出を開始する。1890年代末以降，アメリカ系の洋行が次々と烏龍茶輸出業務に参入した[64]。

従来のイギリス系洋行が厦門で烏龍茶を買い付けていたのに対し，アメリカ系洋行は，「主に台北に烏龍茶を仕入るゝこと、なり又其手によりて自国に直輸出の途を開」いた点に特色があった[65]。その結果，イギリス系洋行は価格支配力を喪失し，「従来の如く台北の商況を左右すること能はず」[66]という状況となった。先に検討した総督府殖産局の茶業政策を想起すれば，アメリカ系洋行は輸出商間の競争を引き起こし，生産者に取引相手の選択をもたらしうる格好の存在であった。総督府の茶業政策における流通機構の改編は，アメリカ系洋行の参入によって実現したものと考えてよいだろう。

とはいえ，「数年の慣習上依然台北に於ける商権は英人の手に帰し」ており，また「厦門は外国輸出場としての集散地なりしかば自然茶業の為に発達し」，「茶業の金融機関は概ね概地に設備し馬振館の如き小銀行的問屋の性質を帯びたるものも備はりありしに…(略)…尚ほ因習の久しき其商務容易に厦門を去らざりし」状態にあったことにも注意を要する。アメリカ系洋行の参入は，烏龍茶輸出業務において競争を引き起こしたが，輸出システムそれ自体を変容させ

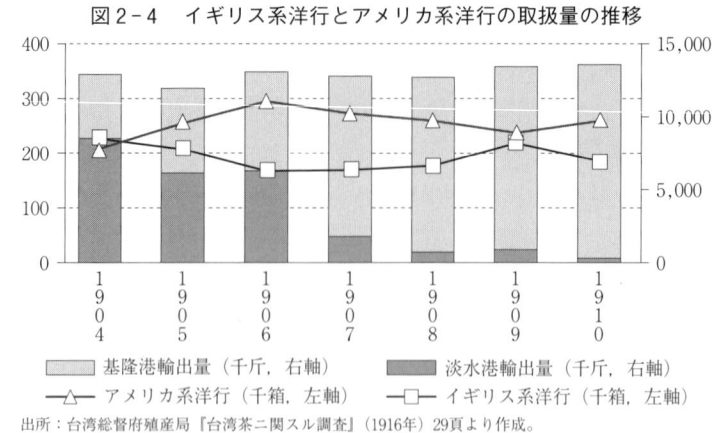

図2-4 イギリス系洋行とアメリカ系洋行の取扱量の推移

■ 基隆港輸出量（千斤，右軸）　■ 淡水港輸出量（千斤，右軸）
—△— アメリカ系洋行（千箱，左軸）　—□— イギリス系洋行（千箱，左軸）

出所：台湾総督府殖産局『台湾茶ニ関スル調査』（1916年）29頁より作成。
備考：価格は輸移出合計平均100斤価格を採用した。

たわけではなかった。従来のイギリス系洋行が構築した輸出システムや厦門の金融・集散地機能は依然として健在であった。

　烏龍茶の流通機構を担う取引主体に資金を供給していたのは香港上海銀行をはじめとする外国銀行であり，彼らは豊富な資金力で茶為替の買い付けを行っていた。烏龍茶の買い付けを台北で行っていたアメリカ系洋行も，当初は「其輸送方法ハ多年ノ習慣上一朝ニ改ムルコト難ク総テ厦門ヲ経由シ従テ同地ニ於テ欧米宛為替ヲ取組ミ其代リ金ハ同地香上銀行ニ当座預ケヲ為シ必要ニ応シ一覧払小切手ヲ振出シ之ヲ台北滙兌館ニ売却シ以テ台北ニ回収」していたのである67)。

　ところが，台湾銀行が台北で買い入れた信用状付欧米宛茶手形を買い入れ価格と同価で横浜正金銀行へ売り渡すという金融サービスを1905年4月に開始すると，輸出システムは大きく変容する68)。表2-5で示したように，このサービス開始にすぐさま反応したアメリカ系洋行は，台湾銀行と取引を行うことによって台北での烏龍茶買付資金の調達を可能とした。1904年には41.4%であった台湾銀行の茶為替買付額に占めるアメリカ系洋行の割合は，1905年には60.4%に上昇し，1907年以降は80%台を推移した。1910年におけるアメリカ系洋行の取扱高に占める台湾銀行買入茶為替高の割合を確認すると，メーシー

第2章　帝国日本の形成と台湾─中国間経済関係

表2-5　台湾銀行の茶為替買付額

(単位：千円)

	イギリス系洋行			アメリカ系洋行			その他の取引主体			合計	輸出額に占める為替取扱高の割合
	欧米宛	その他	小計	欧米宛	その他	小計	欧米宛	その他	小計		
			(％)			(％)					(％)
1901	―	67	67 (21.2)	―	250	250 (78.8)	―	―	―	317	8.6
1902	―	415	415 (26.0)	―	703	703 (44.2)	―	474	474	1,593	25.4
1903	―	662	662 (29.6)	―	817	817 (36.5)	―	759	759	2,238	39.8
1904	―	425	425 (24.1)	―	732	732 (41.4)	―	609	609	1,765	33.6
1905	98	234	332 (13.9)	1,427	16	1,443 (60.4)	147	469	616	2,391	42.3
1906	71	84	156 (6.8)	1,469	25	1,495 (65.7)	613	12	625	2,275	55.9
1907	338	81	420 (14.6)	2,447	―	2,447 (85.1)	8	―	8	2,874	68.9
1908	188	17	205 (12.0)	1,497	14	1,511 (88.0)	―	―	―	1,716	40.1
1909	264	22	286 (16.1)	1,478	8	1,486 (83.9)	―	―	―	1,771	38.7
1910	254	3	258 (11.8)	1,738	23	1,761 (80.4)	82	91	173	2,192	49.6

出所：前掲『台湾烏龍茶ノ概況並同茶金融上ノ沿革』63～100頁より作成。
備考：1）―はゼロを示す。
　　　2）小計の右側括弧内の数値は，台湾銀行為替取扱高に占める割合を示す。
　　　3）1,000円未満の数値は四捨五入した。したがって，各項目の小計・合計が一致しないことがある。

(Macy & Co., Geo. H., 美時) 66％，スミス・ベーカー64％，コルボン（華利）100％，フォルモサ・マーカンタイル（馬謹岱）100％といったように総じて高い[69]。こうしたアメリカ系洋行との取引によって1901年には8.6％にすぎなかった輸出額に占める台湾銀行の為替取扱高は，1907年には68.9％に達するにいたった。

アメリカ系洋行が台北で烏龍茶を買い付け，基隆から遠洋航路に積み込んで北米市場へと輸出したため，輸出港としての基隆のプレゼンスは急上昇した。既述したように，淡水／厦門ルートは太平洋直航ルートに比して輸送コストが嵩むだけでなく，「厦門の船便はよかりしも荷役再度積卸しの不便」があった[70]。1899年から開始された第1期工事によって基隆港に輸出港としての最低限の機能が付与されると[71]，「尚ほ厦門を根拠とするを便なりとしたる〔洋行〕も基隆の築港完成し今日基隆より輸出するは厦門に於ての荷役の費用を省くのみならず貨物破損の患尠きため年々淡水（厦門経由）を減少し基隆輸出増加した」。アメリカ系洋行は，新たな金融サービスの開始と港湾整備に基づく海上

交通網の拡充を梃子にイギリス系洋行に対する競争力を向上させ，取扱高シェアを高めていったのである。

ただし，台湾銀行の金融サービスを利用するアメリカ系洋行が急速に競争力を高め，それに伴って輸出ルートが従来の淡水／厦門ルートから基隆ルートへ転じたにもかかわらず，厦門に拠点を持つイギリス系洋行がさほどシェアを低下させていない点にも注意を要する（図2-4）。その後，イギリス系洋行の取扱高は1914年にアメリカのそれを再び凌駕し，データを入手しうる1924年までは首位にあった[72]。淡水／厦門ルートからの輸出が1910年にはほとんど皆無となった状況を鑑みれば，イギリス系洋行もまた従来の淡水／厦門ルートから基隆ルートへと転じていったものと思われる。この点についてやまだは，厦門に拠点を置いていたイギリス系洋行もまた台北に拠点を移し，台湾銀行が提供する金融サービスを利用するようになったためであると説明している[73]。しかし，それでは表2-5に示した，輸出額に占める台湾銀行の茶為替買付額の割合が1908年以降に停滞することを説明しえない。もしイギリス系洋行が台湾銀行の金融サービスを利用したならば，その割合は上昇していなければならないからである。

イギリス系洋行の台北移転を促進したのは，香港上海銀行の台北進出であった。同行は当初，サミュエル商会を台北代理店に指定して活動していた[74]。しかし，1908年以降は「毎年製茶ノ時期ニハ店員一名ヲ神戸ヨリ」派遣し，「「サミユール」商会カ台北ニテ受取ルヘキ資金殊ニ阿片代金及石油代金等ヲ以テ主タル為替ノ資源トシ」，「欧米宛茶為替買付ニ就テハ常ニ神戸ヨリ相場ヲ電報セシメ之ヲ標準トシ変動ノ都度其相場ヲ各取引洋行ニ報シ又日々洋行ヲ訪問シテ茶為替ノ有無ヲ問ヒ必要ニ応シ随時相当ノ前貸金ヲ為」した[75]。これは，輸出額に占める台湾銀行の茶為替買付額の割合が1908年以降停滞すること，ボイド（Boyd & Co., Ld., 和記）27％，テイト（Tait & Co., Ld., 徳記）18％，ジャーディン・マセソン（Jardine, Matheson & Co., Ld., 怡和）1％といったように1910年におけるイギリス系洋行の取扱高に占める台湾銀行茶為替買付額が低位にあることと整合する。イギリス系洋行は，台北に進出した香港上海銀行から

買付資金を調達していたのである。

　以上のように台湾銀行の活動は，新規に参入したアメリカ系洋行と提携することでプレゼンスを高めたが，この措置は香港上海銀行の台北進出とイギリス系洋行の台北移転を促した。これは，従来「台北ニ於テ一旦廈門宛為替ヲ取組ミ更ニ廈門ニ於テ欧米宛為替ニ取組ミ替ヘ二箇所ニ於テ相場ヲ仕切リタリシモ以後台北ニ於テ直チニ欧米宛為替ノ取組ヲ為シ得ルヲ以テ之ニ対スル手数ト為替手数料トヲ節減」しえただけでなく，「金銀比価変動ニ依ル危険ヲ…（略）…除去シ得」たため，いずれの洋行にとっても利するものであった[76]。また，イギリス系洋行の台北移転によって「台北ニ在ル茶館ハ以後製茶ヲ廈門ニ搬出スルコトナク台北ニ於テ直接ニ洋行ニ売込ミ且ツ其代金ヲ受クル」ことになったため，「媽振館並滙兌館ニ〔資金の供給を〕依頼スルノ必要ヲ認メス手数ヲ省キ且ツ是等商店ニ占メラレタル利益ヲ自己ニ収ムルコトヽナ」った[77]。それゆえ，「台北ニ在ル茶館ハ廈門ノ事情ニ精通セルモノニアラサレハ常ニ媽振館等ノ為不覚ノ損害ヲ被ル恐レアリシヲ以テ十中九以上ハ同地ヨリ来リタル清国人ニ拠リテ経営セラレタリト雖モ以後台北ニ於テ安シテ売却ヲ為シ得ルニ至リ漸次本島人ニシテ之ニ従事スルモノヲ増加スルニ至」ったのである[78]。台湾銀行による新規サービスの開始に伴う英米系洋行の競争は，取引の場を廈門から台北に移して展開されたため，烏龍茶取引に関わる廈門の情報は不要となった。したがって，媽振館や滙兌館といったメディエーターが持つ信用補完機能やネットワークはただちに存在意義を失い，またこのネットワークとのアクセスによって台湾人商人に対する優位性を得ていた中国大陸の華商もその零細性と高コスト構造に規定されて次第に競争力を失っていったのである。

おわりに

　本章の検討を冒頭で提示した論点に関連させてまとめておこう。淡水と台湾府の開港によって烏龍茶・砂糖・樟脳といった台湾の特産物は，欧米消費市場の需要に対応してその輸出量を拡大させていった。とりわけ台湾北部で生産さ

れる烏龍茶の品質は，主たる消費市場である北米市場の嗜好に適合的であったため，急激に輸出量を拡大させ，日本が領有する19世紀末には台湾最大の輸出品となっていた。この輸出は，産地から輸出港である厦門までの流通過程を華商が，厦門から消費地までをイギリス系洋行が担っていた。取引に必要とされる資金は，外国銀行によって供給されてきた。日本の台湾領有後，従来の輸出ルートは淡水／厦門ルートから基隆ルートへと転じる一方，厦門までの流通過程を担っていた華商は次第に台湾人商人へと取って代わられたのである。

　かかる事実について，これまでの研究はいずれも総督府の経済政策を起因としてきた。すなわち，基隆ルートへの転化は台湾輸出税及出港税規則の制定による不均等な関税政策，華商の撤退は台湾―中国間の国境設定，あるいは国境設定に伴うヒトの移動の困難性がその要因として強調されてきたのである。

　これに対して本章が得た知見は以下の通りである。第1に従来の研究は，台湾―中国間経済関係を切り離した最大の要因として「規則」の制定を示してきたが，本章では烏龍茶輸出に関する限りその効果が限定的であったことを明らかにした。確かに「規則」の制定は，中国向け輸出は輸送コスト面で不利となったが，烏龍茶の輸出ルートを従来の淡水／厦門ルートから基隆・神戸ルートに転じるためには，その担い手であるイギリス系洋行が神戸において保存庫を獲得し，買付資金の調達先を確保する必要があったから，その転換は容易に進まなかったのである。イギリス系洋行が構築した輸出システムは，「規則」制定以降も健在であった。総督府の政策立案者もこの点を十分に理解しており，それゆえ総督府が茶業政策を立案する過程で問題としたのは「規則」に規定された輸送コストの高低ではなく，流通の多段階性や複雑性の解消とこれを支配するイギリス系洋行との対抗を試みるという発想に立ったのである。ただし，政策担当者が目的としたのは，洋行の排除ではなく，輸出過程における競争状態の出現にあった。競争の出現によって生産者のバーゲニングパワーを向上させ，生産者の利得を増加させることに総督府茶業政策の主眼が置かれたのである。

　一方，烏龍茶取引からの華商の退出について従来の研究は，台湾―中国間の国境出現を理由としてきた。しかし，この説明では国境出現後のしばらくの間，

華商が一定のシェアを占めたことを説明しえない。この点について本章の議論は，交易条件の悪化を要因とするやまだ説を支持しつつ，製茶輸入税の設定やその後の混乱に伴う需給バランスの喪失が北米市場における烏龍茶価格を下落させ，かかる下落が経営基盤の脆弱な華商の活動を困難に陥れたためであるとした。

　また，本章はこれまでの研究では一括して「英米洋行」「外国資本」[79]として捉えられてきた洋行をイギリス系洋行とアメリカ系洋行に分けて検討した。基隆築港に伴う海上交通網の整備と台湾銀行の金融サービスをいち早く利用した後発のアメリカ系洋行は，急速に競争力を高め，先発のイギリス系洋行にキャッチアップした。これに対して厦門に拠点を置いていたイギリス系洋行は，香港上海銀行の台北進出を契機に台湾へ移転し，アメリカ系洋行と対抗することになった。輸出システムにおける輸出商間の競争は，急速に激化した。こうした競争環境の変化が輸出ルートを淡水／厦門ルートから基隆ルートへと転換させた。そして，この変化は，取引に関わる厦門の情報や信用補完機能を不要としたため，それをもたらす媽振館や滙兌館といったメディエーターは存在意義を失っていった。このネットワークにアクセスすることで台湾人商人に対する優位性を築いていた中国大陸の華商も自己の零細性や高コスト構造に規定されて競争力を失っていったのである。

1）　石井寛治「日清戦後経営」（朝尾直弘ほか編『岩波講座　日本歴史』16（岩波書店，1976年）56頁。
2）　同前，60〜61頁。
3）　同前，88頁。
4）　たとえば，前掲『東アジア資本主義史論Ⅰ』84頁。
5）　前掲『帝国主義下の台湾』159頁。
6）　林満紅「開港後の台湾と中国の経済関係」（前掲『近代アジアの流通ネットワーク』129〜130頁）。
7）　小林英夫は，台湾と中国の経済的関係を「断絶」し，日本経済圏への編入を推し進めたものは「「土地調査事業」および「幣制統一事業」であり，この両事業の推進を側面から援助したのが港湾築港，台湾縦貫鉄道建設であり，関税運輸政策

だった。これらが有機的結合をもっておし進められることにより，台湾の在来経済およびその経済的担い手だった地主もしくは自営農民を主体とした村単位の村落自衛組織は，その再編を余儀なくされていったのである」と論じている（小林英夫「初期台湾占領政策について（三）」『駒澤大学経済学論集』10 (1)，1978年6月，60頁）。

8) 前掲『近代アジアと台湾』57頁。
9) やまだあつし「台湾茶業における台湾人資本の発展——1910年代を中心に」（『社会経済史学』61 (6)，1996年3月）60頁。
10) 林満紅『茶・糖・樟脳業与台湾之社会経済変遷（1860～1895）』（聯経出版事業，1997年）。
11) 以下，前掲『日本帝国主義下の台湾』，クリスチャン・ダニエルス「清末台湾南部製糖業と商人資本——1870-1895年」（『東洋学報』64 (3・4)，1983年3月）。清末の洋行の活動については，*Jardine Matheson Archive* を用いた黄富三「台湾開港前後怡和洋行対台貿易体制的演変」（黄富三・翁佳音主編『台湾商業伝統論文集』中央研究院台湾史研究所籌備所，1999年）が参考になる。
12) 前掲『日本帝国主義下の台湾』378頁。
13) 前掲「清末台湾における対外貿易の発展と資本蓄積の特質」53頁。
14) 序章で述べたように，劉進慶はこの1880年代を1920～30年代や1960～70年代と並ぶ台湾経済の急速な発展期と位置づけている（前掲「清末台湾における対外貿易の発展と資本蓄積の特質」56～57頁）。
15) 同前，56頁。
16) 前掲『茶・糖・樟脳業与台湾之社会経済変遷』3～5頁。
17) 以下，クリスチャン・ダニエルス「中国砂糖の国際的位置——清末における在来砂糖市場について」（『社会経済史学』50 (4)，1980年1月）38～42頁。オーストラリア最大の製糖会社であるコロニアル精糖会社は，主としてモーリシャス島から原料糖を輸入していたが，在庫が逼迫した場合には台湾やジャワからも輸入していた。しかし，台湾糖の品質がきわめて劣悪であったため，次第に台湾糖は用いられなくなったという。
18) 前掲『近代アジアと台湾』30頁。19世紀中葉における中国茶輸出の縮小過程については，前掲『伝統中国商業秩序の崩壊』第13章を参照されたい。
19) 前掲「清末台湾における対外貿易の発展と資本蓄積の特質」57～58頁。19世紀末の厦門におけるアヘン取引については，村上衛「閩南商人の転換——19世紀末，厦門におけるアヘン課税問題」（前掲『帝国とアジア・ネットワーク』）。
20) 19世紀中葉以降における台湾とアヘンの関係について，劉進慶は「輸入総額に

占めるアヘンの輸入額の割をみると，1880年代一貫して60％台を記録している。この規模はじつに驚くべきものである。とくにアヘン商品の特性がたんなる嗜好品にとどまらず，人体に有害な毒品であることを思えば，道徳的にもきわめて問題である。そして経済的にいえば，これが欧米資本の台湾貿易における赤字解消の最も有効な手段であったことはまちがいない。だがそれにも増して重要なことは，台湾の急速な輸出指向的経済発展の成果が，アヘンの大量輸入によって一挙に「水泡」に帰した点である。かくてこの時期，主要三商品〔烏龍茶，砂糖，樟脳〕の輸出とアヘン輸入を取引関係とする外商支配の対外貿易循環は，本質的には欧米資本の台湾に対する悪質な半植民地的収奪過程以外のなにものでもなかったのである」（前掲「清末台湾における対外貿易の発展と資本蓄積の特質」58～59頁）と述べている。この指摘はおおむね首肯しうるが，欧米の消費市場に合致した烏龍茶・樟脳を搬出する北部とアジア域内にのみ流通する砂糖を搬出する南部とでは異なる事態が発生していたことに留意すべきであろう。

21) やや時期が後となるが，1909年における台湾烏龍茶の輸出先は以下の通りである。アメリカ合衆国1,191万斤（輸出量の95.5％），イギリス49万斤（同3.9％），オーストラリア4万斤（同0.3％），ドイツ2万斤（同0.2％）。アメリカ合衆国では，ニューヨーク（863万斤），ボストン（209万斤），シカゴ（44万斤），フィラデルフィア（12万斤）といった北東部で消費された（前掲『台湾烏龍茶ノ概況並同茶金融上ノ沿革』8～9頁）。

22) 鶏籠（1872年に基隆と改称）は，淡水の付属港として1862年に開港した。1887年，台湾巡撫劉銘伝が港湾の修築を試みたものの，日本が台湾を植民地とした直後は依然として「湾内浅く，泥土に埋れ，戎克船の碇泊港に過ぎず，小型の汽船も港内に入る事が出来ず，遙かに二・七八粁（一浬半）も沖合に仮泊するを余儀なくされた。従つて風浪高き折，或は十月以降翌年三・四月頃迄吹き荒む季節風の場合は碇泊にも不安を感じ，船の乗降貨物の荷役等に非常の困難を嘗めたもので，港としての価値極めて薄く，何等港湾的設備の見るべきものはなかつた」（石坂図南『おらが基隆港』台湾日日新報社，1932年，32頁）。

23) 以下，特に断りがない限り前掲『台湾烏龍茶ノ概況並同茶金融上ノ沿革』20～42頁。

24) 川北幸寿「台湾茶業視察復命書」（台湾銀行総務部計算課『第一次台湾金融事項参考書付録』1902年）32～33頁。

25) 市場茶販人は，生産者から直接粗茶を購入する場合もあるが，称脚・仲工といった買付人を使用して買い入れる場合もある。

26) 茶販人は，買入資金が不足した場合には「大稲埕茶館ヨリ多少ノ融通ヲ仰クコ

ト」もあったという（前掲『台湾烏龍茶ノ概況並同茶金融上ノ沿革』24頁）。
27) 同前。
28) 前掲「台湾茶業視察復命書」44頁。
29) この背景として，台湾北部ではすでに小租戸を主体とする大規模な商業的農業の経営が実現していたことが挙げられる（小林英夫「初期台湾占領政策について（一）」『駒澤大学経済学論集』8（2），1976年9月，25～26頁）。
30) 前掲「台湾茶業視察復命書」48頁。
31) 前掲『台湾烏龍茶ノ概況並同茶金融上ノ沿革』27頁。
32) 同前，56～57頁によれば，媽振館の運転資金の構成は洋行からの借入70％，銭荘からの借入10％，自己資本20％であったと報告されている。この資金融通は，商品を担保としたが，媽振館の取引はコミッションビジネスであったから，厦門において洋行に売却されるまでの貨物の所有権は茶館にあったはずである。つまり媽振館は，自己に所有権がない商品を担保としており，こうした二重抵当の設定や不明確な所有権は，取引のさまざまなトラブルを引き起こしたものと思われる。
33) 以下，同前，54頁。
34) 同前，39頁。なお，洋行に対する買弁の信用は，土地・家屋や現金を身元保証品とすることで担保されていた（同前，30～31頁）。
35) 「大生産者又ハ仲買人カ製茶ヲ大稲埕ニ搬出スルニ当テハ其売込先ハ概子一定セリト雖モ悉ク然リトハ云フヲ得ス或ハ甲商乙商ノ間ヲ持回リテ高価ヲ附スル者ニ売渡スモノアリ代金ノ受渡ハ小口ノモノニアリテハ通常現金ヲ以テ即時払ヲ為ストモ大口ノ場合ニアリテハ先ツ内金ト何日後支払フヘシトノ覚証ヲ渡シ置キ期日ニ至リテ全部ヲ支払フモノ，如シ然レトモ其残額支払ハ極メテ短期ニシテ何レモ一ヶ月以内ニアリト云フ」（前掲「台湾茶業視察復命書」32～33頁）。
36) "Annual returns, Tamsui, Formosa", 1881, p. 280.
37) "Tamsui trade report for the year 1889", pp. 307-308.
38) 以下，「台湾の商業と新関税」（『台湾協会会報』5，1899年2月）56～57頁。
39) 以下，益田孝「台湾の視察」（同前）19～25頁。
40) 京城公使館書記官兼領事であった杉村濬は，閔妃殺害事件に首謀者の1人として関係したため，1896年4月に免官され，同年12月に台湾総督府に移籍した。翌年5月には外事課長として厦門・福州・香港に御用出張を行っている。詳細は，檜山幸夫「台湾総督府の刷新と統治政策の転換——明治31年の台湾統治」（中京大学社会科学研究所台湾総督府文書目録編纂委員会編『台湾総督府文書目録』3，ゆまに書房，1996年）。
41) 杉村濬「台湾と支那沿岸の関係」（『台湾協会会報』2，1898年11月）19～20頁。

42) 藤江勝太郎（1865-1943）は，遠江国周智郡森町字城下の代々庄屋を勤める家に生まれた。父新蔵は静岡県屈指の茶業者であり，1872～73年頃から横浜で製茶貿易業を営んだが，数年で事業に失敗し，静岡へ引き揚げた。この時藤江は，製茶技術の習得を目的として横浜にとどまり，1884～85年頃には緑茶・紅茶の製法に精通したようである。同時に藤江は，台湾烏龍茶に注目し，1886年には台湾に自費渡航して烏龍茶の製造法を取得，1888年には静岡市に紅茶及烏龍茶伝習所を，1889年には森町に日本烏龍紅茶会社をそれぞれ設立した。1895年11月から民政局殖産課技手として総督府に勤務し，1906年には技師（高等官）に昇進した。この間，藤江は桃園庁安平鎮に設置された製茶試験場を監督する主任を務めていたことから，総督府における烏龍茶政策の第一人者であったと判断される。退官後の1910年3月には日本台湾茶株式会社取締役兼技師長，帰国後は郷里の森町で町長などを歴任した。（藤江勝太郎「履歴書」1930年1月，『藤江田鶴家文書』白畑克弘氏所蔵，山田万作『岳陽名士伝』1891年，558～564頁，「技師藤江勝太郎ノ茶業ニ関スル略歴」1910年，森町史編さん委員会編『森町史』資料編4，森町，1995年，瀧恭三編『静岡県茶業史』静岡県茶業組合連合会議所，1926年，1349～1350頁）。なお，筆者は『藤江田鶴家文書』を所蔵する白畑克弘氏から同資料の閲覧を個人的に認められた。ここに深くお礼申し上げたい。

43) 以下，特に断りがない場合は，藤江勝太郎「製茶税廃止請願ニ対スル意見」（1900年1月）『台湾総督府公文類纂』502，国史館台湾文献館所蔵。

44) 藤江によれば，当時の北米市場における100ポンドあたり平均価格は以下の通り。台湾烏龍茶22ドル，日本茶18ドル，中国茶18ドル，セイロン茶17ドル，インド茶15ドル，厦門茶13ドル。

45) 1903年8月，総督府は製法改良および機械化を目的として桃園庁に安平鎮製茶試験場を設置し，同年9月1日には茶葉12,275斤を買い取って試験を開始した（台湾総督府殖産局『製茶試験場成蹟取調』1907年）。以降，1909年まで約97万斤の粗製烏龍茶を得たが，成績はおおむね不良で，むしろ副次的位置にあった紅茶の方が良好な成績を収めたようである。このため1910年には同試験場を廃止し，機器を継承した日本台湾茶株式会社が磚茶の製造を行った（台湾総督府総督官房文書課『台湾総督府事務成蹟提要』1912年，298頁，303頁）。藤江が試みた粗製工程の機械化は容易に進まなかったものと思われる。

46) 以下，『台湾協会会報』35（1901年8月）26頁。原資料では30箱入り運賃が掲げられていたが，ここでは100斤あたり運賃に換算した。

47) 前掲「製茶税廃止請願ニ対スル意見」。なお，この点について『台湾協会会報』は，①洋行は厦門に自己所有の倉庫を設置している，②他方，神戸には倉庫を保有し

ないため，倉敷料を支払う必要がある，③仮に神戸における倉敷料が低廉であったとしても，彼らが厦門において保有する倉庫が無価値となる，④取引慣習の変更が困難である．の4点を要因としている（前掲『台湾協会会報』35，26頁）。この記事の執筆者は不明であるが，いずれにせよ従来構築された取引関係を変化させることの困難性を同時代の観察者が認識していたものと思われる。

48) 日本茶輸出百年史編纂委員会編『日本茶輸出百年史』（日本茶輸出組合，1959年）89～102頁。同書によれば，1887年には総輸出量の3.9%にすぎなかった直輸出量は，1899年には13.7%，1903年には28%となった。

49) 大谷は1898年夏に台湾・華南の視察旅行を行っている。その際，「宿に帰れば総督府殖産課の藤江技手の待つあり，同技手は総督府の命により産茶地を案内し且つ支那に至るまで一行の東道役」であった（茂出木源太郎編『大谷嘉兵衛翁伝』大谷嘉兵衛翁頌徳会，1931年，3頁）。

50) 前掲「製茶税廃止請願ニ対スル意見」。

51) 前掲『台湾烏龍茶ノ概況並同茶金融上ノ沿革』23頁。

52) 同前，28頁。

53) 前掲『近代アジアと台湾』57頁。

54) 『台湾日日新報』（1899年5月14日）。

55) 同前（1899年5月16日）。

56) 前掲『台湾烏龍茶ノ概況並同茶金融上ノ沿革』28頁。

57) 大稲埕茶館の資本が約2,000円であったのに対し，山方茶館は2,000円から7,000円と相対的に規模が大きいだけでなく，地方に店舗を構えていたため「〔大稲埕茶館が店舗を構える〕都会ニ比シ家賃，労働費，食費等概子低廉ニシテ且ツ一般ニ質朴ナルニヨリ大ニ生産費ヲ節減シ得」たという（同前，27～29頁）。

58) 同前，17～18頁。

59) 同前，18頁。

60) 『台湾日日新報』（1899年5月10日）。

61) 同前。

62) 前掲『台湾烏龍茶ノ概況並同茶金融上ノ沿革』18頁。

63) 『台湾日日新報』（1898年10月12日）。

64) 日本における直輸出運動が1890年代の後半に高まったことを想起すれば，アメリカ系洋行の台湾進出は日本における直輸出運動の展開と競争の激化に対応したものと想定されるが，本書はこれを明確に示す材料を持っていない。今後の課題としたい。

65) 『台湾日日新報』（1900年7月28日）。

66) 以下，同前（1898年10月12日）。
67) 前掲『台湾烏龍茶ノ概況並同茶金融上ノ沿革』62～63頁。
68) 同前，73～75頁。
69) 同前，98頁。
70) 以下，『台湾日日新報』(1907年2月24日)。
71) 総督府は当初，軍事的観点から基隆港の整備を開始したが，次第に商港としての機能を重視するようになった。1899年から開始された第1期工事によって基隆港は，仮桟橋と浮標にそれぞれ2隻の3,000トン級汽船を係留しうる機能を付与されたが，貨物の急増はこれに対応できず，1906年には第2期工事が開始される。この工事は，1923年まで継続的に進められ，1930年代初頭には岸壁に3,000～2万トン級17隻，浮標に同4隻の汽船を係留しうる港湾となった（井上敏孝「日本統治時代の基隆築港事業──港湾の変遷と基隆港における輸移出入状況を中心に」『現代台湾研究』36, 2009年9月）。
72) 佐々英彦『台湾産業評論』（台南新報台北支局，1924年）510頁。
73) 前掲「台湾茶業における台湾人資本の発展」61頁。
74) 『台湾日日新報』(1900年1月9日)。
75) 前掲『台湾烏龍茶ノ概況並同茶金融上ノ沿革』110～111頁。*The History of the Hongkong and Shanghai Banking Corporation* は，台北に支店が開設された年を1909年とし，神戸ではなく横浜からスタッフが派遣されたとしている（Frank H. H. King, *The History of the HongKong and Shanghai Banking Corporation*, vol. 2, New York: Cambridge University Press, 1988, pp. 34-35）が，本章では台湾銀行の記録に依拠して香港上海銀行の台北進出を1908年とした。
76) 前掲『台湾烏龍茶ノ概況並同茶金融上ノ沿革』76頁。
77) 同前，76～77頁。
78) 同前，77～78頁。
79) 前掲『近代アジアと台湾』60頁。

第3章　台湾—中国間経済関係の再編過程
——1900年代～第1次世界大戦前後期——

はじめに

　第3章と第4章では，20世紀前半の台湾と中国の間に生じた経済関係の再編を植民地台湾における対中国輸出の変化から論じる。第3章では，台湾総督府による「広域的公共財」の整備が台湾と中国の貿易関係に与えた影響を1900年代初頭から第1次世界大戦を経て1920年にいたるまでの期間に焦点を絞って検討する。第4章では，「広域的公共財」の整備によって拡大した日本製品の中継貿易を流通機構の具体的な変化や取引主体の行動から議論する。

　かつて矢内原忠雄は，総督府の補助に基づく南洋命令航路の開設，台湾銀行のスラバヤ，スマラン，バタビヤ各支店の開設および第1次世界大戦の開戦が台湾の南進論に「好機会と刺戟とを供し」，「台湾はわが資本の為めに完全に「図南の石」となつた」と評した[1]。事実，1910～24年の期間における台湾の対南洋の貿易は急速な拡大が確認される（表3-1）。ただし，その一方で対中国貿易も年平均10.7％の割合で拡大したことに注意を要する。1910～24年における対中国貿易額の年平均伸び率は，南洋のそれに比べれば低位にあるが，絶対額ベースは南洋のそれに比して大きい。植民地期台湾の南進論がいわゆる「南支南洋」政策であったことを考慮すれば[2]，台湾にとって中国との経済関係がきわめて重要であったことがわかる。

　この問題について林満紅は，植民地期の台湾人が中国大陸の伝統的な郊商や欧米商人に取って代わって台湾—華南間交易の中心的な担い手となった事実を示す。これは，米穀移出の展開過程から「土着の土壟間を中心とする島内取引

表 3-1 台湾の中国・南洋・日本との貿易額の動向

(単位:千円)

	中国	南洋	日本	その他	合計
1910	7,650	337	77,007	23,852	108,846
1911	7,697	858	85,247	24,176	117,978
1912	8,999	456	91,057	24,812	125,324
1913	7,568	1,453	83,266	21,945	114,232
1914	7,804	1,503	85,617	16,689	111,613
1915	9,435	2,017	100,780	16,760	128,992
1916	14,230	1,931	130,145	30,921	177,227
1917	18,404	3,958	173,242	38,953	234,557
1918	24,637	4,842	176,192	37,470	243,141
1919	31,161	8,423	232,413	60,171	332,168
1920	29,118	8,178	292,857	58,244	388,397
1921	22,338	6,017	222,418	35,620	286,393
1922	19,707	5,604	209,474	42,174	276,959
1923	18,018	5,056	240,460	45,189	308,723
1924	31,632	6,924	297,700	50,444	386,700
年平均伸び率(%)	10.7	24.1	10.1	5.5	9.5

出所:前掲『台湾の貿易』より作成。
備考: 1) 本表の「貿易額」とは,輸出入額と移出入額の合計を示す。
　　　 2) 「中国」には関東州の数値は含まない。また,「南洋」は,フィリピン,仏領インドシナ,シャム,英領マライ・ボルネオ,蘭領インドによって構成される。

機構と日本資本の移出商を中心とする移出取引機構とが相互補完的に並存する,いわば二重構造が形成された」とし,植民地期台湾人商人は「日本勢力の及ばない島内取引において活躍」[3]したにすぎないとした涂照彦の「二重構造論」を乗り越えたという意味において重要な指摘である。さらに林は,台湾の植民地化を契機に台湾人商人が「日本商品を台湾へ,さらには華南へ運ぶことによって利益を得た」ことを指摘し,その要因として台湾総督府による航路拡充を挙げつつ,「これもまた華商のネットワークの一種であった」と結論づけた[4]。つまり林は,植民地期において台湾人商人が対外交易や日本商品の中継貿易に参入しえた主因を台湾人と福建省住民の言語・習俗の接近性に求めており[5],こうした「「僑郷」の紐帯」(=中国大陸との血縁・地縁関係に依存するネットワーク)こそが当該期間の中継貿易を拡大させる要因であったとした。そして,このような経済関係は1931年の満洲事変によって希薄化し,中国・香港経済圏

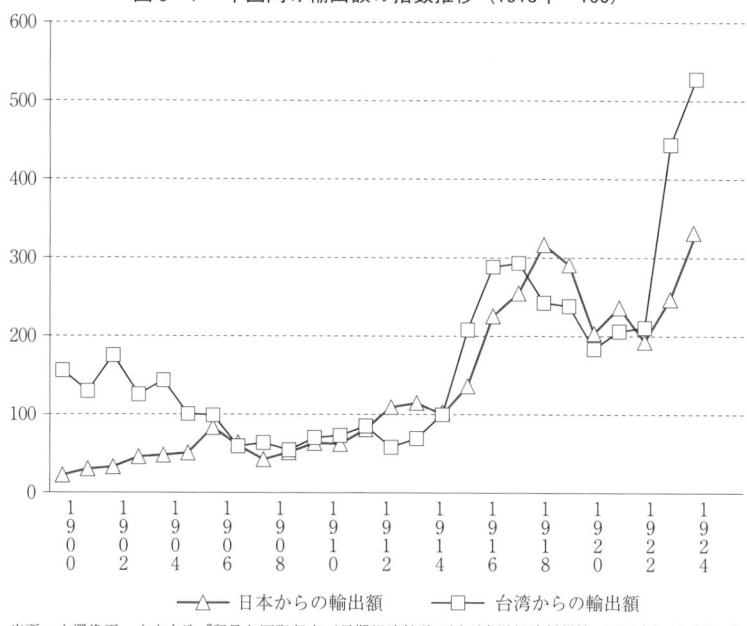

図3-1 中国向け輸出額の指数推移（1915年＝100）

出所：山澤逸平・山本有造『貿易と国際収支（長期経済統計14）』（東洋経済新報社，1979年）208頁，前掲『台湾貿易四十年表』394頁より作成。
備考：山澤・山本は，1918年の日本の対中国輸出を約2億5,000万円とした東洋経済新報社編『日本貿易精覧』（東洋経済新報社，1935年）に基づいて集計しているが，これは約3億5,000万円の誤植であることが指摘されている（石井寛治「産業・市場構造」大石嘉一郎編『日本帝国主義史』1，東京大学出版会，1985年）。本稿は本図の集計にあたってこの点を修正したものを採用した。

と対立する日本・台湾・朝鮮・満洲国経済圏が1930年代に形成されたと主張した[6]。こうした林の把握は，日本においてもおおむね無批判に受容され，現在では通説となりつつある[7]。ただし，こうした林らの主張には多くの問題が含まれていると言わざるをえない。なぜならば，林は第1次大戦期における台湾の対中国輸出が拡大した要因を第1次世界大戦によって生じた好況と台湾人商人が持つ中国大陸との「「僑郷」の紐帯」で説明するが[8]，この2つの条件だけでは，当該期における台湾—中国間経済関係の変化を説明するのに十分ではないからである。

図3-1に大戦開戦直後の1915年を100とした日本と台湾の対中国輸出額指数を示した。同図によれば，1900年から1909年にかけて日本の対中国輸出が拡大

する一方，台湾のそれは急減している。これは，第2章で確認したように，烏龍茶の輸出を媒介とした台湾と中国の経済関係が切り離される過程である。しかし注目すべき点は，林らが台湾の対中国輸出を阻害した要因と位置づけた台湾輸出税及出港税規則が1910年に廃止された後も停滞し，第1次大戦期になってはじめて拡大することである。さらに，1920年恐慌に起因する縮小過程を経て1920年代中盤には再拡大することにも注意したい。対中国輸出の動因を第1次世界大戦の好況に求めるのであれば，1920年代における持続的な輸出の再拡大は別の論理で説明されなければならない。要するに，図3-1が示すデータは，第1次世界大戦期に生じた輸出額の変化が単に好不況の問題だけではなく，何らかの構造的な変化の結果であると考えなくてはならないことを示すものである。加えて林は，第1次大戦期における対中国輸出の拡大要因を「船腹及び運賃の関係」[9]にも求めているが，この記述は何らかの具体的な分析を踏まえて導かれたものではない。たとえば後述するように，大戦前において台湾を経由する日本／中国間の海上輸送コストは，日本／中国間の直接輸送コストに比して高位にあった。したがって，台湾経由ルートがなぜ「船腹及び運賃の関係」によって優位となったのかを具体的に説明する必要があろう。

　本書は，林が指摘する台湾人の持つ「「僑郷」の紐帯」が台湾—中国間経済関係の進展に何らかの影響を与えたことを否定するものではない。しかし，こうした血縁関係は当然ながらこの時期に突然あらわれたものではない。そうであるならば，輸出額の変化は「紐帯」の変化によって生じたものか，さもなければ「紐帯」以外の変化によって生じたものなのかを明示する必要が求められる。要するに林の一連の研究では，台湾人商人が「「僑郷」の紐帯」を発揮しうる前提条件が示されていないという問題を抱えているのである。

　以上のような問題が生じる要因は，総督府が台湾と中国の経済関係を一貫して「断絶」する政策を採用したと林が捉えているためであると考えられる。第2章で指摘したように，日清戦後経営における日本政府の台湾植民地経営の課題は，単に台湾を軍事的・政治的に制圧し，日本資本の進出を図るだけではなかった。台湾を経由して華南や南洋に市場を求め，日本の経済圏を拡延してい

第3章　台湾―中国間経済関係の再編過程　87

くこともまた重要な政策課題として認識されていたのである。たとえば1917年の基隆港の対中国輸出額は991万円で，大阪（1億5,489万円），神戸（8,767万円），横浜（2,440万円），門司（1,703万円）に次ぐ全国5位であった[10]。国内諸港の輸出先は，華中や華北，それに満洲への輸出が中心であったが，基隆の場合は輸出額の96％にあたる949万円が華南向けであり，国内2位の神戸（67万円）を大きく引き離していた。同年の日本の対華南輸出額は1,324万円であったので，基隆は実に72％を占めていたことになる[11]。このように対中国輸出港としての基隆の機能は，対華南輸出に関しては圧倒的地位にあった。しかも，基隆の対華南輸出の相当額は日本製品の中継貿易にあった。これは，基隆の対華南輸出と帝国内市場の形成が同時的に連動して拡張したことを意味する。

以上に示した問題意識から本章は，総督府による海上交通網の整備や関税政策に注目しながら当該期の台湾―中国間経済関係が変容する過程を台湾からの輸出貿易に焦点を絞って論じたい。

第1節　1900年代における台湾の対中国輸出貿易

(1) 貿易上における中国の位置

1898年から1906年まで台湾総督を務めた児玉源太郎の「台湾統治ノ概往及将来ニ関スル覚書」[12]，あるいは民政長官後藤新平の「台湾銀行厦門支店設置意見」[13]に端的に示されているように，児玉・後藤期の総督府は植民地統治の一環として福建省や広東省との関係を重視していた[14]。その関心は，厦門事件にみられた政治的・軍事的側面もさることながら[15]，経済的な側面にも向けられていた。1901年の『台湾日日新報』には，「雑多の〔日本〕製品が台湾に輸入せらるゝと共に隣接せる此等の地方〔華南・南洋〕に販路を開くは明々疑を容れざる所なり」[16]とする後藤のインタビューが掲載されている。総督府は対華南輸出と帝国内市場の形成が同時的に連動しうるものと理解していた。

ところが台湾経済が日本経済の圏内へと急速に引き寄せられる一方，台湾の

対中国輸出は著しい低迷状態にあった。その要因について高橋亀吉は，①不公平な台湾輸出税及出港税規則の制定に起因する対日移出の有利化，②日本市場における砂糖・米の需要拡大，③製茶輸出の集積地移転，④樟脳など欧米向輸出の拡大，を挙げている[17]。

もっとも，これらは台湾と中国大陸の経済関係が完全に「断絶」したことを意味するものではない。1900代初頭に論じられた北守南進論は，厦門事件や満洲をめぐる東アジア国際秩序の動揺によって政治的・軍事的な意義を喪失したとはいえ[18]，総督府にとって日本よりもはるかに近距離に位置する中国の重要性は，政治的にも経済的にも不変であった。以下，1900年代の台湾—中国間貿易をめぐる具体的内容について検討する。

(2) 大阪商船の華南航路参入

1896年6月から10月まで台湾総督を務めた桂太郎の南進論に示されているように，総督府はナショナル・フラッグ・キャリアによる台湾／福建省・広東省間航路（以下，華南航路）の掌握を強く意図していた[19]。従来の華南航路は，1871年に設立されたイギリス系資本のダグラス汽船会社によってほぼ独占されていた[20]。総督府は，これを問題視しており「政治上商業上ニ於テ此海上〔台湾海峡〕ノ権利ヲ獲得スル必要ヲ認メ」[21]，華南航路への参入を大阪商船に命令した。両社の競争は，運賃値下を基調として展開したため，1896年には18％を配当したダグラスは，1900年には6万5,000ドルの欠損となった。他方，大阪商船の華南航路も1900年から1904年の間，毎年平均約24万円の損失を蒙ったという[22]。ただし，大阪商船が蒙った損失は総督府の航海補助金によって補填されたため，この競争に耐えかねたダグラスは1904年を最後に華南航路から撤退したのである。

以上のような補助金給付を通じたナショナル・フラッグ・キャリアによる華南航路の掌握は，単に政治的・軍事的な発想に基づくものではない。1901年1月の第15議会において総督府が日本／台湾間航路（以下，台湾航路）の航海補助金を削減し，華南航路のそれを増額する予算案を提出したことについて野田

卯太郎が「内地トノ航海ニ障リハセヌカ」とする懸念を表明している[23]。これに対して総督府事務官の峡謙斎は、「結局台湾ト対岸トノ航海ガ頻繁ニナル程、台湾ノ品物ガ南清ノ方へ出テ往ク」ため、華南航路への補助金が必要とされると答弁している。前掲した後藤のインタビューと同様に華南が日本製品にとって有望な消費市場であること、華南への販路拡張は台湾を経由することで可能となることが示されている。

一方、大阪商船社長の中橋徳太郎も華南航路の拡充は「内地と南清とを連絡することが出来て、従て支那貿易に勢力ある大阪の貿易も大に発達するのみならず、内地と南清との関係も荷役が安くなり利益が多くなることになる」[24]と述べている。中橋も台湾が持つ中国との経済関係にビジネス・チャンスを見出していたのである。

このように、総督府と大阪商船は華南航路の掌握が華南への日本製品市場の拡大につながると早い段階から認識していた。そして実際に華南航路は、総督府の補助金政策によって大阪商船の独占に帰した。その結果、台湾の日本製品の中継貿易は、「漸次其ノ種類ヲ増加スルニ至」[25]ったのである。

(3) 厦門における三井物産の活動

『日本貿易精覧』が「第四期国際収支逆潮時代」とする1904年から1914年までの約10年の間に日本の貨物貿易は年平均で1894〜1903年の2倍以上に拡大した[26]。アメリカに次ぐ重要な市場であった中国への輸出額は、1904年の6,799万円から2.4倍増の1億6,237万円へと増加した。これに対し、同時期の台湾の対中国輸出は日本のそれと対照的に急減する。総督府の保護によって大阪商船が華南航路を独占したにもかかわらず、台湾を経由した日本製品の輸出額は、マッチ4万円（1901〜09年平均）、綿布類5万円、海産物2万円であり、輸出総額は年平均13万円程度にすぎなかった[27]。この点について、厦門における三井物産の活動を例に確認しておこう。

日清戦後、日本の対中国輸出は拡大が著しく、とりわけ三井物産は積極的に中国市場へ進出して各地に支店・出張所を設けた。1899年2月に香港店による

厦門出張員の派遣も，この一環として位置づけられる。同出張員の派遣目的は，厦門地方に対する綿糸，石炭，マッチ，雑貨等の販売にあったが[28]，1900年には石炭置場として厦門の専管居留地に5,875坪の土地を買い入れ，活動の拡大を試みた[29]。しかし，華北市場や長江流域市場では日本綿糸がインド糸を押さえて着実に拡大していたのに対し，華南市場では香港から輸入されたインド糸に対抗できず，シェアの拡大は停滞的であった[30]。1903年4月の支店長打合会で三井物産は，「茶木綿ノ商売ハ依然見込アルヲ以テ…(略)…南清ヘモ其販路ヲ拡張スルヲ計ルコト」[31]と申し合わせた。しかし，一方で厦門出張員は「昨年〔1902年〕八月大阪商船会社代理店ヲ解キタル以後人員ヲ減ジテ一人トナセリ。主ニ燐寸，糸，綿布商売ヲ為シ，金額ハ少キモ一人ノ費用位ハ償フニ足ル」[32]程度に事業規模を縮小している。厦門出張員の廃止が検討されるなかで同出張員を管轄する犬塚信太郎香港支店長は，「燐寸麦粉ノ商売カ何分端緒ニ向キタル」ことのほか[33]，「此店ハ成ルベク従来ノ通リ設置シ置クヤウトノ台湾総督府ノ内意」[34]があると述べている。三井物産厦門出張員は，厦門から台湾に渡る季節労働者の総督府渡航認可業務を代行しており，おそらくその必要性から出張員の存置が要請されたものと思われる。「総督府にては対岸の航路に多大の補助を与て経営する処あれども…(略)…折角の補助も対外貿易に対しては比較的実績を挙げ居らざる者の如し」というのが，1900年代前半における台湾―中国間貿易の実態であった[35]。

第2節　台湾輸出税及出港税規則の制定と廃止

(1)　台湾輸出税及出港税規則の制定過程

従来の研究は，台湾―中国間貿易が停滞した最大の要因として台湾輸出税及出港税規則の存在を挙げている。そこで，同規則の制定過程を『台湾総督府公文類纂』から確認しておこう。

1896年，日本政府は本国と同様の税関法を台湾に施行した[36]。つづく1899年

には，関税自主権の一部回復に伴う税関法の廃止および関税法の施行によって，一部重要輸出品に課していた輸出税も全廃した。この輸出税全廃に伴って台湾でも関税法に依拠した台湾関税規則（明治32年律令第20号）が同年8月4日に施行された[37]。ただし，輸出税に関して総督府は，「本年〔1899年〕七月新条約実施ノ日ヨリ現行輸出税ハ廃止ニ帰スヘキモ本島ニ於テハ財政上未タ之ヲ廃止スルノ域ニ達セサル」と判断し[38]，輸出税を継続した。そしてその均衡上，日本への移出品に対しても輸出税と同額の出港税が課せられたのである。ところが，この台湾輸出税及出港税規則（明治32年律令第19号，1899年7月14日施行，以下「規則」）は，第2章で示したように，出港税よりも高い輸出税率が賦課された。たとえば台湾の重要輸出品であった赤砂糖の場合，100斤あたり0.15円の輸出税が課せられたのに対して出港税は非課税であった[39]。従来，台湾から中国に輸出されていた砂糖と米は，この差別的政策によって移出が有利となり，その市場を中国から日本へと転移する1つの契機となった，と理解されてきた。先行研究は，このような総督府の差別的政策によって従来結びついていた台湾と中国の経済関係が「断絶」されたと見ている。

　では，なぜ出港税に比べて高い税率が輸出税に課せられたのであろうか。『台湾総督府公文類纂』に残された記録によれば，本来は廃止されるはずの輸出税が存置されたそもそもの理由は，前述したように総督府の財政問題にあった。「規則」が制定された1899年前後の総督府歳入は，アヘン収入と補充金に強く依存する構造であった（表3-2）。一方で，輸出税は，経常部の3.0～3.6％を占めるにすぎないものの，輸入税，地租，製茶税に次ぐ税源であった。ところが，前述のように日本国内では1899年に輸出税が廃止されている。そのため，台湾から海外市場に向けて商品を輸出する場合，いったん日本に移出して再輸出すれば，輸出税は賦課されない。これは，台湾が輸出する商品が日本から輸出されることを意味し，取引に日本人商人が介在しうる余地が生じる。それゆえ，「本島産ノ貨物ニシテ内地ニ廻送セラルヽニ至ルコトハ或点ヨリ観察ヲ下ストキハ喜フヘキ事ニ属ス」という見解が成り立ちうる[40]。とはいえ，それでは「本嶋ニ於テ輸出税ヲ保続スルモ内地ニ於テ之ヲ全廃スルトキハ内地ヲ経テ

表 3-2　台湾総督府歳入の動向

(単位：千円)

	1898	1899	1900	1901	1908	1909	1910	1911
経常部 (A)	7,494	10,159	13,063	11,715	26,832	30,606	41,364	42,394
内地税／租税	1,979	1,979	1,629	1,906	7,826	10,065	17,256	16,188
地租	782	842	913	869	3,042	3,079	3,109	3,124
製茶税	410	393	405	383	406	436	442	472
製糖税	261	225	178	108	—	—	—	—
砂糖消費税	—	—	—	372	3,502	5,468	12,118	10,716
酒税	—	—	—	—	500	646	785	1,093
所得税	—	—	—	—	—	—	404	461
海関税	908	1,481	1,568	1,535	2,479	304	254	—
輸出税 (B)	273	307	391	352	308	303	254	—
B/A (%)	(3.6)	(3.0)	(3.0)	(3.0)	(1.1)	(1.0)	(0.6)	
輸入税	635	1,174	1,177	1,182	2,171	—	—	—
官業及官有財産収入	4,425	6,571	9,693	8,064	15,697	19,121	21,914	23,555
郵便電信収入	369	441	511	537	952	1,105	1,187	1,363
食塩収入	—	271	358	510	693	825	821	884
樟脳収入	—	918	3,752	3,253	2,400	4,428	5,530	4,856
アヘン収入	3,467	4,250	4,235	2,805	4,612	4,667	4,674	5,502
煙草収入	—	—	—	—	3,380	3,713	4,009	4,417
鉄道収入	289	346	412	526	2,773	3,365	4,187	4,855
臨時部	4,788	7,268	9,207	8,052	10,173	9,803	13,974	15,446
補充金	3,985	6,200	8,099	7,251	2,474	—	—	—
歳入総計	12,282	17,427	22,270	19,766	37,006	40,409	55,338	57,840

出所：大蔵省編『明治大正財政史』19（財政経済学会、1940年）915〜917頁より作成。
備考：1）　各項目で掲げた税・収入は代表的なものに限定した。
　　　2）　輸出税の括弧内の数値は、税収に占める割合（%）を示す。
　　　3）　1,000円未満の数値は四捨五入した。したがって、各項目の小計・合計は一致しないことがある。

海外ニ輸出スルヲ利益トスル物品ハ悉ク内地ニ回漕スルコトヽナ」り、輸出税存置の目的であった税収の確保が期待できない。そのため、「内地ヲ経テ対岸〔福建省・広東省〕ニ至ル最低ノ費用ニ比シ税率ノ高キ物品ニ対シテハ輸出税ト同率ノ出港税ヲ課セサレハ輸出税ノ目的ヲ全フスル能ハサルナリ」として出港税を制定することになった。すなわち、①「規則」の制定過程では、税収の確保を目的とした輸出税の存置がまず第一義的に論じられたが、②輸出税が賦課されない日本を経由することによって台湾の輸出品も輸出税の課税を免れる

ため，台湾での税収確保を期待しえなくなる。③こうした抜け道を阻止するために輸出税＝出港税＋輸送コストとなるように出港税の税率を定めたため，④結果的に出港税の税率は輸出税のそれに比して輸送コスト分だけ低くなったことが理解されよう。以上に示した「規則」制定過程から明らかなように，「規則」制定の意図は台湾と中国の経済関係を「断絶」させ，日本経済への包摂を促進する点にあったわけではない。それならば，出港税を設定する必要が生じないからである。むしろその意図は，植民地台湾が宗主国＝日本とは異なる法域にあることを利用して台湾の輸出振興と税収確保の両立を試みた点にあったと理解すべきであろう。

(2) 台湾輸出税及出港税規則の廃止と華南航路

第2章で掲げた図2-1から明らかなように，1900年代初頭における対中国輸出の縮小は，烏龍茶輸出の集散地が厦門から台北へと転じたことに起因した。つまり，輸出の減少は「規則」の制定に因るものではなかった。とはいえ，烏龍茶を除く他の対中国輸出額もおおむね停滞傾向にあり，決して増大したわけではなかった。その結果，1909年までの対中国輸出総額は縮小傾向を示すことになったのである。

輸出税の継続は，台湾と取引関係のあるすべての商業者に不評であった。『台湾日日新報』の記事によれば，輸出税の課税はイギリス系商業者を中心とした厦門および香港の商工会議所からだけでなく，厦門の日本人商業者からも「明治三十〔1897〕年福建不割譲誓約以後に之が実行を見るは所謂対岸扶植なるものと矛盾するも亦甚だし」[41]と不評であった。さらに1909年10月には，在台日本人商工業者を中心とした臨時商工座談会が商業会議所設立，海底電線複設，台湾拓殖興業銀行の設立と並んで輸出税の廃止を議案に取り上げ，政府に対して建議することを決した[42]。

この輸出税廃止のキャンペーンは当初，製茶に対する課税の撤廃というきわめて限定的された目的を掲げ，これに沿って活動していた。だが，1910年3月の衆議院台湾銀行法中改正法律案委員会における柵瀬軍之佐衆議院議員（輸出

税廃止建議案メンバーの1人）の発言からも確認されるように[43]，キャンペーンの目的は輸出税そのものの廃止要求へと転じていった。この柵瀬の質疑に対して総督府財務局長の小林丑三郎は，「対岸貿易ノ衰頽ノ状況ニ今日マダアルト云フコトハ，是ハドウモ認メナケレバナラヌ事実デ，此点ニ付テハ将来大ニ考究スル考デアリマス。其障害トナルモノハ輸出税，是ハ総督府ニ於テモ対岸貿易ノ政策上カラシテ，是非共廃サナケレバナラヌト云フ考ヲ持ッテ居リマス」[44]と答弁し，輸出税廃止の方針を明らかにした。輸出税の廃止が検討された1910年前後には，経常部に占める輸出税の割合は0.6〜1.1％に低下していた（表3-2）。1910年10月，総督府は「本税ノ存置ハ本島産業ノ発達ヲ阻害スルコト尠カラス而カモ其廃止ニヨル歳入ノ欠陥ハ新ニ所得税ノ施行ニヨリテ之ヲ補充シ得ル」[45]と判断し，「規則」を廃止した。この「規則」廃止と，1911年7月の関税自主権完全回復に伴う新関税定率法の台湾施行（明治42年律令第1号）によって日本と台湾の間の関税制度は完全に統一された[46]。

　以上のように台湾の輸出を阻害すると先行研究が理解した「規則」は廃止された。とはいえ，「規則」の廃止が台湾の対中国輸出をただちに拡大させたわけではない。事実，前掲表3-1ないし図3-1に示したように，台湾の対中国輸出額は1909年をボトムとして推移するが，1913年には再び減少している。「規則」の廃止と対中国輸出の拡大は，直接に結びつかなかった。「規則」の制定と烏龍茶輸出ルートの転換が無関係であったことを示した第2章の観察を鑑みれば，「規則」の制定と対中国輸出貿易との間に何らかの関係を見出そうとした先行研究の理解は改められる必要がある。「規則」が植民地台湾の輸出に与えた影響は限定的であり，過大評価すべきではない。

　では，「規則」の廃止によって輸出品に対する賦課が消滅したにもかかわらず，なぜ台湾の対中国輸出は拡大しなかったのであろうか。その背景として，本章は次の2つを考えている。1つは，香港が持つ集散地機能の影響である。香港は，もともと華南沿岸貿易の重要な集積地であった。香港に集散した貨物は，広東・厦門・福州などの結節地を経て華南内陸部の市場へと輸出されていた[47]。これは，日本製品の場合であっても例外ではなかった。神戸・横浜の華商によ

って輸出された日本製品は，香港を経由して中国市場へ再輸出されるのが一般的であった。たとえば，外務省通商局『通商彙纂』を繙くと，「汕頭地方ニ於テハ燐寸ヲ製造スル工場一モ無之悉ク本邦製品燐寸ヲ香港経由ニテ輸入シ居ル

表3-3 神戸—福州・厦門・汕頭間の輸送コスト
（海産物1トンあたり，1914年頃）

（単位：円）

経由地		香港（A）	基隆（B）	B/A
				（％）
仕向地	福州	8.0	10.0	125.0
	厦門	8.0	9.4	117.5
	汕頭	7.5	10.9	145.3

出所：台湾銀行総務部調査課「基隆仲継港案」（1915年2月）『鈴木三郎文書』（国立国会図書館憲政資料室所蔵）より作成。

ノ状態ナリ」[48]，「当港〔厦門港〕輸入本邦品ノ主ナルモノハ綿製品，燐寸，石炭，海産物其他数種ニ過キス然カモ此等ハ我国ヨリ直接輸入セラル、モノニ非ス総テ香港ヲ経由スルモノトス」[49]など，香港が持つ集散地機能の強靱性を示す記述は，枚挙にいとまがない。1900年代から第1次大戦までは福州，厦門，汕頭に対する香港の集散地機能が強固に存在していた。

いま1つは，台湾を経由した日本製品の中継貿易を促進するはずの華南航路が接続性の点で問題を抱えていたことである。大阪商船の華南航路は，1899年の淡水／香港線（厦門，汕頭経由）を嚆矢として，1900年には安平／香港線（厦門，汕頭経由，1909年，打狗／広東線に変更），福州／三都澳線（以下，1904年廃止），福州／興化線，厦門内湾線が開設された。つづく1905年には，淡水／福州線（厦門経由）を追加し，航路の拡充をみた。しかし，いずれの華南航路も淡水を起点としたから，基隆を終点とする台湾航路との接続性の点で問題を抱えていた。日本製品が台湾経由で華南市場に輸出される場合，台湾航路の終点である基隆で陸揚げされた積荷は，鉄道で台北に輸送されたのちに華南航路の起点である淡水へ転送されるか，もしくはジャンク船などを利用して基隆から淡水へ海路転送される以外に方法はない。そのため，台湾航路と華南航路の接続性はきわめて劣悪となり，余分なトランジット・タイムを要するだけでなく，輸送コストも嵩むこととなった[50]。たとえば神戸から福州・厦門・汕頭に海産物を輸出する場合，基隆を経由した輸送コストは香港のそれに比して約17％から約45％も割高となった（表3-3）。輸送コストの面からみた場合，基

隆ルートが選択される余地は決して大きくなかったのである。

第3節　第1次世界大戦期の台湾—中国間経済関係

(1)　第1次世界大戦期の輸出増大

　第1次世界大戦の勃発は，日本にとって「幸ニ列強ヲシテ東洋市場ヲ顧ルノ遑ナカラシメ其ノ商品供給ハ殆ト杜絶セリ是レ豈本邦ノ漁夫ノ利ヲ占メシムル絶好機会」であった[51]。これは台湾にとっても「南支南洋ニ近邇スル本島タルモノ須ク其ノ地位ヲ利用シ蹶起シテ帝国貿易ノ発展ニ貢献スヘキ」と考えられていた。大戦期の台湾の貿易は，特に対南洋輸出の伸張が顕著であったが，対中国輸出も相当程度の拡大をみたことは，本章の冒頭で確認したとおりである。本節では，1910年から1925年までの台湾の輸出状況を主要商品別に踏み込んで一瞥しつつ，消費地側の変化も明らかにしたい。

　表3-4に1910年から1925年にかけての台湾の輸出額を主要商品別に示した。第1次大戦前の1910～14年では，烏龍茶や樟脳といった欧米を市場とする台湾の伝統的な輸出品のウエイトが高い。この時期は，砂糖と米の対日移出を基軸とする植民地台湾の輸移出構造が形成されはじめた時期であるとともに，伝統的な輸出品もまた相応のプレゼンスを示して外貨獲得に重要な役割を果たしていた時期でもあった。とはいえ，1911～25年の台湾における輸出額の年平均伸び率が9.7％であったのに対し，烏龍茶2.0％，包種茶8.0％，樟脳-0.4％といった具合に伝統的商品の輸出拡大はおおむね緩慢であった。これに対して1910年には60.2万円にすぎなかった砂糖の輸出額は，1917年には1,593.2万円を記録し，日本国内の石炭需要増と九州炭の供給難によって拡大した台湾炭の華南向輸出も1910年の6.3万円から1920年には898.9万円に達した。第1次大戦期に輸出が拡大した砂糖類と石炭は，1920年代前半を通じて烏龍茶や樟脳といった欧米を市場とする台湾の伝統的な商品の輸出額を上回るようになった。

　一方，台湾を経由する日本製品の中継貿易もまた顕著な拡大をみた。海産物，

表3-4 台湾の商品別輸出額の動向および年平均伸び率

(単位:千円,%)

年	烏龍茶	包種茶	樟脳	砂糖類	石炭	中継貿易				合計
						海産物	綿織物	マッチ	(小計)	
1910	3,853	1,935	3,933	602	63	20	44	59	189	11,986
1911	5,228	1,811	3,463	1,019	113	54	41	53	243	13,176
1912	4,058	2,564	4,410	1,805	118	275	100	116	663	14,960
1913	3,942	2,355	4,494	5	98	355	156	125	789	12,942
1914	3,853	2,474	3,848	21	201	485	208	231	1,348	12,982
1915	4,312	2,759	3,247	404	186	929	467	964	3,204	15,430
1916	3,937	2,324	4,669	11,427	401	1,365	389	1,910	5,892	31,652
1917	1,731	2,762	4,629	15,932	1,815	2,537	1,459	1,789	10,249	40,216
1918	5,692	2,894	2,942	6,416	2,907	1,537	1,559	2,566	8,621	33,394
1919	5,346	2,813	3,074	7,637	8,049	750	1,218	2,115	6,224	35,622
1920	2,536	3,821	4,336	6,981	8,989	1,069	2,161	1,362	7,344	35,173
1921	3,535	4,386	280	2,187	6,613	1,103	1,325	512	4,397	23,542
1922	4,868	4,639	4,418	2,831	5,724	744	1,187	266	4,403	30,563
1923	5,161	4,684	3,305	2,400	5,696	1,260	486	136	3,196	29,152
1924	4,865	5,445	2,640	6,189	7,357	4,385	1,533	515	9,146	42,576
1925	5,221	6,173	3,694	6,140	7,511	4,899	3,852	516	12,025	47,966
1911-15	2.3	7.4	-3.8	-7.7	24.2	115.5	60.4	74.8	76.1	5.2
1916-20	-10.1	6.7	6.0	76.8	117.2	2.8	35.9	7.2	18.0	17.9
1921-25	15.5	10.1	-3.2	-2.5	-3.5	35.6	12.3	-17.6	10.4	6.4
1911-25	2.0	8.0	-0.4	16.7	37.5	44.3	34.7	15.6	31.9	9.7

出所:『勝田家文書』R33(国立国会図書館憲政資料室所蔵),台湾銀行『台湾金融事項参考書』第16次(1922年)176~177頁,台湾総督府財務局『台湾の貿易』(1935年)附録1~6頁,前掲『台湾貿易四十年表』75~178頁より作成。
備考:1)砂糖類には糖蜜を含む。樟脳には再製樟脳油を含む。
 2)1,000円未満は四捨五入した。
 3)中継貿易の小計および輸出額合計ともに「その他」の数値を含む。

綿織物,マッチに代表される日本製品の中継貿易は,第1次世界大戦の開戦によって急速に拡大した。とりわけ海産物と綿織物は,第1次大戦が終結したのちも輸出額を拡大し続け,1925年には海産物489.9万円,綿織物382.5万円に達した。台湾を経由する中継貿易の輸出先は,表3-5に示したように福建・広東両省を中心とする華南市場であった。特に厦門・福州・汕頭に偏倚しており,1914~19年における中継貿易の約80%がこの3港に対する輸出であった。また,1910~19年のこの3港に対する中継貿易額の伸び率も著しく,それぞれ厦門54.7%,福州60.7%,汕頭53.0%を記録している。これに対して1910年には厦

表3-5 輸出先別中継貿易の輸出額の動向

(単位:千円)

年	厦門	福州	汕頭	(小計)		泉州	香港	合計
					(%)			
1910	59	14	18	92	(48.3)	53	15	190
1911	90	21	28	139	(57.4)	48	37	243
1912	325	121	51	497	(74.9)	89	26	663
1913	318	239	66	623	(78.5)	100	11	793
1914	419	583	119	1,121	(80.6)	107	35	1,390
1915	1,446	721	492	2,659	(83.0)	208	222	3,204
1916	1,848	1,466	1,553	4,868	(82.6)	166	362	5,892
1917	4,019	2,293	2,105	8,418	(82.1)	234	956	10,249
1918	3,166	1,756	2,024	6,946	(80.6)	302	925	8,621
1919	3,012	1,014	829	4,856	(78.0)	237	443	6,224
年平均伸び率(%)	54.7	60.7	53.0	55.5		18.2	45.2	47.4

出所:前掲『勝田家文書』R33, 台湾銀行『第十四次台湾金融事項参考書』(1921年) 136～137頁より作成。
備考:1) 小計右側の括弧内の数値は,合計に占める割合(%)を示す。
　　　2) 合計には「その他」を含む。
　　　3) 1,000円未満の数値は四捨五入した。したがって,各項目の小計・合計が一致しないことがある。

門に次ぐ位置にあった泉州への輸出は停滞傾向にあり，伸び率（18.2%）も他の3港に比べれば低位にある。厦門・福州・汕頭と泉州の分岐については，あとで改めて問題としよう。

　次に輸入港側の変化を前節で見た香港の集散地機能との関係から検討しておこう。台湾を経由する中継貿易が抱える課題について台湾銀行の報告書は，「基隆カ内地ト南支南洋間ノ仲継港トナリ得ルヤ否ヤノ問題ハ本来本邦貨物ノ此等地方ニ於ケル需要ノ多少並ニ他外国輸入品トノ競争若ハ他経路ニ依ル本邦同一輸入品トノ競争如何等ニ因リテ解決セラルヘシ」と述べている[52]。別言すれば，台湾を経由する中継貿易は，①華南市場における日本製品の需要，②外国製品との競争，③他の集積地を経由する日本製品との競争，の3点に規定されていたことが示されている。ここでは，1917年10月に汕頭領事館事務代理外務書記生の田中荘太郎が調査した「汕頭に於ける重要日本品輸入額及輸入径路」を用いて特に③で生じた変化について確認したい（図3-2）。なお，資料の強い制約から1914～16年のわずか3年分の動向しか明らかにしえないが，大まかな傾向は捉えられよう。

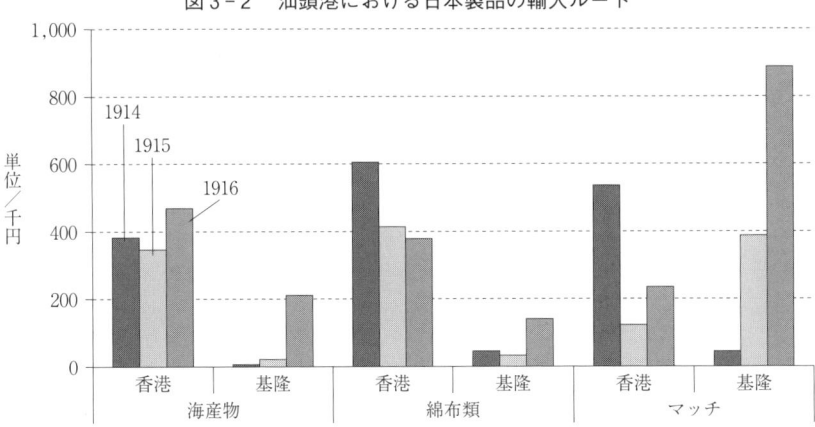

図3-2 汕頭港における日本製品の輸入ルート

出所：田中荘太郎「汕頭に於ける重要日本品輸入額及輸入径路」（外務省通商局編『通商公報』475, 1917年12月）860～861頁より作成。
備考：香港の海産物には上海経由のものを一部含む。

　前節で触れたように，福建・広東両省が輸入する日本の大部分は，日本から直接あるいは台湾を経由したものではなく，香港を経由したものであった。事実，1914年に汕頭港が輸入した日本製品340.3万円のうち299.5万円は香港を経由したものであった。ところが翌1915年以降，基隆からの輸入額が急増し，1916年には汕頭港が輸入した日本製品522.4万円のうち242.8万円が基隆から輸入されたものへと転じる。この242.8万円のうち，日本国内で生産された商品の輸入額＝中継貿易額は144.6万円であり，基隆からの輸入額の実に約60％を占めている。主要商品別に見てみると，香港を経由する日本製品の輸入額が停滞ないしは減少しているのに対し，基隆のそれは急増していることがわかる。

　以上，台湾の主要商品別輸出額と汕頭港の日本製品輸入額から明らかになる事実は，①第1次大戦を契機として台湾の対中国輸出が増加した，②その増加は日本製品の中継貿易によって牽引された，③従来香港が担っていた華南市場に対する日本製品の集散地機能が基隆によって代替されつつあった，の3点である。本章では，その変化をもたらした要因を特に海上交通網の変容に着目して論じていきたい。

(2) 台湾総督府命令航路と輸送コスト

　第1の要因として，輸送コストの問題が挙げられる。大戦の勃発によって輸送船が不足し，海上輸送コストは暴騰した。大戦勃発直前の1914年7月における日本諸港・香港間の1トンあたり石炭運賃は1.49円であったが[53]，翌年1月には4.24円に上昇し[54]，運賃が最も高騰した1917年8月には18円（若松・門司―香港間）になった[55]。1917年12月，総督府は自由航路との運賃調節のために総督府命令航路である台湾航路の運賃を引き上げた。基隆から神戸への復航運賃は，砂糖100斤あたり0.44円から2.67円と約6倍に，米は0.22円から0.67円と約3倍となった。しかし，神戸から基隆の往航運賃は肥料が2倍となったほかは原則として据え置かれた。さらに華南航路の運賃は，3割の引き上げに抑制された[56]。これに対して「船会社ニ於テハ屢々総督府ニ向ヒテ運賃ノ値上ヲ請求シ居レトモ，予テ保護ヲ受ケ居ル会社ニシテ，而カモ産業発達ノ為メ保護ヲ与フルモノナレハ，一時ノ好況ナリトテ運賃ノ値上ケヲ為スハ保護ノ精神ニ矛盾スルトシ断然其願ヲ却下」[57]した。この結果，日本／中国間直航運賃の高騰とは対照的に台湾・華南航路を経由する日本／中国間の運賃は「最モ安運賃ヲ維持」し，「運賃関係ヨリ台湾ヲ経テ更ニ対岸ニ至ル大阪商船会社ノ定期船ニ依ル方商売モ為シ易ク…(略)…即チ其意味ニ於テ対岸ニ対スル中継貿易ノ発展ヲ見ツヽアリ」という状況となった。こうした運賃抑制政策によって台湾を経由する中継貿易が急速に進展したのである。

　第2の要因として考えられるのは華南航路の起点の変更である。前言したように，台湾を経由する日本製品の対華南輸出が抱えた最大の問題は，台湾航路と華南航路の劣悪な接続性にあった。1899年度から開始された築港事業第1期工事によって基隆港は「曩日ノ面目ヲ一新シタ」ものの，「之レ単ニ築港工事ノ一部ヲ竣功シタルノミニシテ未ダ以テ港湾トシテノ価値ヲ認ムルニ」いたらなかったため（第2章）[58]，基隆港には台湾・華南両航路の起点を同時に担うだけの十分な港湾機能が備わっていなかった[59]。そのため，第2期工事が継続され，1912年の工事完成によってようやく6,000トン級船舶数隻の停泊が可能

となった。第2期工事の完了は，台湾航路と華南航路の接続性を高める前提条件であったといえよう。

華南航路の起点変更にあたって生じたもう1つの問題は，台北から基隆あるいは淡水までの輸送コストにあった。1915年5月，華南航路の起点が淡水から基隆へと変更されたが，前言の如く，基隆港の第2期工事が完了したのは1912年であったから，起点の変更までに約3年を要したのである。台北に集散する対中国輸出品は，淡水河の在来的な水運によって淡水港まで輸送されていた[60]。もし起点が基隆港に変更となれば，台北に集散された貨物は鉄道によって基隆港まで輸送される必要がある。ただし，台北／基隆間の鉄道運賃（1.8円／木材1トンあたり）は台北／淡水間の在来的な水運の輸送コスト（0.8円／同）に比して嵩んだため，「淡水寄港を廃止すれば，それ丈各荷主は多額の費用を負担することとなる」。つまり，基隆への起点変更は「内地航路と連絡の結果内地対岸間の貨客接続に比較的便益を得ること」と「基隆附近の採掘炭の対岸輸出の点に於て幾分奨励し得ること」の2つのメリットが期待される一方，台北を集散地とする既存の対中国輸出に対するデメリットが大きく，「相当考慮の余地ある問題」と認識されていた。こうした問題を踏まえたうえで大阪商船および命令航路である華南航路の航路選定権を持つ総督府によってなされた選択は，復航において淡水寄港を残しつつ，起点を基隆に変更することであった[61]。つまり，台北の集散地機能を犠牲にしつつ，中継貿易港としての基隆港の機能向上を図る，という選択であった。その結果，期待したとおり基隆を経由する日本製品の対中国輸出が拡大した。1916年の『通商公報』に掲載された「汕頭貿易年報」は，華南航路の起点変更によって生じた効果を次のように報じている。やや長いが引用しておこう。

　　日本より香港上海を経由せざる直接輸入は増加一方にして本年は昨年の約三倍の激増をなせり日本よりの輸入は打狗よりの台湾産米，海産物及酒精等を除く外は多くは日本内地商品の基隆経由輸入に係るものにして従来香港及上海に於て仲継せるものは基隆仲継貿易に比し益々隆盛に赴きつゝあ

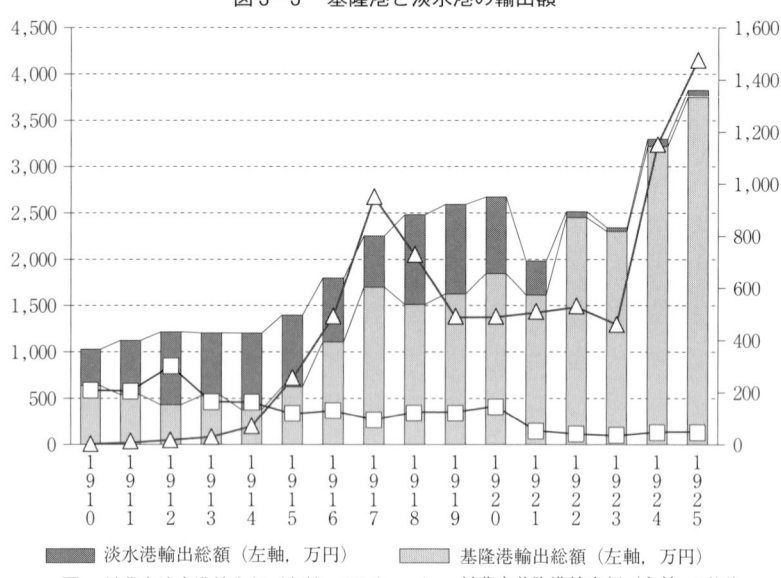

図3-3 基隆港と淡水港の輸出額

淡水港輸出総額（左軸，万円）　　基隆港輸出総額（左軸，万円）
―□― 対華南淡水港輸出額（右軸，万円）　―△― 対華南基隆港輸出額（右軸，万円）

出所：台湾総督府財務局『台湾貿易概覧』各年度，台湾総督府税関『台湾貿易概覧』各年度より作成。

り之れ一に台湾香港間の便船の当地方沿岸に寄港し従来淡水を起点とせしものも漸く基隆に延長するに至り日本内地品の台湾に於ける接続良好となりし結果にして今後船会社に於て運賃の低廉，船腹の潤沢及船繰の不規律ならざる等今一層の努力を為せば以上の傾向更に一段の増進を示す可く且台湾の産品輸入を増加するに至るを疑はず[62]

以上のように，台湾を経由する日本製品の華南市場向輸出が拡大した要因は，総督府命令航路の運賃抑制と航路再編成による接続性の向上にあった。

最後に，こうした海上交通網の整備と中継貿易の進展が地域経済に与えた影響を確認したい。第1に淡水港の衰退が決定的になったことが挙げられる。1915年までは淡水港の輸出額が基隆港のそれを上回っており，かつ華南市場に対する輸出は主として淡水港からなされていた（図3-3）。ところが，1915年

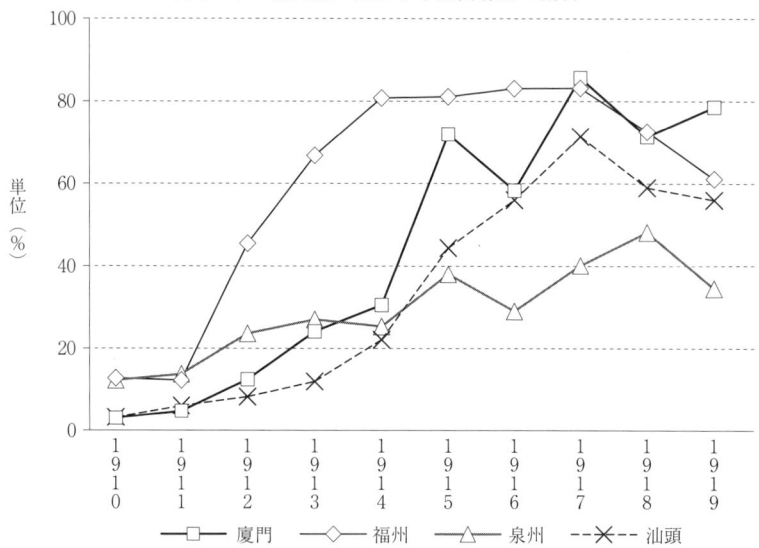

図3-4 輸出額に占める中継貿易品の割合

出所：前掲『台湾貿易四十年表』393～394頁，前掲『勝田家文書』R33，前掲『第十四次台湾金融事項参考書』136～137頁より作成。

に華南航路の起点が基隆に変更されると，基隆と淡水の位置は逆転し，前者の輸出額が急増することが確認される。なお，淡水の輸出港としての機能は，1921年まで保持されたように見えるが，これは淡水税関台北出張所で輸出手続きを行ったものが淡水税関の輸出額として計上されたためである[63]。淡水港が輸出港としての機能を喪失したのは，基隆港からの対華南輸出が急増する1915年であったと判断すべきであろう。

　第2に，華南航路の寄港地指定と台湾の対中国輸出額の関係性である。図3-4は，台湾から華南各港に対する輸出額に占める中継貿易額の割合を示したものである。これによれば，第1次大戦開戦以前の中継貿易は，1910年の輸出税廃止によって上昇傾向にあるとはいえ，例外的に高率であった福州を除けば50％に満たない数値であった。しかし，前掲表3-5や図3-4が示すように，1915年に華南航路が基隆に延伸され，台湾航路と華南航路の接続性が飛躍的に向上すると，福州だけでなく，厦門・汕頭両港の割合も著しく上昇したことが

見て取れる。これに対して華南航路の寄港地でなかった泉州の場合，輸出額に占める中継貿易品の割合は相対的な低位にあった。華南航路の寄港地ではなかった泉州に対する輸出額に占める中継貿易品の割合が1915～19年の期間においてやや上昇することが第1次世界大戦の影響だとすれば，それ以上の割合となった厦門・福州・汕頭に対する中継貿易品の拡大は華南航路の基隆延伸に起因するものと考えて差し支えないだろう。

以上のように本章では，1910年から第1次大戦期にかけて拡大した台湾の対中国輸出が台湾人商人が持つ「「僑郷」の紐帯」や大戦による船腹不足・欧州製品の途絶だけでは説明しえないことを示した。むしろこの拡大は，運賃政策，航路の再編成といった総督府の海運政策がきわめて重要な役割を果たしたものと結論づけられよう。

おわりに

第1次大戦前後期の台湾における対中国輸出の拡大に関する以上の検討を通じて本章は次の点を確認した。まず，第1に総督府はきわめて早い段階から華南を日本製品の市場とすることを意図しており，これを実現するため大阪商船に命じて対岸への定期汽船航路を独占させたが，輸出の拡大には直結しなかった。その要因は，①総督府の財政問題に規定された輸出税の設定，②台湾航路と華南航路の劣悪な接続性，の2つの問題を抱えていたことにあった。したがって，香港が持つ日本製品の集散地機能が依然として重要な役割を果たしており，華南市場が輸入する多くの日本製品は香港を経由する状況が続いていた。

しかし，基隆を日本製品の集積地とする総督府の試みが放棄されたわけではなかった。第1次大戦に伴う欧州製品の途絶は，基隆を集散地とする中継貿易拡大の契機となった。この過程で注目すべき点は，総督府の運賃政策や命令航路の再編成がこの拡大を促進した点である。つまり，第1次大戦前後期における台湾―中国間貿易の変容過程においては，総督府の一連の政策が重要な役割を果たしたのである。

以上のように第1次大戦前後期における「広域的公共財」の整備によって台湾―中国間の経済関係が再編されるとともに，集散地としての基隆の機能は著しく高まった。そして，基隆を集積地とする流通ネットワークの形成は，1920年代の日本／台湾／華南を接続する取引を構造化した。以上の前提を踏まえつつ第4章では，その取引主体の活動に焦点を当てて具体的に検討していこう。

1)　前掲『帝国主義下の台湾』88頁。
2)　植民地期台湾の南進論については，中村孝司編『日本の南方関与と台湾』(天理教道友社，1988年)，後藤乾一『近代日本と東南アジア』(岩波書店，1995年)，鍾淑敏「台湾総督府的「南支南洋」政策──以事業輔助為中心」(『台大歴史学報』34，2004年12月)，谷ヶ城秀吉「南進論の所在と植民地台湾──台湾総督府と外務省の認識の差異を中心に」(『アジア太平洋研究科論集』7，2004年3月)をそれぞれ参照されたい。
3)　前掲『日本帝国主義下の台湾』205頁，397頁。
4)　前掲「アジア・太平洋経済における台湾・香港間の競合関係」220～221頁，254頁。
5)　前掲「日本の海運力と「僑郷」の紐帯」。
6)　前掲「アジア・太平洋経済における台湾・香港間の競合関係」243頁。
7)　たとえば，松浦正孝『「大東亜戦争」はなぜ起きたのか──汎アジア主義の政治経済史』(名古屋大学出版会，2010年) 218～220頁。
8)　同前，222頁。
9)　同前。
10)　台湾総督府財務局『大正八年及大正九年台湾貿易概覧』(1923年) 27頁，大蔵省編『大日本外国貿易年表』大正六年上巻(原書房，1993年復刻) 16～17頁。なお，『大日本外国貿易年表』における輸出統計の国別分類集計は，最終仕向地となっている(前掲『旧日本植民地経済統計』144頁)。また，朝鮮・台湾を通過して中国へ輸送された輸出額は，朝鮮・台湾の移入，輸出両勘定に計上されている(前掲『台湾・朝鮮の経済成長』64頁)。すなわち，ここで提示した国内各港の中国への輸出額には，朝鮮・台湾を経由して中国へ輸出した分も含まれている可能性が高い。
11)　台湾の対外貿易額は，1897年から1940年代にいたるまでほとんど常に中国が首位であった(ただし，1913年と1914年は暴風雨による砂糖不作のため，砂糖の輸出が大幅減となった)。台湾の対中国貿易を地域別に見ると，輸入では1916年に満洲が華南を逆転したが，輸出では1932年まで一貫して華南が首位を占めた。この

ように，華南は満洲国の創出という政治的変動を契機として台湾の対中国貿易構造が大きく変化するまで台湾にとって最も主要な貿易対象でありつづけた。(堀和生「日本帝国の膨張と植民地工業化」秋田茂・籠谷直人編『一九三〇年代のアジア国際秩序』渓水社，2001年，102頁)。

12) 水沢市後藤新平記念館編『後藤新平文書』(マイクロフィルム版，雄松堂書店，1979年) R23-8。
13) 同前，R27-53。
14) 鍾淑敏「明治末期台湾総督府の対岸経営——「三五公司」を中心に」(『台湾史研究』14，1997年3月)，前掲「南進論の所在と植民地台湾」。
15) 廈門事件については分厚い研究成果があるが，さしあたり斎藤聖二「厦門事件再考」(『日本史研究』305，1988年1月)，および柏木一朗「台湾総督府と厦門事件」(安岡昭男編『近代日本の形成と展開』巌南堂書店，1998年) を参照されたい。
16) 『台湾日日新報』(1901年1月15日)。
17) 前掲『現代台湾経済論』318〜320頁。
18) 小林道彦『日本の大陸経営——1895-1914』(南窓社，1996年) 95頁。
19) 「桂総督の南進論」(1896年7月) 前掲『後藤新平文書』R23-1。
20) ダグラス汽船と大阪商船の対抗関係については，松浦章『近代日本中国台湾航路の研究』(清文堂出版，2005年)。
21) 「命令航路ノ概往及現在」(日付不明) 前掲『後藤新平文書』R31-71。
22) 以下，有矢鐘一『台湾海運史』(海運貿易新聞台湾支社，1942年) 274〜275頁，278〜288頁。
23) 以下，『帝国議会衆議院委員会議録』17 (東京大学出版会，1987年) 131頁。
24) 『台湾日日新報』(1899年10月20日)。
25) 台湾銀行『第八次金融事項参考書』(1911年) 190頁。
26) 東洋経済新報社編『日本貿易精覧』(東洋経済新報社，1935年) 20頁，349頁。
27) 前掲『第八次台湾金融事項参考書』190頁。
28) 三井文庫編『三井事業史』資料篇4上 (三井文庫，1971年) 390頁。
29) 三井文庫編『三井事業史』資料篇4下 (三井文庫，1972年) 24頁。
30) 前掲「日清戦後における三井物産会社の中国市場認識と「支那化」」130頁。
31) 三井物産「支店長諮問会議事録」(1903年4月) 3頁。
32) 同前，59頁。
33) 三井物産「支店長諮問会々議録」(1902年4月)。
34) 前掲「支店長諮問会議事録」59頁。
35) 『台湾協会会報』54 (1903年9月) 34〜35頁。

36) 大蔵省編『明治大正財政史』19（財政経済学会，1940年）520～521頁。
37) 台湾関税規則は，関税法が定める大蔵大臣の職務を台湾総督に付与したこと，関税法では勅令で定める事項を総督府令に代替することを除けば，おおむね日本国内の関税法施行規則に準拠するものであった。
38) 「台湾輸出税及出港税規則制定ノ件」（1899年7月）『台湾総督府公文類纂』358（国史館台湾文献館所蔵）。
39) なお，出港税が設定されたのは，乾魚，鹹魚，乾龍眼，肉龍眼，鱶鰭，生皮，烏龍茶，包種茶，番茶，粉茶，茎茶，苧麻，麻糸，籐割に限られた（前掲『明治大正財政史』19，277～578頁）。
40) 前掲「台湾輸出税及出港税規則制定ノ件」。この見解は，同資料の付箋に記されていたものであるが，この付箋には「祝」と押印されている。したがって，この見解は当時，総督府財務局主計課長であった祝辰巳（のち総督府民政長官）の見解だと思われる。
41) 『台湾日日新報』（1901年5月16日）。
42) 同前（1909年10月12日）。
43) 「総督府ハ尚南清ト台湾トノ間ノ貿易ガ，年々衰頽シテ居ルニ拘ラズ，又輸出ガ年々減退シテ居ルニ拘ラズ，尚輸出税ヲ存シテ，米砂糖其他茶綿布炭其他ノ物ニ対シテ輸出税ヲ取ッテ居ル」（『帝国議会衆議院委員会議録第二六回議会』明治篇61（東京大学出版会，1899年復刻）12頁）。
44) 前掲『明治大正財政史』19，920～923頁。
45) 台湾総督府総督官房文書課『台湾総督府事務成蹟提要』16（台湾日日新報社，1912年）217頁。
46) 前掲『日本植民地経済史研究』67頁。
47) 前掲「アジア・太平洋経済における台湾・香港間の競合関係」220頁。
48) 外務省通商局編『通商彙纂』明治39年（15）（1906年3月）4頁。
49) 同前，明治43年（21）（1910年4月）16頁。
50) 「当地〔福州〕ヘ輸入ハ本邦ヨリ直航船ナキ為メ皆上海或ハ香港経由ニヨル台湾航路ハ以上ノ航路ニ比シテ運賃高キノミナラズ基隆淡水間の接続不便ナル為メ此航路ヲ経由スルモノハ皆無ナリ」（同前，明治40年（6）（1907年3月）3頁）。
51) 以下，台湾銀行総務部調査課「基隆仲継港案」（1915年2月）『鈴木三郎文書』（国会図書館憲政資料室所蔵）。
52) 同前。
53) 外務省通商局編『通商公報』174（1914年12月）13頁。
54) 畝川敏夫『海運興国史』（海事彙報社，1927年）403頁。

55) 三井物産文書課『第六回支店長会議々事録』（1918年）35頁。
56) 『台湾日日新報』（1917年11月9日）。ただし、移出品のうち砂糖・樟脳・脳油は特産物5割引の特典が採用されて実際には半額となった。
57) 以下、三井物産文書課『第五回支店長会議々事録』（1917年）252〜253頁。
58) 台湾総督府『基隆築港概要』（1912年）2頁。
59) 前掲『台湾海運史』300頁。
60) 以下、同前、312〜314頁。
61) 前掲『海運興国史』318〜319頁。
62) 「汕頭貿易年報大正五年」（『通商公報』415, 1917年5月）524〜525頁。引用したように、この資料は「従来香港及上海に於て仲継せるものは基隆仲継貿易に比し益々隆盛に赴きつゝあり」と述べており、本章の議論と逆に基隆経由に比して香港・上海経由からの輸移入額が増加していると指摘している。しかし、この記事が根拠とした数値データでは、1915年には1,341万海関両であった汕頭の対香港輸入額は1916年には1,043万海関両へと急減しており、「益々隆盛に赴きつゝあり」とは異なる事実を示している。おそらく、この記事の執筆者が何らかの事情で誤った記述をしたものと思われるが、本章ではそのまま資料を掲げることとした。
63) 第4章で詳述するように、中継貿易には台北の台湾人商人が日本から移入した製品を中国へ再輸出したものも一部含まれる。その場合、淡水税関台北出張所で輸出手続きを済ませ、鉄道で基隆に転送し、基隆港から輸出するというのが一般的であったと推察される。この場合、台北出張所の輸出実績は本関である淡水税関に含まれる。1922年8月、おそらくこうした矛盾の解消を目的として基隆税関に本関が設置され、台北出張所の実績は基隆に含まれることになる（台湾総督府財務局『大正十年及十一年台湾貿易概覧』1924年, 36頁）。1910年代の後半以降に漸減した淡水港の輸出が1922年にほぼゼロとなる背景には、こうした輸出手続きと統計データの関係に起因するものと思われる。

第4章　植民地商人の活動と機能

はじめに

　序章「問題の所在」で示したように，近年の流通史研究は①商品属性，②市場条件，③流通システムや交通体系・情報発信の変化，④外部環境の変化に対応し，適応する取引主体の行動，の4つの組み合わせによって流通機構が複雑かつ多様となることを示している。そして，この視角を受容するならば，国内市場だけでなく，帝国内市場が形成される場合にもそれぞれの流通機構は同様に複雑かつ多様となるはずである。とはいえ，流通史研究のアプローチは統一的な国内市場の形成過程に議論の力点を置いたから，その分析対象は意識的に日本国内のそれに限定することになった。たとえば，1980年代以降の日本植民地研究を牽引してきた研究者を執筆者に含む石井寛治編『近代日本流通史』でさえ「対外流通の担い手として重要な役割を果たした貿易商社や植民圏商人の考察は，紙幅の制約もあって，本書では割愛せざるをえなかった」[1]とした。帝国を分析単位に置いた流通機構の形成過程の分析は，課題として依然積み残されている。

　本書は第3章で台湾総督府による「広域的公共財」の整備が基隆の集積地機能を向上させ，それによって台湾を経由する日本製品の対華南輸出が拡大したことを示した。この観察結果を受けて本章では，第3章で示した台湾を経由する中継貿易の拡大過程を担った取引主体に着目し，流通ネットワークの構築過程や転換を検討する。

　第3章の「はじめに」で言及したように，基隆を集積地とする日本製品の中

継貿易を担ったのは台湾人商人であったことがすでに林満紅によって指摘されている。しかし，林の諸研究が示したことは，台湾人商人が植民地台湾の対外的な交易を担った静態的な事実にすぎない。加えて流通機構が形成される契機や過程が，華商ネットワークの強靱性にすべて収斂されるという問題を孕んでいる。以上に示した先行研究の問題点や第3章での検討を踏まえたうえで本章は，戦間期に拡大した基隆を集積地とする日本製品の中継貿易もまた帝国内市場が形成される過程で生じたことを明らかにする。

こうした課題を設定する場合，本来であれば1915～25年において最も拡大が顕著であった綿布類を事例とするのが望ましい（表3-4）。しかし，資料の強い制約によってこれを明らかにすることが不可能であるため，本章では次善の策として綿布類に次ぐ輸出額を記録した海産物に焦点を絞って議論を進める。本章が利用する記録は，函館海産商同業組合の内部資料である『函館海産商同業協同組合関係資料』（以下，『海同資料』，函館大学図書館所蔵）である。加えて総督府や台湾銀行の刊行物を使用して台湾人商人の活動にも言及する。ただし，議論の焦点を明確にするために，本章の分析は最終消費市場である中国市場の動向は必要最低限の記述とする。

第1節　函館における塩マス輸移出の展開と台湾市場

(1) マス漁獲量の増大と台湾向塩マス移出の拡大

はじめに本章が扱う戦間期における塩マスの輸移出の過程を概観する。19世紀末から20世紀初頭にかけて北海道産海産物の他府県移出は拡大が著しく，1879年には557万円であった移出額は，日露戦後の1908年には約6倍の3,268万円に拡大した[2]。この過程で北海道産海産物の有力な集積地であった函館では，移出の中心であったニシン・イワシ搾粕が相対的に地位を低下させ，代わって塩サケ・マスが急増する[3]。

日露戦争前におけるマスの主要漁業地は，択捉島および国後島であった。特

に択捉島はその中心地であり，1878年には北海道マス総漁獲量の約80％（約5万石）を占めたという[4]。その後，1908年に約9万石であったロシア領における日本人経営の総漁獲量は1916年には5倍以上の約48万石に拡大する[5]。このうち，1908年には約4万石にすぎなかった日本人のサケ・マス漁獲量は1916年には約38万石へと爆発的に増大する。この急激な漁獲量の増加は，ポーツマス条約第11条（1905年9月）および日露漁業協約（1907年7月）の締結に起因する。日本人漁業者は，「露西亜帝国政府ハ本協約ノ規定ニ依リ河川及入江（インレット）ヲ除キ日本海，「オコーツク」海及「ベーリング」海ニ瀕スル露西亜国沿岸ニ於テ膃肭獣及猟虎以外ノ一切ノ魚類及水産物ヲ捕獲，採取及製造スルノ権利ヲ日本国臣民ニ許与ス」[6]とした同協約を根拠としてカムチャッカ半島のサケ・マス漁業に大挙進出した。その結果，マス漁獲量は急増し，「東京輸出ヲ第一トシ，越前越後羽前羽後之ニ次グ」[7]とされた国内以外の消費市場が必要となった。この流通機構を担っていた函館の海産物移出商が注目したのは，中国市場と台湾市場であった。換言すれば，日露戦争の「戦果」を処理するために植民地および海外市場への販路拡張が求められたのである[8]。

『函館商工会議所年報』[9]に掲載されたデータから戦間期の函館における塩マス輸移出量の動向を表4-1に示した。本書が分析対象とする台湾は，1915年以前の『函館商工会議所年報』では「その他」に分類されるため，ここでは1916年以降のデータを掲げる。これによれば，1916年から1937年までに函館に集荷された塩マスは，24.4％が中国（17.9％）[10]をはじめとする海外に輸出され，残りは帝国内（日本・台湾・朝鮮・樺太）に移出された。このうち帝国内の仕向先は台湾が突出して多く（20.9％），次いで東北・信越・京浜市場にそれぞれ10％前後が移出されている。台湾は，戦間期函館の海産物移出商にとってきわめて重要な市場であったことが確認できる。

海産物は，台湾の貿易構造にとっても重要な位置を占めた。表4-2に商品カテゴリー別の対日移入額を1920年から5年毎に示した。カテゴリーの分類は『台湾貿易四十年表』に従い，1935年の時点で移入額が1,000万円以上のものを掲げた。同表は，「布帛および布帛製品」（綿布，毛織物，ガンニー嚢など）と

表4-1 函館における塩マス輸移出量の動向

(単位:千貫)

	マス漁獲量	日本国内	台湾(移入)(A)	(%)	台湾(輸出)(B)	B/A (%)	中国	合計
1916	19,177	4,769	2,357	23.3	1,880	79.8	2,709	10,112
1917	15,602	6,889	3,237	24.6	2,182	67.4	2,732	13,160
1918	10,686	6,107	1,154	11.2	705	61.1	2,660	10,301
1919	10,322	6,397	1,729	16.2	313	18.1	1,333	10,641
1920	16,331	4,357	2,075	23.0	526	25.3	1,551	9,019
1921	17,510	5,161	2,297	21.7	745	32.4	2,415	10,588
1922	19,570	2,694	2,312	25.5	648	28.0	3,299	9,074
1923	7,306	3,568	1,216	18.1	358	29.4	1,670	6,718
1924	23,054	3,866	3,936	35.8	2,771	70.4	2,224	10,998
1925	4,286	5,028	1,152	9.1	886	76.9	2,499	12,641
1926	22,729	8,043	3,683	26.1	3,487	94.7	1,995	14,134
1927	3,998	6,464	3,325	26.4	2,952	88.8	451	12,612
1928	18,599	9,899	2,156	16.1	1,427	66.2	42	13,357
1929	19,439	8,014	4,056	27.0	2,638	65.0	2,448	15,027
1930	12,468	6,204	2,403	23.0	1,259	52.4	1,362	10,449
1931	3,558	8,642	1,625	15.5	16	1.0	113	10,503
1932	13,182	6,326	1,910	22.3	122	6.4	313	8,550
1933	5,433	4,887	1,119	17.8	209	18.7	277	6,283
1934	19,054	3,893	1,710	24.5	1,142	66.8	1,258	6,983
1935	14,093	6,439	2,327	20.4	1,281	55.0	2,469	11,434
1936	8,231	4,710	3,007	26.1	333	11.1	3,666	11,500
1937	14,943	7,718	1,019	7.4	13	1.3	5,070	13,815
年平均								
1916-20	14,423	5,704	2,110	19.8	1,121	53.1	2,197	10,647
1921-25	14,345	4,063	2,183	21.8	1,082	49.6	2,421	10,004
1926-30	15,447	7,725	3,125	23.8	2,353	75.3	1,260	13,116
1931-37	11,213	6,088	1,817	18.4	445	24.5	1,881	9,867
1916-37	13,617	5,913	2,264	20.9	1,177	52.0	1,934	10,814

出所:『函館商業会議所年報』各年度および『函館商工会議所年報』各年度,田口喜三郎『太平洋産サケ・マス資源とその漁業』(恒星社厚生閣,1966年),前掲『台湾貿易四十年表』,台湾総督府財務局編『台湾貿易年表』各年度より作成。

備考: 1) 原資料では,漁獲量の表示単位は尾,1907年から24年までの移出の表示単位は石,同じく輸出は斤,1925年以降は貫であったが,160尾=1石=40貫=250斤として換算した。
2) 1,000貫以下は四捨五入した。
3) 「台湾(移入)」項目の右側の数値は,輸移出量の合計に占める割合を示す。
4) 漁獲量はカラフトマスの数値を採用した。
5) 中国には大連,満洲国の各都市を含む。

「鉱および金属」(鉄條・竿,鉄板,鉄線,鉄管など)の急激な移入拡大を示している。1920年の「布帛および布帛製品」の移入額は793.0万円(総移入額の

表4-2　主要商品カテゴリー別移入額の推移

(単位:千円)

年次	飲食物・タバコ				布帛および布帛製品	鉱および金属	金属製品	移入額計
		海産物	酒類	タバコ類	調味料				
1920	23,257	9,977	4,865	1,542	1,054	7,930	7,787	10,594	112,040
	(20.8)	(8.9)	(4.3)	(1.4)	(0.9)	(7.1)	(7.0)	(9.5)	(100.0)
1925	25,677	11,662	4,173	1,902	1,101	20,604	7,535	5,438	129,893
	(19.8)	(9.0)	(3.2)	(1.5)	(0.8)	(15.9)	(5.8)	(4.2)	(100.0)
1930	27,279	7,743	5,013	2,978	2,598	17,536	9,259	5,754	123,021
	(22.2)	(6.3)	(4.1)	(2.4)	(2.1)	(14.3)	(7.5)	(4.7)	(100.0)
1935	39,790	9,027	6,136	8,634	3,489	27,900	17,378	10,183	218,141
	(18.2)	(4.1)	(2.8)	(4.0)	(1.6)	(12.8)	(8.0)	(4.7)	(100.0)

出所:前掲『台湾貿易四十年表』より作成。
備考:1)　1,000円以下は四捨五入した。
　　　2)　数値の下部括弧内の数値は,移入額計に占める割合(%)を示す。
　　　3)　飲食物・タバコの数値は,海産物・酒類・タバコ類・調味料以外の商品の移入額も含む。

7.1%)にすぎなかったが,1925年には2,060.4万円(同15.9%)に,1935年には2,790.0万円(同12.8%)へと拡大した。一方,「鉱および金属」のウエイトは停滞傾向にあるものの,1920年から1935年にかけての絶対額は2倍以上に増加している。とはいえ,台湾の最大の対日移入品は一貫して「飲食物・タバコ」であった点に注意したい。1920年には2,325.7万円(同20.8%)であった「飲食物・タバコ」は,「鉱および金属」と同じようにウエイトでは停滞傾向にあるものの,1935年までは常に首位を占めた。一般に植民地期の台湾は,「内地に対して食料品・原料品の供給地としての役割を果たしつゝ,他面内地工業生産品の市場を形成してゐる」[11]と理解されているが,それは繊維などの工業製品だけでなく食料の市場としての意義も重要であった。

さらに表4-2には,「飲食物・タバコ」カテゴリーの内訳を掲示した。これによれば,海産物[12]がカテゴリー内の首位であっただけでなく,1920年代には上位カテゴリーの「鉱・金属」,「金属製品」に遜色ない重要な対日移入品であったことが判明する。海産物は,戦間期の日本と台湾の経済関係を捉えるうえで無視しえない商品群であった。

(2) 中継貿易の伸展

しかし，ここで注意しておきたいのは，日本から台湾に移出された塩マスが台湾島内だけで消費されたのではなく，その相当量が華南を中心とする中国へ再輸出されたことである[13]。前掲表4-1によれば，1916～37年に台湾が函館から移入した塩マスの52.0%が中国へ再輸出されたことが判明する。とりわけ1924～30年の再輸出率はきわめて高く，移入された塩マスの52.4～94.7%が輸出された。これに牽引されて函館からの移入量も増大した。

これは1925年以降に停滞する上海市場と対照をなす。この両市場の差異について，函館における商況から確認しておこう。表4-1に掲げたように，1924年のマス漁獲量は2,305.4万貫にのぼったが，上海市場は「散物ハ支那動乱〔江浙戦争〕ノ為メ輸出途絶ノ厄ニ遭ヒ余儀ナク入庫シテ時局ノ安定ヲ待ツ外ナキニ至リタル」[14] 状況であった。しかしその後，「日魯会社西出商店等ノ有力筋ハ協力シテ価格ノ維持ニ努メタルト台湾ノ売行キ快復シタルトニ由リ反発調ニ転シ月末ニ至リ日魯会社倉入レノ分十月中勝手取リ二貫匁ニテ四万石ノ大手合ヲ見タリ」と報告されている。また，2年連続の豊漁となった1929年も「輸出向小型散鱒ハ最大市場ノ上海ハ排日貨ノ為メ輸出杜塞ノ状態ナルト台湾大連香港等何レモ荷嵩ミノ折柄…（略）…三月下旬ニ至リ〔済南事件の〕対支協定成立見越ニテ台湾手口先ヅ買進ミ漸騰歩調ヲ辿リ四月ニ入リ五円搦ミマデ昂進シ大口商談続々成立ノ盛況ヲ見タル」[15] と報告されている。1920年代の函館の塩マス輸移出にとって，上海市場が日中間の不安定な政治状況などによって直接的に供給量を規定される市場であったのに対し，台湾市場は相対的に安定した移出先であったこと，函館の移出商は台湾との取引を呼び水として在庫を消化しえたことが商況報告から確認できる。

第1次大戦期における日本の華南向け海産物輸出は，①華商を含む日本国内各地の海産物取扱商が華南の輸入商と直接取引をするもの，②日本から海産物を移入した台湾人商人が華南商人と取引するもの，の2つの方法があったとされる（図4-1）[16]。前者は三井物産や厦門・福州に拠点を持つ有力華商によっ

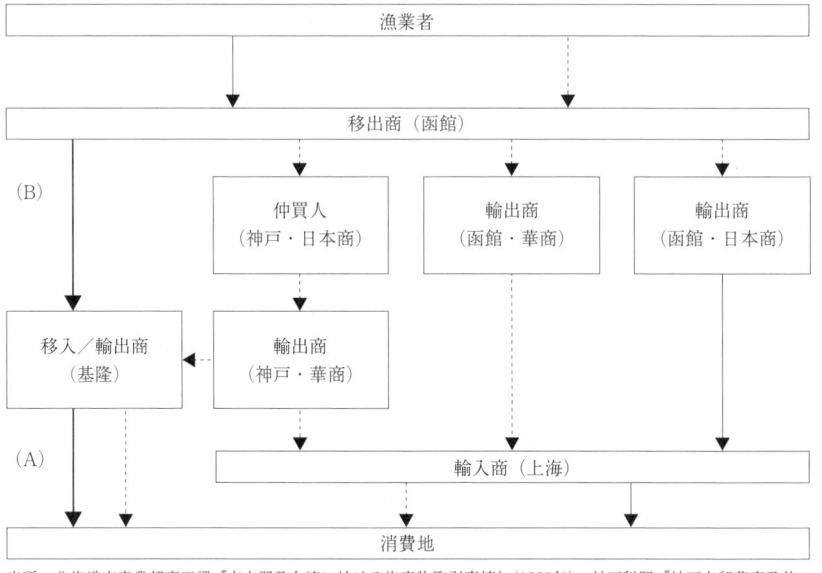

図 4-1　函館からの海産物輸出経路

```
                      ┌─────────────────────────────────────────────┐
                      │                  漁業者                       │
                      └─────────────────────────────────────────────┘
                                          │
                      ┌─────────────────────────────────────────────┐
                      │             移出商（函館）                     │
                      └─────────────────────────────────────────────┘
 (B)      ┌──────────────┐   ┌──────────────┐   ┌──────────────┐
          │   仲買人      │   │   輸出商      │   │   輸出商      │
          │（神戸・日本商）│   │（函館・華商） │   │（函館・日本商）│
          └──────────────┘   └──────────────┘   └──────────────┘
  ┌──────────────┐   ┌──────────────┐
  │ 移入／輸出商  │   │   輸出商      │
  │   （基隆）    │   │（神戸・華商） │
  └──────────────┘   └──────────────┘
 (A)                  ┌─────────────────────────────────────────────┐
                      │             輸入商（上海）                    │
                      └─────────────────────────────────────────────┘
                      ┌─────────────────────────────────────────────┐
                      │                  消費地                       │
                      └─────────────────────────────────────────────┘
```

出所：北海道庁産業部商工課『南支那及台湾に於ける海産物取引事情』(1929年)、神戸税関『神戸在留華商及其の取引事情』(1932年)、台湾総督府殖産局『水産物輸出状況調査書』(1935年) より作成。
備考：実線は新海産物（塩魚類）、破線は旧海産物（俵物）を示す。

て行われたものであり，大阪商船の定期航路で神戸から基隆に輸送し，そこで積み替えて華南各港へ再送するものであった。しかし，その取扱量はごく少数であったとされ，三井物産も「過去数年間海産物トシテハ主トシテ塩魚類ヲ取扱ヒタルガ本品商内ノ欠点ハ有力ナル取引先ナキ事ニシテ勢現物主義ニヨリ或数量ノ手持ヲ必要トスル故当店取扱品トシテ適当ナラズ」[17] として，わずか3年で撤退している。

　華南向け海産物輸出は，むしろ後者の「一度台湾に移入せられ更に基隆，台北の台湾商により改めて南支那各港に輸出せらるゝもの」[18] が大部分を占めていた。海産物の取引は，商品の保管，運送，販売等が極めて煩雑であるが，台湾人商人が持つ取引経験やネットワークが海産物の取引に適合的であったと指摘されている[19]。加えて本章では，台湾人商人が持つ取引形態の特異性も指摘したい。神戸からの海産物輸出は，その大部分が華商によって担われていた。

これらの華商は，函館の海産物移出商と直接の取引をせず，神戸の日本人仲買商を介して海産物を仕入れていた[20]。これに対して華南向け海産物輸出を担う台湾人商人は，函館の海産物移出商と直接の取引関係を結んで海産物を仕入れていた。つまり，この交易が可動するためには，華商ネットワークの範囲である（A）の取引だけでなく，日本帝国内の流通機構である（B）の取引が円滑に機能しなくては成立しえない。（B）の取引は，台湾の移入商と函館の海産物移出商の直接の取引関係によって成り立っていたから，華商ネットワークの観点だけでは分析しえない。そこで第2節では，華商ネットワークに基づく（A）経路の重要性を認識しつつ，その経路が機能する前提である（B）経路，すなわち日本―台湾間海産物交易において日本人商人と植民地商人の取引関係が構築された過程やそこで生じた問題を考察する。

第2節　1910～20年代の函館―台湾間海産物取引

(1)　函館側の取引主体

函館―台湾間の海産物取引の嚆矢は，1908年3月に函館の毛利甚兵衛が台南の旭商会主古瀬大寿と取引関係を結び，神戸港経由で塩マス・塩イワシを移出したこととされる[21]。次いでのちに函館海産商同業組合の組長を務める佐々木忠兵衛や岡本忠蔵，大手海産物卸商である加賀与吉や森卯兵衛が台湾との取引に参入し，1914年10月には15名の海産商によって函館台湾移出商組合（以下，移出商組合）を結成する。この移出商組合は任意団体であり，前述の函館海産商同業組合とは別の組織である。しかし，同業組合が移出商組合の事務も取り扱っていたことから，移出商組合は事実上組合内組織の役割を果たしていたと考えられる。

表4-3に判明する限りの移出商組合員を掲げた。同組合は北洋漁業の重鎮であった小熊幸一郎[22]を組長，加賀，佐々木，森ら大手海産物移出商を常議員とし[23]，当初は高めに設定されていた信任金（200円）・加入金（10円）を大

第4章 植民地商人の活動と機能

表4-3 函館台湾移出商組合組合員

加入年	脱退年		1914	1919	運賃払戻額 1922（円）	営業税 1927（円）	1930
1914		小熊幸一郎	○	○		108	
		森卯兵衛			1,306	1,379	○
		吉田大次郎	○	○			
	1927	佐々木忠兵衛*	○	○	434	198	
		北出徳太郎				129	○
		加賀与吉**	○	○	2,164	2,288	○
	1915	岩崎岩次郎	○				
		小幡熊次郎商店支店	○	○	214	235	○
		小林録太郎	○	○	18	333	○
		渡辺富吉	○	○	39	240	○
		毛利甚兵衛	○	○	861	538	○
	1926	若杉嘉一郎	○	○			
		上野久吉	○	○	324	278	○
		藤堂利吉	○	○	1,178	171	○
		岡本忠蔵	○	○		95	○
1915	1920	佐々木平次郎		○			
	1920	小笠原金次郎		○			
		藤村康		○		101	
1916	1928	川合喜代松		○	1,748		
	1919	北産商会		○			
1917	1917-19	鈴木商店函館支店					
1918		松田季蔵		○		157	○
		阿部寅四郎		○		482	
1919-20		寺尾豊太郎		○			
		本庄利三郎				245	
1920		三井物産				2,096	○
1923	1925	佐藤万次郎					
		細谷伴蔵				146	○
1925	1928	菅谷常吉					
		佐藤善次				117	○
		大森徳次郎				128	○
		山谷繁治					○
1926	1928	奥田奥太郎				34	
1927	1928-29	旭商店					
		大谷三次郎				148	○
		小林伊三郎				42	○
1928		択捉水産会社					○
		三栄商店					○
1929-30		函館日魯組***					○
		瀬賀清吉					○
		林邦治				33	○
		柳沢善之助				464	○
		毛利佐吉					○
		高岡留五郎					○
		辻半七					○
		函館組					○
		水落弥助					○
		高村善太郎				87	○
		阿部覚治				73	○
		寺尾庄蔵				272	○

出所：「台湾移出商組合関係綴」（『函館海産商同業協同組合関係資料』A3），小林貞一編『函館商工名録』昭和二年度版（函館商工会議所，1927年）より作成。
備考：1）営業税は1927年の納税額。原資料では，*合資会社佐々木商店，**株式会社加賀商店の名義で掲載されている。***1930年以降は函館水産販売。
　　　2）営業税・運賃払戻額ともに1円以下は四捨五入した。

幅に低減して（信任金100円，加入金3円）広く組合員を募ることとなった[24]。しかし，1930年の役員会出席者を確認すると，佐藤善次，毛利佐吉を除くすべての役員が組合結成当初からのメンバー（毛利甚兵衛副組長，森，大川原善蔵（加賀商店），小林，藤堂，小幡）[25]であった。これは，第1次大戦期から1930年にかけての移出商組合が加賀，森，毛利など特定の移出商によって運営されていたことを意味する。

移出商別の取扱高シェアは資料の制約からまったく明らかにならない。そこで，1922年7月に作成された「北日本積荷運賃割戻金調」に記載された対台湾移出貨物の運賃割戻高[26]を取扱高の代替として示した。これによれば，最も割戻額が大きいのは加賀（2,164円）で，記載されている全割戻額8,285円の26％を占めている。次いで川合喜代松（1,748円，21％），森（1,306円，16％），藤堂（1,178円，14％），毛利甚兵衛（861円，10％）で，彼らだけで割戻総額の90％弱を占める。

別のデータから営業規模を示す営業税納付額（1927年度）を示した。これによれば，加賀（2,288円）および森（1,379円）の納税額がきわめて高く，その突出ぶりがうかがえる。以上のデータから，第1次大戦期から1920年代にいたる函館の台湾向け海産物移出は，毛利甚兵衛，森卯兵衛，加賀商店ら有力な大手海産商が担い続けたことが確認される。

(2) 台湾側の取引主体

もう一方の取引主体である台湾側の担い手を表4-4で確認しておこう。同表には所在や取扱高が判明する移入商のうち，1912年，1919年いずれかにおいて20万円以上の取扱高が記録されている者を掲載した。1912年では，「その他」の数値が非常に大きい。1912年の総督府調査では，「本島ニ於ケル海産物ノ移入業者ハ専門ト認ムベキモノ甚ダ少ク全島を通ズルモ僅カニ三，五名ニ過ギズ，多クハ日用雑貨商店又ハ他商業ノ副業トシテ移入スルモノトス」[27]と報告されていることから，当該期間に海産物の移入を担っていた取引主体の多くはきわめて零細な商店であったものと思われる。

第4章 植民地商人の活動と機能

表4-4　台湾における主要海産物移入商

(単位：千円)

	年度	1912	1919	1928
基隆				(円)
	舛田商店	—	340	
	三河商行	—	—	856
	義合成	○	340	231
	陳和合*	○	340	△
	謝裕記	○	219	3,166
	台湾海陸物産	—	239	1,794
	利記公司	—	—	807
	順美	—	—	807
	三益商行	—	—	807
	その他	192	488	
	小計 (a)	192	1,966	
	a/d (％)	(4.2)	(22.6)	
台北	**怡美**	○	200	
	林長益**	—	200	△
	その他	307	484	
	小計 (b)	307	884	
	b/d (％)	(6.8)	(10.2)	
台南	旭商会	167	400	425
	岡村亭一	—	200	△
	金義興	12	200	
	その他	349	955	
	小計 (c)	528	1,755	
	c/d (％)	(11.6)	(20.2)	
その他 (台湾)		3,503	—	
その他 (日本国内)		353	—	
その他		—	4,141	
海産物移入総額 (d)		4,548	8,685	
a+b+c=e		1,027	4,605	
e/d		(22.6)	(53.0)	
民族別主要海産物移入商		1912	1919	1929
人数 (人)	日本人商人 (f)	47	7	10
	台湾人商人 (g)	44	36	43
	f+g	91	43	53
取扱高 (千円)	日本人商人 (h)	595	1,408	
	(h)/(f)	13	201	
	台湾人商人 (i)	546	3,274	
	(i)/(g)	12	91	
	h+i	1,141	4,682	

出所：台湾総督府殖産局『本島ニ於ケル海産物』(1914年)，台湾銀行調査課『台湾之水産業』(1921年)，北海道庁産業部商工課『南支那及台湾に於ける海産物取引事情』(1929年)，前掲『おらが基隆港』，渋谷隆一編『都道府県別資産家地主総覧』旧植民地他編1 (日本図書センター，1991年) より作成。

備考：1) 1,000円以下は四捨五入した。
　　　2) 1912年および19年の数値は取扱高を示す。本表では紙幅の関係上，取扱高が20万円以上の者に限定して掲載した。また，1928年は北海道庁『南支那及台湾に於ける海産物取引事情』に掲載された取扱業者を掲載し，そのうち渋谷隆一編『都道府県資産家地主総覧』で営業収益税 (30年度) が判明する者は，その数値を記載した。
　　　3) ○は，1912年の調査で取引業者として名簿に記載されているが，取扱高が記載されておらず，かつ1919年の調査で取扱高が20万円以上の者を示す。また△は，1919年の調査で取扱高20万円を超え，かつ1928年の調査にも取引業者の名簿に記載されているが，1930年度の営業収益税が明らかにならない者を示す。また義合成は『都道府県資産家地主総覧』には記載されていなかったが，前掲『おらが基隆港』に1931年度の納税額が記載されていたため，これを掲げた。
　　　4) 1919年度の移入数を記した『台湾之水産業』には海産物移入数が記載されていない。そこで本表では『台湾貿易四十年表』同年度の移入額を採用し，その数値から「その他」を逆算した。
　　　5) 1912年は*和合，**長益と記載されていたが，ここでは1919年の表記に従った。
　　　6) ゴシックは非日本人移入商を示す。民族別数値については記載されている姓名・屋号から判断した。

1912年度から1919年度の間に生じた変化は，次の2点に要約される。第1に，担い手の地理的分布の変化である。1912年度は，台南52.8万円（海産物移入総額の11.6％），台北30.7万円（同6.8％），基隆19.2万円（同4.2％）で，この上位3都市に位置する海産物移入商の取扱高は102.7万円（同22.6％）であった。ところが，1919年度には基隆196.6万円（同22.6％），台南175.5万円（20.2％），台北88.4万円（10.2％）となっており，上位3都市への集中が上昇する。とりわけ基隆の急上昇は，注目に値する。

　第2に，民族別の担い手の変化が看取される。1912年度の調査で氏名・所在・取扱高などの個別データが判明する海産物移入商91名の民族別内訳は，日本人47名，台湾人44名であった。主要移入商の半数以上は日本人商人であった。しかし，1919年度の調査で同じく個別データが判明する43名の内訳は，日本人7名，台湾人36名となっている。こうした傾向は，1929年度のデータでもほぼ同様であった（日本人10名，台湾人43名）。次に取扱高について見ておこう。1912年度のデータでは，日本人商人の取扱高は59.5万円（1店あたり1.3万円），台湾人商人54.6万円（同1.2万円）であった。1912年度において海産物の移入を担っていた取引主体は，日本人商人であれ台湾人商人であれ経営規模は変わらず，いずれも零細な商店であった。ところが，1919年度のデータでは日本人商人140.8万円（同20.1万円），台湾人商人327.4万円（同9.1万円）となる。台湾人商人の1店あたり取扱高は，日本人商人の半分にすぎなかった。これは，日本人商人の間では統合が進んで規模の拡大が図られる一方，零細多数の台湾人商人が海産物取引に多数参入した結果であると考えられる。

　ただし，この動向は植民地支配に伴う台湾人商人の衰退過程を意味するものではない。北海道庁が1928年に調査した移入商名簿に記載されている者のうち，営業収益税の納税額（1930年度）が判明する者を同表に掲げた。これによれば，謝裕記（3,166円），台湾海陸物産（1,794円）といった，相当規模の台湾人商人が掲げられる一方，日本人商人は中堅規模の三河商行（856円）と旭商会（425円）が見えるにすぎない。要するにこれらのデータは，①「本島海産物商ノ取扱商品の大部分ハ内地製品」[28]であったが，大戦前後期を通じて多数の台湾人

商人がこの取引に参入した，②これら台湾人商人は，1920年代を通じて営業規模を拡大させていった者と零細取引主体の二極化が生じた，③一方で1910年代末において日本人商人の平均経営規模は台湾人商人のそれを大きく上回ったが，1930年代初頭までの営業規模の拡大ペースは停滞的であり，多くの者が取引から退出した，と理解すべきであろう。北洋漁業の発展を契機として生じた海産物交易という新たなビジネスチャンスを捉えて参入した台湾人商人は，戦間期を通じて顕著な成長をみたのである。その一例として，1930年代までに最大手の海産物移入商へと成長した謝裕記の活動からその成長を確認しよう[29]。

謝裕記は，日本の台湾領有とほぼ同じ頃に雑貨商として設立されたという。その後，1901年に父から家業を受け継いだ謝清桐・国器兄弟は[30]，1906年頃に海産物の取扱いを開始する。さらに1926年には肥料，雑穀，小麦粉，砂糖も取り扱って業務を拡張し，「謝裕記の屋号は台湾のみならず内地対岸に於いても相当に知られ」[31]る「本島屈指ノ貿易商」[32]に成長した。台湾島内の商業部門における同店の営業規模を営業税および営業収益税から確認しよう（表序-3）。第1次世界大戦前の1914年における謝裕記の営業税納付額は55円で245位にすぎなかったが，1925年は2,519円で同26位，1930年の営業収益税は3,166円に達し，20位へと躍進した。函館―台湾間の海産物取引拡大というビジネスチャンスに対応して成長する謝裕記の姿がうかがえる。

加えて興味深いのは，謝清桐・国器兄弟の経歴にある。兄の清桐も弟の国器も幼少時には漢学を学んだが，清桐が「大稲埕に出て実業界に身を投じ実地に商業を学」[33]んだのに対し，国器は「国語〔日本語〕をも研究し今では内地と頻に往来してゐる関係上内地語も相当に精通してゐる」[34]。つまり謝裕記は，対中国貿易の中心地であった台北の大稲埕において取引のノウハウを会得しつつネットワークを構築した兄と流暢な日本語を用いて日本との取引を担当した弟との分業によって経営されていたものと想定される。移入・輸出機能を兼ね備えることで営業規模を拡大した台湾人移入商の機能の一端がうかがえよう。以上を鑑みれば，台湾人商人の競争力は林が強調した単なる華商ネットワークだけでは説明できない。むしろ，帝国内市場が形成される過程において台湾人

商人が発揮した柔軟性や華商ネットワークと日本市場との取引ノウハウを同時的に内部化——経営組織の異種混交化——したことにその要因を求めるべきであろう。

こうした異種混交化した台湾人商人が持つ機能を函館の海産物移出商は「我北海道としても，南支南洋の幾多の小消費地への直通航路は事実上困難なるを以て，販路の拡張には仲継市場としての台湾の活躍に俟つは，彼我相互の採る可き策」[35]と位置づけていた。また，この取引は基隆の台湾人移入商が函館の海産物移出商から商品を仕入れて倉庫に保管し，中国側から「書面又は電報を以て注文し来るを以て，両者間に於て値段の折合つきたる時」[36]に輸出契約が成立することが一般的であった。つまり，基隆の台湾人商人を通じて函館の海産物移出商は，①消費地情報の収集機能，②消費地の適切な取引相手を探しだし，交渉して売買を完結させる一連の取引機能，③在庫リスクの圧縮機能，の３点を同時に獲得しえたことを意味する。

以上の観察を通じて，両者の取引関係の形成が表４-１に示したような1920年代における函館の塩マス移出量拡大を促進した。そして，その拡大に異種混交化した台湾人商人が持つ機能が決定的な役割を果たしていたことが明らかとなった。しかし，こうした取引関係は，以下に述べるように直線的に形成されたものではない。そこで次に両者の取引ルールの形成過程について考察したい。

(3) 取引ルールの形成

函館において移出商組合が結成されたそもそもの理由は取引方法の改善にあった[37]。たとえば移出商組合が結成された1914年の『函館新聞』を見ると，台湾側の買い叩き常態化が大きな問題となっていることが散見される。以下，少々長いが引用しておこう。

　　台湾移出盛況時に入り去月来岡崎汽船により将た郵船便より移出したる塩鱒頗多大なるが聯絡店等の機関不備なるため例により荷受人のために叩かれつゝあり即ち某々四商店が去月四日出帆の日洲丸にて台湾各所へ塩鱒麦

第4章　植民地商人の活動と機能　123

酒函入れ及び筵包取合せ七千四百余個に対し品位に故障を付け一個に対し二円方直引するに非ざれば荷受肯んぜず目下某会社は仲裁を試みつゝあるが出荷主の損毛甚大なると[38]

　当時，台湾の移入商側には明確な売買破約のペナルティーがなかった。それゆえ台湾側は「荷物台湾到着後尚ホ幾多ノ日時ヲ経過シ最早受荷処分済ト推知セラルゝ頃合ニ於テ取引上ノ苦情」[39]を申し立てるという行動が可能であった。品質の劣化を恐れた函館側は，台湾側の要求を容れて値引きを行うか，あるいは破約となった場合には別の取引相手を探すというリスクを抱えていた。これに対して移出商組合は，「台湾との取引額は逐年増大せるも之に伴ふ苦情は頻々続出し今日の処にては売買双方少からざる不利欠損に苦しみつゝ」あるから，台湾側に対し「〔移出組合は〕品質の選択に注意して荷造りの堅牢を期し買附品に対しては商徳義を守るべく台湾各取引商も到着せる注文品に対して不条理の要求（極端なる値引）なき様願ひたく差当り塩魚の注文には一割五分の手附金又干魚その他に対しては一割の手附金を申受くる」[40]ことを通知した。違反者に対しては共同行動をとった[41]。その結果，函館─台湾間の海産物取引は，「本邦より移入する場合に於て本邦商店と，台湾人商人との取引方法は殆ど全部「買切り」にして沖値とし，大抵は売買成立と同時に約二割の手金を送り残額は荷為替附にしてD/P（支払渡し）式」に標準化され，「昔日塩鱒試売時代に於て本邦各海産商の競争の結果，台湾商の乗ずる処となり，荷為替支払には常に苦情多く値引の悪習多かりしも近時は二割手金打つことゝなり其弊害余程減少せり」[42]となった。

　周知のように，手付金は現代の不動産取引などにも見られ，売買契約の履行を確実に行うための一手段である。函館の移出商は，日本国内の取引相手に対しても「普通ニ売買契約ノ成立ト同時ニ価格ノ一割以上ノ内金ヲ申受ケテ取引ノ確実ヲ期セリ」[43]としてこのルールに則って取引を行っていた。つまり，手付金送付を前提とする取引の遂行は台湾との取引が特殊な形態で構築されたのではなく，函館の海産物移出商が台湾の流通のあり方を日本のそれに組み込ん

だ過程であったことを意味する。そして，この取引関係の構築を前提としてはじめて函館の海産物移出商は，既述の3つの機能を獲得したのである。

第3節　1930年代の函館—台湾間海産物取引

(1) 函館水産販売の設立

　台湾の対華南輸出の拡大局面は，1930年代初頭にはおおむね終熄する。1926年には約3,000万円であった台湾の対中国輸出額は1931年には820万円，1937年には560万円にまで落ち込む[44]。塩マスの輸出についても同様であった。前掲表4-1に示したように1926～30年には年平均235.3万円であった輸出額は，つづく1931～37年には44.5万円に減少し，輸出率も1934年と35年を例外として激減する（75.3％→24.5％）。この収縮の要因は，主として満洲事変，盧溝橋事件といった日中関係の悪化や中国の関税自主権回復（1930年「日支関税協定」締結，1933年適用）などの政治的条件に求められる。ただし，1931年以降の台湾の塩マス輸出量が大幅に減少したのに対して函館の対台湾移出量の減少が相対的に小幅であった点は注目すべき現象であろう。つまり，これまで検討してきた中継貿易という台湾の塩マス輸出の性格を想起すれば，対日移入量の維持と対中国輸出量の激減という非対称な1930年代の展開は，日中関係の悪化に起因する中国市場の喪失という外的要因のみでは説明しえないのである。

　以上の事実を踏まえたうえで第3節では，日中関係の悪化が台湾人商人の経済活動を縮小させたという従来の議論を前提としつつ[45]，1930年代における日魯漁業の前方統合や北洋漁業の新たな展開に起因する商人間の競争関係を考察する。

　まず日魯漁業の販売会社である函館水産販売が設立されるまでの経緯を簡単に概観する。日魯漁業は，塩サケ・マスの国内流通組織化のために10万円の出資金と日魯漁業に対する連帯責任を担保とし，台湾取引の大手取扱業者である加賀商店や森卯商店を含む6店の問屋（佐々木忠兵衛商店・柳沢善之助商店・

細谷伴蔵商店・高村善太郎商店）を日魯製品の元扱業者に指定した[46]。これが匿名組合函館日魯組（1927年5月結成，以下，日魯組）である。この6店には過去の販売実績を基準として日魯製品を割り当て，利益を配分することとした[47]。同組合の代表者には加賀商店の大川原善蔵，売買主任には柳沢と細谷，会計主任には森卯一郎がそれぞれ就任した。

　1928年のマス漁業は豊漁であったため翌1929年は不漁が見込まれており，日魯組は買い占めを狙って塩マスの思惑買いをした[48]。しかし，1929年は前述のように前年に引き続いて豊漁であった。加えて折からの世界恐慌の影響によって主要市場の1つであった東北地方の消費が収縮したため，市価は暴落した。日魯組の組合員は，140万円の損害を被って再起不能に陥った。そこで日魯漁業は組合員の救済措置として債務を肩代わりし，移出商に対して新たに函館水産販売の設立（1930年7月，資本金50万円）を促した。日魯漁業は函館水産販売の主要株主ではなかったが[49]，日魯製品独占取扱の特権付与や日魯漁業からの役員派遣を通じてきわめて深い関係にあったと思われる[50]。

　このように塩マスの流通機構は，1920年代後半から1930年にかけて徐々に問屋主導の流通機構が後退し，メーカー主導のそれに転換する。函館水産販売の企業活動や食品流通史上の意義はすでに先行研究によって分析されている[51]。そこで本章では，メーカーの前方統合が最大の塩マス移出先であった台湾の流通機構に与えた影響を検討する。

(2) 日魯漁業・函館水産販売の流通組織化

　函館水産販売の設立目的は，自社商品の大量販売をなしうる販路の統一・拡張および販売用冷蔵庫ネットワークの構築にあった[52]。日魯漁業と函館水産販売は，この構築過程において国内の消費地問屋を組織化し，1934年5月の日本鮭鱒販売聯盟会（以下，聯盟会と略称）の結成へと結実してゆく。聯盟会は，函館水産販売を頂点とした塩干魚問屋の全国的な組織化を意図としたものであった。聯盟会結成直後の同年6月，函館水産販売は日魯漁業と製品一手販売の長期契約を改めて締結し，次いで聯盟会会員の株式引受によって70万円から

100万円に増資した[53]。台湾における日魯商品の一手販売権を取得した台湾水産販売は，聯盟会の幹事を務める有力販売店であり，1934年の函館水産販売の増資の際には多数の株式を引き受けた。

台湾水産販売は，1932年に資本金30万円（基隆市）で設立された。母体となったのは，海産物，酒，雑穀等の販売を目的として1920年に設立された合資会社三河商行（台中市，資本金3万円）であり，代表社員は愛知県出身の広田幸平であった[54]。この三河商行は，少なくとも1925年には基隆，台中，台南の3地域において営業を展開していた。そして1930年代には，同社の収益源は創業の地の台中ではなく，基隆にあったことが営業収益税の納付額から確認される[55]。しかし，既述したように1930年時点における同社の営業規模は目立って大きいものではなく，中堅クラスに位置していたにすぎない。

三河商行が日魯商品の一手販売権を獲得しえた経緯は明らかではない。だが，この経緯を田村『風雪の碑』では，「目に余る彼ら〔台湾人商人〕のクレームに業を煮やした日魯組では，せめて日本人の荷受人を育てようという事になり細々とやっていた広田孝平氏を起用してその衝に当たらせた」[56]と興味深い問題を指摘している。これは，1920年代において構築された函館の移出商と台湾人商人の協調的な取引関係が1930年代初頭には崩壊したこと，台湾水産販売の設立は異なる文化的信念の体系を持つ台湾人商人との取引を回避するためにメーカー主導で進展した流通機構の前方統合の一環として行われたことを意味する。

以上のような事情によって設立された台湾水産販売の役員や株主には，日魯漁業および函館水産販売の関係者が多く名を連ねることになった（表4-5）。台湾水産販売は，小室興を社長，広田を専務としたほか，森新太郎（取締役，函館水産販売取締役），大川原善蔵（相談役，函館水産販売常務），株主として平塚常次郎（460株，日魯漁業副社長・函館水産販売社長），森新太郎（200株）などの函館関係者が関わっている。

こうしたメーカー主導の前方統合が進められた背景として，1929～30年における新規参入者の急増（前掲表4-4）と世界恐慌に起因する函館移出商間の

過当競争が「組合創設ノ主眼タル手金行ワレサル等規約無視ノ傾向」[57]を生み出し，移出商組合の統制力機能を低下させたことが考えられる。かかる事態に直面した移出商組合は，組合加盟の有無に関係なく台湾向移出塩魚1個につき1円，乾物類には従価10％の手付金送金を義務づけ全国に通知することで問題の解決を図った[58]。しかし，これを

表4-5　台湾水産販売の企業データ（1938年末現在）

役員			株主
取締役社長	小室興	（台中）	小室興（500）
取締役専務	広田幸平	（基隆）	松山豊蔵（500）
取締役	孔火炎	（屏東）	広田為吉（460）
	広田為吉	（台南）	広田幸平（400）
	森新太郎*	（函館）	森新太郎（200）*
	呉龍波	（嘉義）	呉龍波（200）
監査役	善長定吉	（下関）	孔火炎（200）
	安土実	（台中）	平塚常次郎（200）*
相談役	大川原善蔵*	（函館）	善長定吉（200）
	松山豊蔵	（カナダ）	安土実（200）
			寺田平四郎（200）
			広田茂（200）

出所：『台湾水産雑誌』208（1932年11月）15頁，竹本伊一郎編『昭和十五年台湾会社年鑑』（台湾経済研究会，1939年）412頁より作成。
備考：1）　台湾水産販売の資本金は30万円，株式総数は6,000株，株主総数は62名。
　　　2）　*は日魯漁業・函館水産販売関係者。

受けた台湾側の基隆海産物商組合（1924年設立）は，「手金ノ件必ズシモ反対セズ」としたものの，「謝裕記ハ組合外」[59]であると返信している。この「組合外」が何を意味するのかは明確ではないが，おそらく基隆海産物商組合が謝裕記に対してこの取引ルールを強制しえないことを表明したものと見てよいだろう。つまり，基隆海産物商組合を脱退した台湾側の最大手業者，謝裕記がアウトサイダーとなり価格攪乱要因となっていたこと[60]，この解決はもはや取引方法の改善ではなく日本人荷受人を育成するというエスニックな選択に求められたと判断される。

(3)　商人間競争の展開

函館水産販売の営業報告書が「茲ニ台湾水産販売株式会社ノ設立ヲ見タルノデアリマスガ北洋漁業合同ニ対スル認識ノ不足ト旧套ヲ墨守スル一部ノ不参ヲ見タル事ハ全島斯界ノ為メ遺憾トスル所デアリマス」[61]と述べるように，台湾人移入商は日魯漁業・函館水産販売・台湾水産販売の前方統合にただちに対抗して塩魚組（1932年10月，謝裕記，台湾海陸物産，利記，陳紅亀，義合成，陳

表4-6 1930年代函館におけるマス入荷量の動向

	散マス（千石）					改良マス（千箱）				
	日魯漁業系		露領 定置*	沖取	北千島 定置	沖取	日魯漁業系		露領 定置*	沖取	北千島 定置	沖取
		(%)						(%)				
1932	82	99.1	1	—	—		293	92.7	6	15	2	
1933	7	44.0	5	2	3		201	79.3	2	12	39	
1934	67	53.4	2	—	56	1	248	87.7	7	—	20	8
1935	29	29.1	0	—	67	4	505	86.5	3	—	30	46
1936	18	21.4	4	—	61	1	174	46.3	7	—	169	26
1937	72	25.6	—	—	202	7	341	50.9	2	—	243	83

出所：函館水産販売編『塩魚年鑑』昭和十五年度版（函館水産販売，1940年）30頁より作成。
備考：1) ＊露領定置は日魯漁業系を除いた数値。
　　　2) 日魯漁業系の数値は，1933年までは原資料の数値を採用したが，①1934年には傘下の太平洋漁業が露領沖取の統合に成功したため，1934年以降の露領沖取の数値は日魯漁業系に含めた，②北千島沖取における日魯漁業系の太平洋漁業・幌莚漁業のシェアは35％と報告されていることから，1934年以降の北千島沖取の数値の35％を日魯漁業系に移し替えた。
　　　3) 1,000石，1,000箱未満は四捨五入した。

泰成）を結成し，日本水産の支援を得て塩魚の共同購入・販売を行った。この両グループの競争関係について1935年の総督府殖産局調査は「両者は自然反目状態に陥り，仕入関係に於ても競争的地位に立ち，加之販売先たる地方商人に値段の点に於て操られて居る形である。地方商人は之が為仕入易いと云ふことがあり，御互に不利を蒙むつて居る」(62)と報告している。以下，両者の競争関係の展開を得られる限りの数値データを掲げながら観察したい。

この両者の競争関係を示す背景として，1930年代におけるマス入荷量の動向を表4-6に掲げた。1932年，日魯漁業は中小漁業者を中心に設立された北洋合同漁業を吸収合併することでカムチャッカ半島におけるサケ・マス建網定置漁業の統合を図り，304漁区のうち288漁区を自己のものとした(63)。同年における日魯漁業のシェアは，散マス99.1％，改良マス92.7％を占めていた。ところがその後，カムチャッカ半島における沖取り（露領沖取）や北千島におけるサケ・マス漁業の進展がめざましく，日魯漁業は徐々にシェアを低下させている。この間，日魯漁業は，八木漁業の買収（1930年）を梃子に露領沖取漁業に参入し，1934年末には競合他社をすべて買収して同漁業の独占に成功する(64)。次い

表4-7　北千島におけるマス漁業量の動向（1936年度）

(単位：千尾)

	沖取	定置	合計	(%)	塩魚処理率
合同漁業**	—	5,857	5,857	18.8	7.0
北千島漁業**	—	5,194	5,194	16.7	—
林兼***	658	2,250	2,908	9.3	5.6
幌莚水産*	1,745	—	1,745	5.6	46.1
宮城漁業	—	1,722	1,722	5.5	—
東邦水産	291	1,397	1,688	5.4	1.5
北海道漁業缶詰	882	772	1,654	5.3	13.1
択捉水産***	—	1,076	1,076	3.5	—
及川栄太郎	—	1,036	1,036	3.3	—
北千島合同**	673	—	673	2.2	—
北千島漁業運送***	599	—	599	1.9	2.2
太平洋漁業*	528	—	528	1.7	47.5
その他	1,436	5,014	6,450	20.7	2.0
合計	6,812	24,317	31,129		
日魯漁業系	2,273	—	2,273	7.3	46.5
日本水産系	673	11,051	11,724	37.7	3.5
林兼系	1,257	2,250	3,507	11.3	5.0

出所：幌莚水産『昭和十一年度北千島漁業資料』(1936年) 6～24頁, 29～30頁より作成。
備考：1) 表中には漁獲高100万尾以上の業者および北千島合同（日本水産系），太平洋漁業（日魯漁業系），北千島漁業運送（林兼系）の数値を掲げた。なお，＊は日魯漁業系，＊＊は日本水産系，＊＊＊は林兼系を示す。
　　　2) 延縄漁業による漁獲量4万3,909尾は省略した。
　　　3) 1,000尾以下は四捨五入した。

で日魯漁業は1933年に幌莚水産を買収して漁獲量の拡大が著しい北千島の流網漁業に参入するものの，日魯漁業系2社（太平洋漁業・幌莚水産）のマス漁獲量は総漁獲量の7.3％にとどまった（表4-7）。さらに日魯漁業は，合同漁業，北千島合同，北千島漁業（西出悁二）ら日本水産系漁業者を中心とする北千島の定置建網漁業に1938年まで参入することができなかった[65]。1930年代に急増した北千島におけるサケ・マス漁獲の相当量は，日本水産（37.7％）・林兼（11.3％）をはじめとする非日魯漁業系の漁業者によって漁獲された。

　こうした北洋サケ・マス漁業の新展開は，台湾における商人間の競争に影響を与えた。そこで，1935年から1937年までに函館の海産物移出商が近海郵船お

表4-8　近海郵船・北日本汽船運賃実績（1万円以上）

(単位：円)

	1935年度		1936年度		1937年度		台湾における取引先（35年）
函館水産販売	77,258	40.8	60,525	46.8	32,815	26.4	台湾水産販売
					72,630*	44.3*	
日本水産	40,623	21.5	21,423	16.6	26,367	21.2	塩魚組
小幡支店	23,831	12.6	7,223	5.6	9,473	7.6	謝裕記・台湾海陸物産・利記・順美・建東
小林録太郎	11,606	6.1	12,792	9.9	4,156	3.3	謝裕記・台湾海陸物産・利記・順美
藤堂利吉	10,094	5.3	4,210	3.3	—		利記・義合成・陳泰成・文記・建東・義隆
寺尾商店	4,768	2.5	4,031	3.1	7,151	5.7	謝裕記・利記・義合成・順美・義隆
（小計）	90,921	48.1	49,679	38.5	47,148	37.9	
						28.7*	
毛利甚兵衛	1,289	0.7	1,399	1.1	11,456	9.2	…
北出徳太郎	250	0.1	—		—		…
佐々木米吉	—		—		12,661	10.2	…
池田商店	—		—		10,161	8.2	…
その他	19,498	10.3	17,600	13.6	10,223	8.2	
合計	189,216		129,204		124,464		
					(164,009)		

出所：函館海産商同業組合「昭和拾年度以降郵船北日本一手積契約ニ関スル書類」（『函館海産商同業協同組合関係資料』A3，函館大学所蔵），台湾総督府『水産物輸出状況調査書』（1935年）より作成。

備考：1）　各項右側の数字は合計に占める割合（％）。―は数値なし，…は不明。
　　　2）　日本水産は1936年までは大北水産。
　　　3）　塩魚組加盟店は，謝裕記・台湾海陸物産・利記・陳紅亀・義合成・陳泰成の6店。
　　　4）　*1937年の数値を原資料のまま集計すると，函館水産販売の運賃は漸減傾向となる。これは同社が運賃が割戻される定期航路に積み込んだのではなく，直航船によって台湾へ移出したためであると思われる。そこで本表では，同社の営業報告書の記述やデータを根拠として，1936年の運賃実績に1.2を乗じ，1937年の運賃を推計した。

よび北日本汽船に支払った運賃を取扱シェアの推移と仮定し，この競争を考察する手がかりを得たい（表4-8）。なお，ここでも前掲表4-4と同様に取扱高の代替として運賃を用いたが，函館水産販売は冷凍装置船をチャーターして直航輸送を行っていたため[66]，近海郵船・北日本汽船の運賃実績データから作成した本表から函館水産販売の正確なシェアは読み取ることはできない。たとえば表4-8では，1936年度から1937年度にかけて函館水産販売のシェアは激減しているが，1937年度の同社の営業報告書は逆に「台湾水産販売会社ノ活躍健闘目醒マシク…(略)…台湾ニハ該地ヨリノ対支輸出ガ前年ノ三割ニモ不拘総ジテ二割モ増加シテ即チ一八七，三二六個ヲ」[67]移出したと報告している。そ

こで表4-8に掲げた函館水産販売の1937年度実績は,「二割…(略)…増加」したとする同社の営業報告書に対応させて1936年度実績に1.2を乗じた。これは,函館水産販売がチャーター船ではなく近海郵船・北日本汽船を利用したと仮定する推計運賃とみなされる。

　以上の手続きを経て表4-8を確認すると,1935～37年度の函館水産販売のシェアは44.3%と推計される。1930年度における同社の台湾向け塩マス移出のシェアは70%強とされていたから[68],1935～37年度の対台湾移出における函館水産販売のシェアは1930年度に比して低下したことを意味する。一方,日本水産や小幡,小林禄太郎といった非日魯漁業系取扱業者の同期間の推計シェアは28.7%となる。函館水産販売のシェアを同社と一手販売契約を締結していた台湾水産販売のシェアと読み替え,台湾人商人と取引関係を結んでいた日本水産,小幡支店,小林録太郎,藤堂利吉,寺尾商店のシェアを台湾人商人のシェアに読み替える。台湾水産販売設立以前の三河商行は中堅規模にすぎなかったから,同社設立以前の彼らのシェアが先に推計した1935～37年度のシェア44.3%を超えていたとは考えづらい。以上の点から判断すると,1930年代後半の台湾で展開された塩マス移入をめぐる函館水産販売と台湾人商人の競争は,①台湾水産販売は函館水産販売から得た一手販売契約によってシェアを上昇させた,②同期間における台湾人商人のシェアは,1920年代後半に比べれば低下したと推測されるが,それでもなお48.1～28.7%のシェアは維持していた,③台湾人商人の競争力を支えたのは,北洋漁業の新展開で漁獲高を伸ばした日本水産などのメーカーや非日魯漁業系移出商との提携にあった,と要約される。

(4)　商人間競争の収斂

　このように1930年代において台湾人商人は,北千島サケ・マス漁業の進展とその担い手である非日魯漁業系移出商と提携することで日魯漁業グループに相当の抵抗を試みた。ただし,1935年度以降の台湾人商人のシェアが逓減傾向にあることから,彼らの競争力を過大視することも慎まなければならない。事実,「自他共ニ許ス一大有力者」に成長していた謝裕記も1937年1月頃には「約五,

表4-9 台湾水産販売の営業成績

		1935	1936	1937	1938
資本金	(円)	300,000	300,000	300,000	300,000
当期利益金	(円)	40,765	41,060	58,561	76,979
配当率	(%)	12.0	12.0	12.0	12.0
払込資本利益率	(%)	34.0	27.4	26.0	34.2

出所：竹本伊一郎編『台湾会社年報』各年度より作成。

六拾万円ノ負債を生ジ各方面ニ亘ル債権者ヨリ頻ニ決済方ヲ迫ラレ目下整理中」[69]となった。これとは対照的に函館水産販売と提携した台湾水産販売の業績は、きわめて好調であった（表4-9）。

この両者の対照的な業績の要因として、第1に日魯漁業と日本水産・林兼の事業展開の差異を指摘しておく。前述したように、1930年代の北千島におけるサケ・マス漁業の新たな展開は非日魯漁業系漁業者に参入の余地を与え、ひいては台湾人移入商の競争力源泉となった。ただし、前掲表4-7は日本水産・林兼系の塩魚処理率（日本水産系3.5％，林兼系5.0％）が日魯漁業系（46.5％）に比して低位にあることを示している。これは、両社が漁獲したマスの多くが台湾・中国市場において選好される塩マスではなく、日本・欧米市場で需要される缶詰に加工されたことを意味する。つまり、台湾市場での競争という側面から見れば、台湾人商人が日本水産などから付与された競争力は限定的であった。第2に、移入商自身の事業戦略の差異が重要な問題となろう。この差異を1937年3月の北海道庁物産斡旋台湾事務所の観察から確認しておく。

　　古来ヨリ対岸貿易ヲ専業トセル本島人業者中ニハ店舗ノ維持ニスラ窮シ、遂ニハ閉店整理ノ止ムナキニ至リタルモノアリテ、本島人海産物商ノ勢力ハ風前ノ灯ニモ似テ次第ニ衰ヘ現在絶対的信頼ヲ以テ取引出来得ル商店ハ恐ラク皆無ナリト酷評セラル、迄ニ転落セル状態ニアリ[70]

満洲事変を契機とする日中間の政治関係の悪化と中国市場の喪失は、この交易において輸出と移入を兼営することで成り立ってきた台湾人商人の活動に深

刻な打撃を与えた。すでに指摘したように、台湾の塩マス移入量は中国への輸出量に規定されていたから、これは当然であるといってよい。しかし、ここで注目しておきたいのは、両者が競争を展開する過程において台湾水産販売が選択した企業行動である。以下、引き続き北海道庁の観察を引用しよう。

　　一面邦人業者ニシテ台湾水産販売ノ如キハ新時代ニ則シタル営業方針ヲ以テ産地業者ト緊密ナル連繋ヲ保チ業績ノ向上ニ勇往邁進シツヽアリ…(略)…道産品ノ取扱高ニ於テモ断然一頭地ヲ抜キ他店ノ追撃ヲ許サズ殊ニ塩魚ニ於テハ総移入額ノ七、八割ヲ専有シ専ラ島内販路拡張ニ万全ヲ期シツヽアリ[71]。

　ここでは、塩魚移入総量に占める同社のシェアが高位となったこと、この背景として台湾水産販売の事業展開が台湾島内の市場拡大に重点を置いていたことが報告されている。つまり台湾水産販売の安定した収益基盤は、従来のような海産物の再輸出ではなく、島内需要にあったと思われる。1930年代において台湾の対中国塩マス輸出量が激減したにもかかわらず、対日移入量が維持されているのは、台湾水産販売のかかる企業行動に起因すると考えてよいだろう。

おわりに

　「はじめに」で述べたように、本章は図4－1に示した(B)経路とその担い手に着眼して検討してきた。以下、この検討を通じて得られた知見を要約しておこう。
　第1次世界大戦を契機として拡大した戦間期の台湾経由海産物輸出は、台湾の輸出構造において重要な役割を占めただけではなく、日本全体の海産物輸出においても看過しえない位置にあることをまず提示した。そしてこの流通機構において函館の海産物移出商は、台湾人商人が持つネットワークを利用することによって華南市場への参入が可能となった。また、函館海産物移出商は、台

湾人商人による価格決定のイニシアティブに対抗するため，組織化による交渉力の向上によって台湾の流通のあり方を日本の流通のあり方に組み込んだ。こうした過程を経て函館海産物移出商は，①消費地情報の収集機能，②適切な消費地の取引相手を探しだし，交渉して売買を完結させる一連の取引機能，③在庫リスクの圧縮機能という3つの機能を獲得した。また，この流通機構を一方で担った台湾人商人は，北洋サケ・マス漁業の動向や中国の政治状況に規定されつつ，本来函館の移出商が負担すべき取引コストを代替し，移入・輸出機能を兼ね備えることで競争力を高めた。これは，林満紅が指摘するような単なる華商ネットワークの議論だけに収斂できず，植民地商人が「植民地化」という外的環境に対応して異種混交的な組織を構築したことを背景としていた。かかる台湾人商人は，「帝国」化した日本において帝国日本と東アジアを媒介する存在であった。そしてこうした華商ネットワークを帝国の流通ネットワークに取り込みうる植民地商人の存在が帝国日本と植民地を経済的に結合する役割を担ったことを指摘しておきたい。

　しかし，こうした両者の協調関係に基づく安定的な流通システムは，1930年代にいたってドラスティックに転換していく。その主因は，日中間の政治環境の悪化による対中国輸出の縮小によって台湾人商人がネットワークを発揮する機会を失ったこと，すなわち函館の移出商にとって台湾の移入商の価値が小さくなったことに求められる。加えて本章で特に指摘しておきたいのは，世界恐慌による函館側の過当競争，日魯漁業の販売会社である函館水産販売の植民地における前方統合，北千島におけるサケ・マス漁業の新展開といった事態が台湾における移入商間の競争を惹起した点である。本章で分析したように，日本水産などが台湾人移入商に付与した競争力は限定的であったが，それでも日中戦争が開始される1937年までは相当の競争が展開されたことは注目に値しよう。

　以上，本章では第1次大戦期から戦間期にかけて登場した日本／台湾／華南間流通ネットワークの拡大過程とその担い手や取引およびあり方の変容について検討してきた。そしてここでは，台湾における3つの経済発展期の1つである1920～30年代において台湾人商人の活動が活発化したこと，当該期の日本の

「帝国」化過程において台湾人商人の存在が不可欠であったことを示した。また他方，1930年代の流通過程における過当競争や日魯漁業による前方統合は，台湾人商人と日本人商人の間のエスニックな対抗関係を生み出し，後者が前者を駆逐していく過程を指摘した。そこで第Ⅱ部では，1920～30年代における対日移出の局面において，植民地の行政部門がいかなる措置をとったのか，あるいはその局面において商業部門はいかなる役割を果たしたのかについて事例を挙げて検討したい。

1) 前掲『近代日本流通史』(2)頁。なお，本書は石井寛治，木村健二，幸野保典，柳沢遊，山口由等，須永徳武が執筆を担当した。
2) 北海道水産部漁業調整課・北海道漁業制度改革記念事業協会編『北海道漁業史』（北海道水産部，1957年）375頁。
3) 1905年から13年にかけての函館の商品別移出額を見ると，ニシン搾粕（153万円→537万円）が依然として首位の移出品であったが，同時に塩マス（77万円→297万円）・塩サケ（55万円→282万円）の急増が認められる。ロシア領の沿海で漁業を営む日本人は，漁場をロシア人から租借し漁獲と塩サケ・マスの製造を行う租借漁業家と，買魚契約により塩サケ・マスの製造だけを行う買魚漁業家に分かれる。いずれにせよ彼らの大部分は函館を根拠地としており，多数の塩サケ・マスが函館港に集散した（函館市史編さん委員会編『函館市史』通説編3，函館市，1994年，61～62頁）。
4) 前掲『北海道漁業史』375頁。
5) 以下，農商務省水産局『露領漁業関係統計』(1918年) 31～32頁，38頁。
6) JACAR（アジア歴史資料センター）Ref. A03020738500, 御署名原本・明治四十年・条約第五号・日露漁業協約（1907年9月11日）国立公文書館所蔵。
7) 前掲『北海道漁業史』496頁。
8) 中国・台湾市場の意義について『函館市史』は，①日本国内市場において下級商材とされるカムチャッカ産塩マスを両市場に供給することによって国内市場の過剰供給を緩和しえた，②その供給体系をより品質的に優れた露領産白サケ製品に再編しえた，③函館港は移出機能に加えて輸出機能を付加しえた，と指摘している（前掲『函館市史』通説編3，318～320頁）。
9) 『函館商工会議所年報』は，1901年に『函館商業会議所年報』として創刊され，以後『統計年報』（1904年），『函館商業会議所年報』（1910年），『函館商工会議所

年報』(1929年) とタイトルを変えたが，本文中では『函館商工会議所年報』に統一して表記する。

10) 1887年の調査によれば，北海道産昆布はその68％が函館華商によって輸出されたとされる。これに対して日本側は，北海道開拓使主導による直輸出会社・広業商会を1876年に設立したが，海外市場調査能力の欠如，人材の不足などの制約により，1882年には解散を余儀なくされている。詳細は斯波義信「函館華僑関係資料集」(『大阪大学文学部紀要』22，1982年12月)，前掲『アジア国際通商秩序と近代日本』，黄栄光『近代日中貿易成立史論』(比較文化研究所，2008年) を参照されたい。

函館の海産商は，重要物産同業組合法に依拠した函館海産商同業組合を結成し(1915年)，華商との対抗を試みた。1925年の函館市の調査では，上海向け「旧海産物」(ナマコ・フカヒレ・乾エビ・テングサ)の約90％は依然として函館華商が輸出の担い手であったものの，「新海産物」(塩魚) は大倉組や三井物産などの日本商社が輸出を担当していた (函館市役所勧業課『対支輸出海産物に就て』1925年，5頁)。

11) 東嘉生『台湾経済史研究』(東都書籍台北支店，1944年) 154頁。

12) ここでの「海産物」は，鹹魚 (マス，ニシン，サバ，イワシ，その他)，サケ，タチウオ，乾魚 (タラ，イワシ，イリコ，その他)，カツオブシ，乾エビ，乾貝 (アワビ，カキ，貝柱，その他)，コンブ，ノリ，寒天，その他水産物を示す。

13) 台湾の海産物輸出先は，ほとんどが厦門・福州・汕頭を中心とする福建・広東両省であった。それゆえ，表4-1の「台湾(輸出)」の仕向先は，ほぼすべてが華南市場向であったと考えて差し支えない。

14) 以下，小林貞一編『大正十三年函館商業会議所年報』(1925年) 付録5頁。

15) 小林貞一編『昭和四年函館商工会議所年報』(1930年) 付録3頁。

16) 台湾総督府殖産局『台湾商工月報』113 (1918年9月) 20頁。

17) 三井物産台北支店福州出張員『支店長会議参考資料』(1926年) 53頁 (三井文庫所蔵)。

18) 前掲『台湾商工月報』113，20頁。

19) 前掲『長崎華商と東アジア交易網の形成』238～239頁。

20) 神戸税関『神戸在留華商及其の取引事情』(1932年) 52～55頁。なお，神戸からの輸出海産物は，華北・華中・海峡植民地向けのスルメ (1932年度220万円)・貝柱 (119万円)・昆布 (103万円) が主力であり，本章が着目する塩マス・サケの輸出額 (18万円) はきわめて少ない (商工省貿易局『阪神在留ノ華商ト其ノ貿易事情』1932年，259～261頁)。

21) 北海道庁産業部商工課『南支那及台湾に於ける海産物取引事情』(1929年) 9～10頁。
22) ただし小熊が台湾と取引を行っていた形跡はなく，あくまでも函館財界の顔をして組長を務めたようである。
23) 『函館新聞』1914年10月23日。この記事では組合役員を「評議員」としているが，「常議員」の誤記であると思われる。
24) 同前，1914年12月17日。この規約変更に際して小林禄太郎と毛利甚兵衛を新たに常議員とし，互選によって毛利を会計主任とした。
25) 「役員会決議録」(1930年9月16日)「台湾移出商組合関係綴」『海同資料』A3。なお小熊組長はこの役員会に欠席したものと思われる。
26) 船会社との運賃割戻交渉は，海産商組合と移出商組合で個別に行われていたが，1927年以降は近海郵船の希望により両組合の割戻率を統一することとした（「荷主協議会記事」(1927年5月28日)「郵船一手積運賃割戻ニ関スル綴」『海同資料』A3)。『海同資料』によれば，1927年に決議した北日本汽船の割戻率は，運賃5,000円以下で9％とし，運賃が5,000円増加するごとに割戻率を0.5％引き上げ，上限は運賃4万円以上で12％の割戻とした（函館海産商同業組合組合長前田嘉左衛門宛北日本汽船営業課長船越嘉三郎書簡，1928年4月26日，「郵船一手積運賃割戻ニ関スル綴」)。
27) 台湾総督府殖産局『本島ニ於ケル海産物』(1914年) 191頁。
28) 台湾銀行調査課『台湾之水産業』(1921年) 80頁。
29) 以下，特に断らない限り台湾総督府殖産局『水産物輸出状況調査書』(1935年) 81～82頁。
30) 林進発『台湾官紳年鑑』(民衆公論社，1932年) 114～115頁。同書によれば兄・清桐が父から家業を受け継いだのは1897年とされている。
31) 同前，112頁。
32) 台湾新民報社編『台湾人士鑑』(台湾新民報社，1937年) 171頁。
33) 前掲『台湾官紳年鑑』112頁。
34) 同前，114頁。
35) 前掲『南支那及台湾に於ける海産物取引事情』22頁。
36) 前掲『水産物輸出状況調査書』121頁。
37) 佐藤精編『小熊幸一郎伝』(函館商工会議所，1958年) 165～166頁，田村謙吉『風雪の碑』(北海商報，1975年) 291頁。
38) 『函館新聞』1914年10月4日。
39) 日本郵船函館支店長甲野荘平宛台湾移出商組合書簡 (1915年7月15日)「台湾移

出商組合関係綴」。
40) 『函館新聞』1914年10月23日。
41) たとえば，1915年8月，台南の永發が佐々木商店に対して値引要求を行うと，移出組合は「組合常議員全員ニ協議ヲ遂ケ…(略)…警告ヲ促シ尚ホ之レノ解決ヲ為サヽル時ハ全組合ニ対シ右ノ趣ヲ通牒シ自今組合員トノ取引ヲ拒絶スルコトニ致度」(小熊幸一郎宛常議員書簡，1915年8月11日，「台湾移出組合関係綴」)と共同行動をとっている。
42) 前掲『台湾商工月報』114，25～26頁。
43) 秋岡芳次郎『全国海産乾物商名簿』(全国海産乾物商名簿発行所，1939年) 1頁。
44) 台湾総督府財務局税務課『台湾対南支南洋貿易表』各年度。
45) 前掲「アジア・太平洋経済における台湾・香港間の競合関係」243頁。
46) 岡本信男編『日魯漁業経営史』1 (水産社，1971年) 262頁。
47) 以下，前掲『風雪の碑』635頁。利益は，加賀30％，森28％，柳沢22％，細谷12％，高村8％の割合で分配された。
48) 以下，前掲『日魯漁業経営史』1，262～263頁。
49) 1942年度における函館水産販売 (総株数2万株) の主要株主 (300株以上) は以下の通り (函館水産販売『株主名簿』1942年)。森新太郎 (1,580株，函館)，熊倉保次 (1,114株，同)，善長定吉 (900株，下関)，高村善太郎 (750株，函館)，大川原善蔵 (600株，同)，高村サト (500株，同)，奥村順司 (450株，同)，富樫長吉 (390株，札幌)，飯山三吉 (360株，新潟)，田村啓三 (360株，東京)，小杉正二 (360株，高岡)，高杉儀平 (360株，新潟)，田代一郎 (360株，同)，広田幸平 (360株，基隆)，久保田貞吉 (344株，東京)。
50) 設立当初の函館水産販売の役員は以下の通り。取締役社長：末富孝治郎 (函館冷蔵常務)，取締役副社長：太刀川善吉 (函館米穀商同業組合組合長ほか)，常務取締役：高村善太郎 (高村商店)，大川原善蔵 (加賀商店)，取締役支配人：広川新蔵 (日魯漁業)，取締役：柳沢善之助 (柳沢商店)，監査役：森卯一郎 (森卯商店)，谷脩治 (日魯漁業)，田巻憲三 (日魯漁業)，相談役：小熊幸一郎 (台湾移出商組合組長)。三島康雄が指摘するように，露領漁業の大合同以降，日魯漁業の平塚常次郎副社長が函館水産販売の社長となっている点からも日魯漁業と函館水産販売の強固な関係がうかがえよう (三島康雄『北洋漁業の経営史的研究』ミネルヴァ書房，1971年，189頁)。
51) 前掲『戦間期日本の水産物流通』。
52) 同前，196～206頁。
53) 前掲『日魯漁業経営史』1，366頁。

54) 佐々英彦編『台湾銀行会社要録』(台湾興信所，1920年) 203頁。
55) それぞれの営業税納付額は，基隆456円，台中21円，台南151円であった(前掲『昭和二年台湾商工名録』397〜399頁)。
56) 前掲『風雪の碑』639頁。
57) 「昭和五年台湾移出組合総会決議要録」(1930年9月10日)「台湾移出商組合関係綴」。
58) 基隆海産商組合大明子之助宛台湾移出組合電報(1930年9月17日)「台湾移出商組合関係綴」。
59) 基隆海産商組合電報(日付不明)「台湾移出商組合関係綴」。
60) 1931年9月23日，移出商組合は商品の品質不備を理由に不当な買い叩きをしたとして謝裕記との取引を停止している(謝裕記商行宛台湾移出商組合書簡，1931年9月23日，「台湾移出商組合関係綴」)。結果的に不備の原因が大阪商船にあったことが判明したため移出商組合は同年10月13日に取引停止を解除したが(謝裕記商行宛台湾移出商組合書簡，1931年10月13日，「台湾移出商組合関係綴」)，事件陳述書において「元来台湾取引ハ遠隔ノ為メ事故発生等ノ場合ヲ考慮シ塩魚ハ壱俵ニ付一円ツ、ノ手附金ヲ申受ケ又受渡等ニ関シテハ一々荷扱船会社ヲ信頼シ如斯事件ノ発生シタル事無之」(「陳述書」日付不明，「台湾移出商組合関係綴」)と報告されていることから，1930年前後までは手付金の送付が遂行されていたこと，1931年頃の謝裕記は手付金を送付していなかったことが推察される。
61) 函館水産販売『第参期報告書』(1933年) 5頁。
62) 前掲『水産物移輸出状況調査書』80頁。
63) 前掲『日魯漁業経営史』1，287〜289頁
64) 以下，同前，303〜349頁。
65) 1938年における北千島定置漁業の総統数102の内訳は以下の通り。北洋水産(日本水産系の西出(北千島漁業)・合同漁業・北千島合同を合併させて1938年に設立) 30，東邦水産7，択捉水産6，林兼6，大北漁業3，北海道漁業缶詰3，帝国水産3，個人漁業者(18名)41。なお日魯漁業は，大北漁業の買収，個人漁業者の吸収を通じて39年には44ケ統を傘下に収めた(同前，348〜349頁)。
66) 前掲『北洋漁業の経営史的研究』190頁。
67) 函館水産販売『第八期報告書』(1938年) 5頁。
68) 1930年度の函館水産販売の営業報告書では，「全島〔台湾〕ヘノ移入鱒大略十七万五千余俵(一俵一二〆入)中当社移出数量ハ実ニ十三万俵余ノ多キニ達シ断然他ノ追従ヲ許サナイ殷賑」(函館水産販売『第壱期報告書』1931年，6頁)と報告されている。

69) 北海道庁経済部商工課長宛北海道庁物産斡旋台湾事務所長蒲地治喜「謝裕記信用調査ニ関スル件」（1937年1月20日）「北海道庁物産斡旋台湾事務所商況報告綴」『海同資料』A9。
70) 北海道庁経済部商工課長宛北海道庁物産斡旋台湾事務所長菊地治喜「昭和拾壱年度ニ於ケル海陸産物基隆移輸入状況」（1937年3月22日）「北海道庁物産斡旋台湾事務所商況報告綴」。
71) 北海道庁経済部商工課長宛北海道庁物産斡旋台湾事務所長菊地治喜「昭和拾壱年度ニ於ケル海陸産物基隆移輸入状況」（1937年3月22日）「北海道庁物産斡旋台湾事務所商況報告綴」。菊地はこの報告で1937年の台湾水産販売のシェアを70～80％としているが、これは表4-8で示した数値44.3％と整合しない。表4-8の台湾水産販売の推計値に毛利、北出ら取引先が判明しない移出商のシェアを含めれば約80.1％となることから、おそらく台湾水産販売は毛利らとも取引をしていたと想定される。

第Ⅱ部　帝国日本の流通ネットワーク

第5章　流通機構の形成と植民地行政

はじめに

　第Ⅱ部（第5章～第7章）では，帝国内の需給を結びつける流通機構を担った取引主体の活動を植民地行政と総合商社を事例に伝統的な現地流通機構への対応のあり方に関係づけながら検討する。第5章では，宗主国と植民地を経済的に結びつけるにあたって強い主導性を発揮したと理解されている植民地行政の役割を戦間期における台湾バナナの移出過程から検討する。

　戦前期における植民地からの財の移入は，日本の国内市場の形成や消費生活の変化に大きな影響を与えた。こうした変化は，戦間期に急増した植民地米の移入やこれに規定された国内消費市場の変容から観察されている[1]。ただし，序章で言及したように流通機構は商品属性や取引主体の行動によって多様となる。それゆえ，米穀以外の流通機構も分析対象としたうえで，何らかの共通項が抽出されるべきであろう。本章の作業目的は，この一環としてバナナの移出過程を取り上げ，検討を加えることにある。

　多くの商品が流通した中で，バナナが選択される理由は流通額の大きさにある。表5-1に1905年から1934年における台湾の商品別対日移出額を示した。植民地期の台湾は，日本市場に砂糖と米を供給する役割を担っていた。この2つの商品だけで全移出額の80％程度を占めた。これに対して本章が分析対象とするバナナの割合は4％前後にすぎない。しかし，バナナの対日移出額は砂糖・米に次ぐだけでなく，消費市場におけるプレゼンスも決して小さくない。表5-2に1929年から1934年の東京市場における青果物の取扱額を示した。台

表5-1 植民地期台湾の商品別対日移出額（年平均）の動向

(単位：千円)

	砂糖	米	バナナ	鉱石	パイナップル缶詰	酒精	移出合計
1905-09	10,854 (49.2)	7,472 (33.9)	101 (0.5)	388	29	94	22,058
1910-14	28,586 (61.3)	9,527 (20.4)	384 (0.8)	576	104	1,113	46,671
1915-19	57,941 (58.7)	17,392 (17.6)	1,477 (1.5)	473	299	8,834	98,759
1920-24	107,224 (65.6)	24,424 (14.9)	6,587 (4.0)	295	966	4,702	163,505
1925-29	112,895 (52.6)	61,128 (28.5)	9,129 (4.3)	1,943	2,966	3,732	214,532
1930-34	124,999 (54.2)	61,862 (26.8)	7,944 (3.4)	5,600	4,224	4,176	230,579

出所：前掲『台湾の貿易』113〜115頁より作成。
備考：1)「鉱石」は銅および金・銀の数値を合計したものを掲示した。
　　　2) 砂糖・米・バナナの右側の括弧は，移出合計に占める割合を示す。

表5-2 東京市場における青果物流通の動向（1929〜34年）

(単位：千円)

	ミカン	リンゴ	バナナ	梨	大根	スイカ	取扱合計
1929	2,791 (12.1)	1,944 (8.4)	1,311 (5.7)	758	940	903	23,125
1930	2,972 (14.1)	2,074 (9.8)	1,491 (7.1)	779	435	732	21,122
1931	3,274 (14.3)	2,260 (9.9)	1,509 (6.6)	863	680	730	22,817
1932	3,787 (14.9)	2,766 (10.9)	1,508 (5.9)	925	804	789	25,384
1933	4,311 (14.4)	3,488 (11.6)	1,430 (4.8)	1,111	907	994	30,025
1934	3,784 (12.9)	3,195 (10.9)	1,513 (5.2)	1,064	1,079	785	29,234

出所：東京市役所『東京市青果市場年報』各年度より作成。
備考：1) 本表は，神田市場と江東市場の合計値を掲示した。
　　　2) ミカン・リンゴ・バナナの右側の括弧は，取扱合計に占める割合を示す。

湾から移入されるバナナの流通額は，ミカンやリンゴには劣るものの，これらに次ぐことが確認しうる。つまり，バナナは台湾にとって砂糖・米に次ぐ重要な移出品であっただけでなく，日本国内の青果物流通においても有力な商品の1つであったことが認められよう[2]。

前述の課題を達成するために本章は，次の2点を論点に設定する。第1に，戦間期におけるバナナ流通の変容過程を国内青果物流通機構との関係や両者の比較から論じることである。戦間期の青果物流通を対象とした研究には分厚い成果があるが[3]，ここでは三国英実の諸研究から論点を提示しておこう。三国は，1923年の中央卸売市場法の施行によって消費地問屋と仲買人，あるいは消費地問屋と産地の関係が大きく変容したことを論じたが，本章が着目する後者

については次の4点を指摘している。①従来，流通機構の主導的地位にあった消費地問屋は中央卸売市場の開設を契機に株式会社組織へと改組され，中央卸売市場に収容された。こうした大規模中継卸売商業資本の形成は，他方で生産者の組織化を促した[4]。②せり取引の開始は，商業資本によって独占されていた価格情報の公開を意味した。その結果，それまで価格情報を得ることができなかった多数の生産者は出荷経費などを自分で計算するようになり，共同出荷による販売が促された。③以上のような事態は，産地における集荷過程を担っていた移出商の活動に制限を加えた。また，流通機構に進出した生産者との矛盾を深めた。④これら一連の変化は，「強力な国家の指導のもとに…（略）…実現した」[5]。第1次大戦以後の流通機構は，問屋＝卸売商の後退と生産者による流通組織化・前方統合を基調として進展したが[6]，三国の研究では青果物流通の領域においても同様の事態が生じていたこと，その変容は政治権力の介入を要したことが強調されている。

ただし，三国自身も指摘しているように中央卸売市場の設置を契機とする流通機構の変化は，産地の状況や移出商のあり方など，それぞれの流通機構において経路依存的に形成された取引制度に強く規定されたから[7]，その諸変容は個別実態の積み上げから論じられるべきであろう。また，中央政府の流通政策やその思想は，これまでかなり詳細に論じられているものの[8]，中央政府の措置に対する地方行政の対応は十分に論じられてきたとは言い難い。とりわけ本章が扱う台湾バナナの移出機構では，植民地行政が強い主導性を発揮したと一般に理解されており，その実態が明らかにされる必要がある[9]。本章では，植民地行政の主導性を認知しつつ，植民地行政の機能と限界を明確に区分したうえで中央卸売市場の設置を契機に変容したバナナ移出の取引制度や流通機構を観察する。

第2に，流通機構の変化が産地間競争に与えた影響にも言及したい。ここでは，地理学的アプローチから台湾内地域のバナナ産地形成に注目した古関喜之の研究を取り上げて批評しよう[10]。

伝統的にバナナ生産が盛んであった中部と新たに産地として登場した南部に

区分して叙述した古関の研究は,産地や生産構造,日本市場への依存性が植民地期に生成され,そしてそれらが現在もなお規定的であることを南投県集集鎮および高雄県旗山鎮でのフィールドワークや関係者からのヒアリングを通じて確認した貴重な成果である。ただし,同稿の分析は,現在の状態と植民地期の一時期を静的に比較観察することに主眼を置いたから,中部と南部の産地併存状態やその形成過程がアプリオリに処理されているという問題を孕んでいる。そこで本章では,近代的な交通機関の発達に起因する都市消費構造の変化や産地の形成に与えた影響をしばしば論じてきた日本経済史の諸研究を念頭に置きつつ[11],古関の成果では十分に論じられなかった産地の形成過程を海上輸送経路の整備やそれを促した環境,さらに消費地との関係から検討することとする。

　本章は,以上に述べた2つの論点を軸に次の要領で議論を展開する。まず,はじめに基礎的なデータを確認しつつ,1910年代から1920年代前半にかけてのバナナ移出の展開を概観することで本章が検討すべき論点を探り当てる。次いで,1924年に設立された台湾青果株式会社やその設立を主導した総督府・台中州の機能とその限界を論じる。さらに海上交通網によって結びつけられる産地と消費地の関係を観察し,最後に本章で得られた知見をまとめたい。

第1節　1910～20年代前半におけるバナナ移出の展開

(1)　バナナ生産および移出の数量的確認

　亜熱帯域に属する台湾では現在でも数多くの果実が生産されるが,その多くは植民地期に商品作物化されたものである。これらを代表するバナナ,パイナップル,柑橘類の生産額とバナナ移出量の動向を図5-1に掲げた。1910年の生産額は,バナナ53万円,パイナップル33万円,柑橘類31万円にすぎなかったが,その後,いずれの果実も生産額の急増が認められる。とりわけバナナの生産拡大は著しく,1937年にはパイナップル312万円,柑橘類237万円に対してバナナは813万円に達した。かかる生産拡大に連動して対日移出量も増大していく。

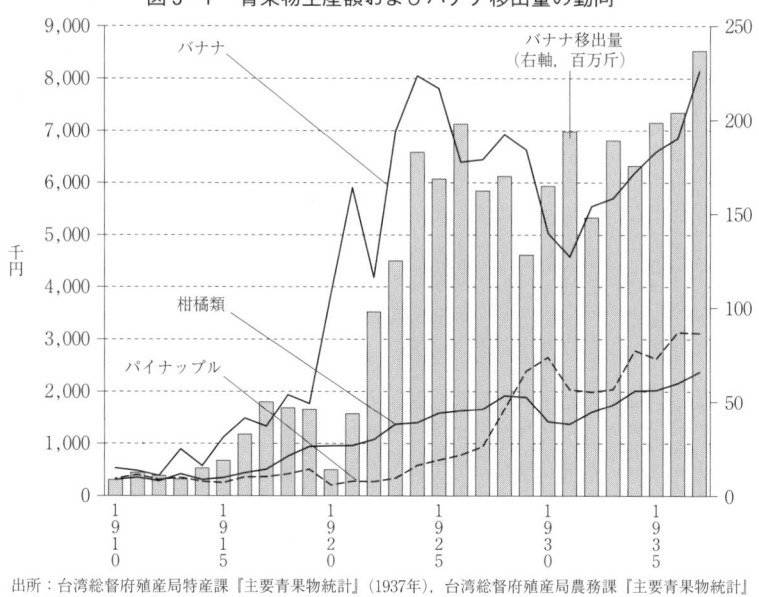

第5章 流通機構の形成と植民地行政

図5-1 青果物生産額およびバナナ移出量の動向

出所:台湾総督府殖産局特産課『主要青果物統計』(1937年), 台湾総督府殖産局農務課『主要青果物統計』(1943年) より作成。
備考:原資料では1933年以降の移出量は籠単位で表示されていたが, 1籠=75斤で換算した。

1910年代に本格化したバナナの移出量は, 1920年の暴風雨の影響で一度落ち込むものの, 1920年代以降には急激に拡大したことが確認される。

以上のようなバナナ生産・移出の拡大要因は, 次の点から説明しうる。まず, 消費地との関係が指摘される。図5-2に日本国内における果実の輸送状況を掲げた。果実の輸送量は, 7月のモモ・スイカの出荷開始から徐々に増加し, ミカン・リンゴの出荷が本格化する12月にピークを迎える。日本市場の果実出荷は1年の後半期に偏倚している[12]。これに対して年間を通じた収穫が可能であるバナナは, 果実の市場出回りが少ない5～6月に収穫時期を調整して出荷されている[13]。日本の青果消費市場においてバナナは, ミカン・リンゴといった大宗商品との直接的な競合を回避しつつ, 端境期における集中出荷によって移出量を拡大しえたものと思われる。

また, 生産面では経済的利益を求める台湾人農民の行動にも注意を要しなく

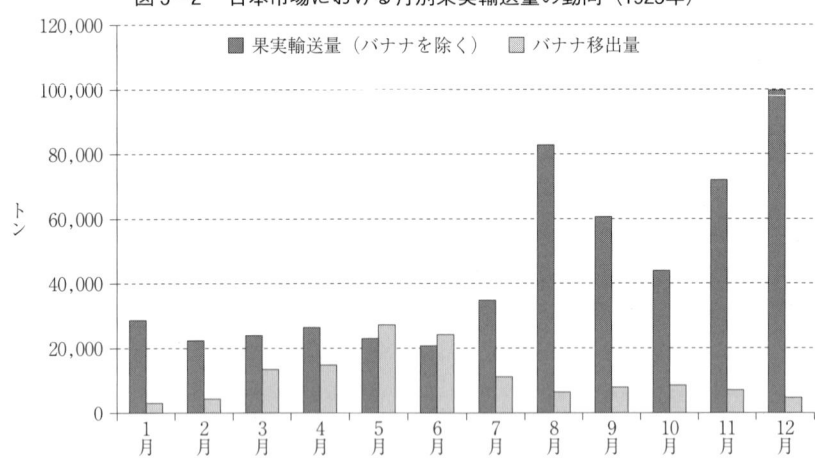

図5-2　日本市場における月別果実輸送量の動向（1925年）

出所：台湾総督府殖産局『台湾の芭蕉産業』（1930年）36頁，鉄道省運輸局編『野菜，生果ニ関スル調査』（1926年）24〜26頁より作成。
備考：原資料においてバナナの移出量は，籠単位で表記されているが，本図では1籠＝75斤＝0.0045トンで換算した。

てはならない。バナナは山地，畑地，水田のいずれにおいても栽培が可能であるだけでなく，きわめて効率的な換金作物であった[14]。加えて他の果実栽培と比して格段に高い収益性は，台湾人農民をバナナ栽培へと駆り立てる誘因となった[15]。これらを背景としてバナナ生産量は，1920年をボトムとして急激に拡大していくが（図5-1），この拡大要因を台湾総督府殖産局長の喜多孝治は以下のように説明している。

> 前々年〔1921年〕来引続き相場が非常に昂上して居るので米価の不味な，そして糖況の不振なる時に当って手数の余り掛らず生産費も割安で済み而も収益の多い芭蕉実の栽培を大に刺戟したのは当然の事と思われる[16]

1920年以降におけるバナナの移出拡大について喜多は，同年3月の株価暴落に端を発する1920年恐慌による砂糖・米の価格下落およびバナナ価格の相対的な高騰に要因を求めている。この点を図5-3で観察してみよう。台湾市場に

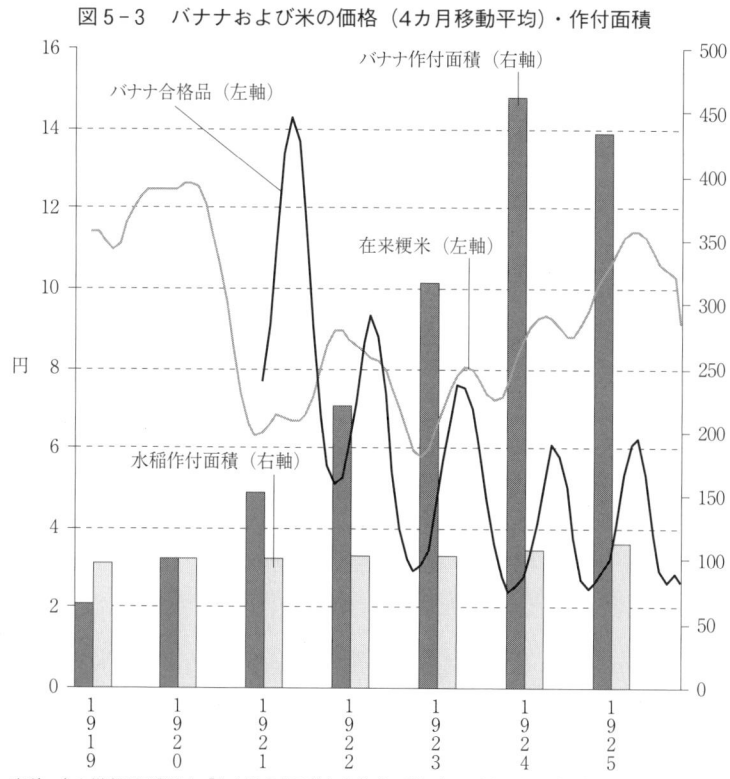

図5-3 バナナおよび米の価格（4カ月移動平均）・作付面積

出所：台中州青果同業組合『台中州青果同業組合統計一覧』(1930年)，前掲『主要青果物統計』，台湾総督府殖産局『台湾米穀要覧』(1937年) より作成。
備考：1） 価格はそれぞれ100斤あたり。
　　　2） 作付面積は1920年を100とする指数で示した。

おける在来粳玄米価格は，日本国内の米価が急落する1920年6月から暴落し，1923米穀年度の2期米が出荷されるまで低迷が続く。他方，1918年には3.77円であった100斤あたりバナナ価格は，1919年には6.26円，次いで1920年には暴風雨による生産減によって15.74円に急騰するとともに[17]，1922年頃までは相応の価格を維持している。こうした価格の推移は，台湾人農民の行動にすぐさま反映される。1916年には3,019甲であったバナナ作付面積は，1919年には2,690甲へと落ち込むものの，以後反転上昇して1924年には1万8,727甲に達した[18]。わずか5年間でバナナの作付面積は約7倍になった。前述の喜多の指摘

は，こうした数値データからも裏付けられる。

以上に示したように，バナナの生産量および対日移出量の急伸は，国内の果実消費市場の端境期に出荷しうるという商品特性と経済的な利益を求めた台湾人農民の行動に起因した。以上を踏まえたうえで，次にこの移出取引の担い手について若干の観察を試みよう。

(2) 流通機構の問題点

生産者から直接，あるいは中間仲買人から間接に相対取引でバナナを買い入れた移出商は[19]，各自でこれを包装したのち，取引運送店に委託して国内の青果問屋へ出荷した[20]。1914年，移出商らは生産者保護，価格の安定，輸送の統一を目的として中部台湾青果物仲買商組合を組織し，翌年には重要物産同業組合法の適用を受けて中部台湾青果物移出同業組合（以下，台中州青果組合）へと改組する[21]。

当時の移出商の出自は，資料の強い制約からほとんど明らかにならない。そこで，さしあたり組合発起人の名簿を見ると，23名のうち6名が日本人，17名が台湾人であったことが確認される[22]。また，発起人23名のうち6名の業務内容が別の資料から判明するが，そのうち5名が「果実移出商」と「運送業労力請負業」を兼営していることがわかる[23]。さらに，彼らの中から組長（梅谷直吉）と副組長（蘇蟬）が選出されていることから，先駆的なバナナ移出の担い手は商業部門と輸送部門を兼ね備えた者であったと思われる。ただしその後，兼営移出商は自己の貨物を最優先で取り扱ったために専業移出商の反感を買うこととなった[24]。1917年5月の専業運送業者による合資会社台湾青果物運輸組の設立や台中州青果組合との一手輸送契約締結，同年12月の梅谷の組長辞職といった事態を経て1920年頃までには商業部門と輸送部門の担い手が分離したものと思われる。

表5-3に台中州青果組合の組合員数および取扱高の推移を示した。後述するように，1923年以降は生産者にも同組合への加入資格が与えられるが，ここでは移出商の動向だけを確認しておく。組合設立当初には57名であった組合員

第5章　流通機構の形成と植民地行政　151

数は，1925年度には約3.5倍の203名に達した。ただし，その間の組合員の出入りは激しく，1914年度から1925年度までの12年間に743名が組合に加入し，540名が脱退している。多数の移出商が取引に参入し，激しい競争を展開していたことが示唆される。

次に移出商の経営規模を取扱高から推定する。まず，比較の一例として海産物移入商の経営規模を確認しておく。表4-4から看取されるように，1912年には1.3

表5-3　台中州青果組合の組合員数および取扱高

(単位：人)

年度	移出商				生産者 (年度末)
	加入	脱退	年度末	1人あたり 取扱高	
				(千円)	
1914	57	—	57	12	—
1915	31	—	88	12	—
1916	41	3	126	13	—
1917	54	53	127	16	—
1918	268	226	169	12	—
1919	42	151	60	30	—
1920	28	20	68	61	—
1921	32	17	83	83	—
1922	46	15	114	73	—
1923	21	25	110	107	—
1924	63	13	160	74	1,026
1925	60	17	203	63	1,014
合計	743	540			

出所：前掲『主要青果物統計』バナナ14頁，台中州青果同業組合『二十年史』(1938年) 167頁より作成。
備考：1)　—はゼロを示す。
　　　2)　1人あたり取扱高は，各年の移出額を年度末組合員数で除した。

万円であった海産物移入商の1店あたり取扱高は1919年には約11万円へと拡大した。1930年代には謝裕記のように相当の経営規模に成長する者も登場した。これは戦間期において台湾人を中心とする在台湾中小商人が急激に発展したことを意味する。この点についてバナナ移出商についても確認しよう。表5-3に掲げたように，1914年度には1.2万円であった1人あたりの取扱高は，移出量の拡大に比例して上昇し，1920年度には6.1万円，1923年度には10.7万円へと成長していることが確認される。海産物移入商と同様に当初は零細であったバナナ移出商の経営規模も徐々に成長しつつあった。前述したバナナ移出の急速な拡大を考慮すれば，バナナ移出商の場合も相当規模に成長しうる可能性を有していた。

しかし，バナナ移出商1人あたり取扱高は1923年度をピークとして漸減しており，海産物移出商のような相当規模の取引主体には成長できなかったことが示されている。この背景としていくつかの要因が考えられるが，その主たる要

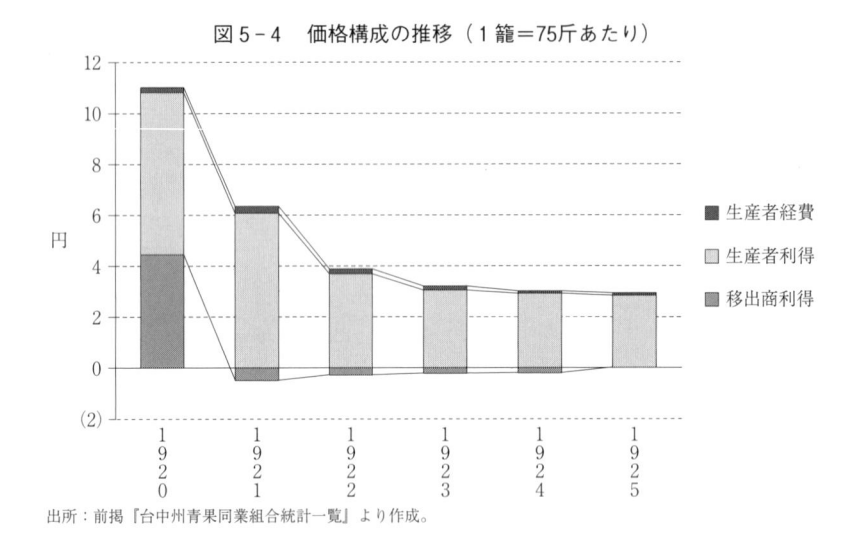

図5-4 価格構成の推移（1籠＝75斤あたり）

出所：前掲『台中州青果同業組合統計一覧』より作成。

因は1920年以降の生産量の急増とこれに連動する移出量の急伸が供給過剰を生み出し，市場価格を押し下げたために移出商の利潤が圧縮されたことにある。市場価格の低下傾向は，前掲図5-3からもおおむね看取しうるが，ここでは別のデータを使ってより詳細に検討しよう。

　当時のバナナ産業に関する調査は，主として生産者利得の動向に関心が置かれたため，移出商のそれを示す数値は得られない。そこで輸移出相場から生産者利得および生産者経費を差し引いたものを移出商の利得と仮定して図5-4に価格構成を示した。同図からは，価格が高騰した1920年の移出商利得は輸移出相場価格の約40％（4.45円）を占めるものの，1921年以降はマイナスを示していることが見て取れる。もちろん，すべての取引において移出商が損失を蒙ったわけではないだろうが，少なくとも1920年代前半の移出量拡大の局面においてその担い手である移出商の収益性は，おおむね悪化傾向にあったと判断してよいだろう。この証左として念のために同時代の観察を以下に掲げておく。

　〔移出商は〕内地に於て相場の高値時代には充分なる利益を獲得する代り

第5章　流通機構の形成と植民地行政　153

に内地価格の暴落に際し芭蕉実に対する手取金なき場合に於ても損失を予期しつゝも尚百斤一円以上にて生産者より買取りを敢行して居つた[25]。

このように，バナナ価格の下落によって移出商の取引利潤が圧迫されていたことが同時代の観察者によって指摘されており，本章が示した図5-4と合致する。他方，図5-4は生産者利得も縮小傾向にあったことも示しているが，この点について『台湾日日新報』は，次のように報じている。

　生産増加し供給過剰となり百斤二円五十銭位に暴落しても尚ほ且つ一甲歩から五百円の生産があり之に要する生産費を差引ても農家は三百四十五円に利益を収めることが出来るのであるから…(略)…農家の利益は憂慮すべき程のものではない現在は芭蕉実商よりも寧ろ百姓が儲かり過ぎて居るのである[26]。

ここでは，生産者の利潤も移出商のそれと同様に価格低下に伴って相応に縮小したものの一定の利潤は確保していたこと，移出商の立場から見れば価格変動リスクを生産者に転嫁しえなかったことが示されている[27]。

では，なぜ移出商はこのような行動を取らざるをえなかったのであろうか。この点について前掲した台中州青果組合『二十年史』は，「大正九年度〔1920〕に至り産地買入れは糶市制度となりしより，勢ひ相場を煽る傾向ありて，内地相場を度外視し競争激甚となりし為，回収不能続出し多大の損失を蒙り殆んど再び起つ能はざる状態に陥りし」[28]と説明している。つまり，零細移出商間の過当競争と現金取引を基調とする1920年9月の産地せり市の開始が産地価格と消費地における仕切価格のアンバランスを発生させたものと思われる[29]。

以上の問題点を踏まえたうえで，次に移出取引のあり方について見ておこう。当時のバナナ移出の取引は，産地において移出商が自己計算で買い付けた商品の販売を国内の消費地問屋に委託する方法と，消費地問屋の買付注文に応じて移出商が産地買付を行い，取引手数料を得る方法があった[30]。しかし，移出商

が自己の計算で買い付ける前者の場合，袖下売買という国内市場の取引慣習によって仕切価格が公表されないだけでなく，仕切金の送付はたびたび遅延したため，移出商にとってはきわめて不利な取引となった[31]。また，手数料取引である後者の場合も，産地における買付資金は移出商が立て替えることが一般的であった。そのため，消費地問屋がたびたび「腐敗，又は不着等種々の口実の下に多額の値引を強要し」，移出商は「各得意先を争ふ関係より不条理なる要求にも応ぜざるを得ざる立場」とならざるをえなかった[32]。要するに，前述した過当競争によって移出商は消費地問屋に対しても生産者に対しても自己に有利な取引形態を形成しえない環境にあったこと，かかる環境が移出商の収益を圧迫したことがうかがえよう。

　他にも台中州青果組合『二十年史』は，揺籃期の移出取引に関するさまざまな問題点を指摘しているが[33]，紙幅の制約がある本章では，行論の必要に応じて以下の問題に着目した。第1に移出取引には多数の商人が参入して激しい競争を繰り広げ，かかる移出商の活動によって対日移出量が急増したことである。ただし，これはすぐさま供給過剰を誘発し，市場価格を下落させ，ひいては移出商の収益性を圧迫したため，移出商の活動は困難に陥った。第2に腐敗性が強いバナナの商品特性は，取引に強い時間的制約を課したため，移出商の活動は日本の伝統的な商慣習に規定される情報の非対称と相まって消費地問屋に対して交渉劣位となった。加えて，産地における激しい買付競争によって買付価格をも支配しえず，価格変動リスクをすべて負担せざるをえなかった。それゆえ，取引主体間競争の調整や価格情報の共有化など，流通過程における問題の解決が円滑な取引を実現するための課題とされたのである[34]。

第2節　台湾青果の設立と移出取引の展開

(1)　台湾青果の設立

　端的に言えば，前節で指摘した取引上の問題を解消すべく台湾総督府や台中

州主導で設立されたのが，台湾青果株式会社（資本金150万円，本社：台中市）であった。ただし，日本国内において青果物流通政策を策定した内務省社会事業調査会「中央市場設置要綱」が，物価の安定を目的として中間利潤の排除を試みたのに対し[35]，台湾青果の設立それ自体は移出商の排除を直接的に目論んだものではなかった。前節注29で触れたように，1920年9月に設置された産地せり市は民間企業である日台容器によって運営されたが，1923年3月に総督府は，産地せり市の経営を市街庄に移管して移出商が負担する手数料を0.20円から0.12円に引き下げつつ[36]，移出商に1.5万円の買付資金を予納させ，現金払いができない場合には台中市が融資することとした[37]。しかし，市街庄によるせり市運営は時限的措置とされていたため，これを運営する別の機関を設立する必要があった。そこで台中州青果組合組長を兼任する本山文平台中州内務局長は，「台湾側と内地問屋側とで資本金二百万円の持株を四分六分とし，内地六大都市に於て開設を見んとする中央市場を利用し，出来得べくば，阪神方面の右の中央市場に於て芭蕉糶市を開かんとする」[38]ことを目的とした「果実会社」の設立を提議する。台中州が意図した同社設立の目的は，移出商に対する買付資金の安定的な供給[39]と中央卸売市場の開設を梃子とした移出取引の改善に置かれていたのであり[40]，ひいては移出商・生産者といった産地側取引関係者の収益向上を目指した点にあったといえよう。

さて，台中州と消費地問屋は，①移出商および消費地問屋を中心として新会社を設立する，②産地は新会社に商品販売を委託し，新会社は消費地問屋を構成員とする荷受組合を組織する，③荷受組合への販売はせり売りとし，新会社がせり人を派遣する，④委託手数料は価格の10％とし，荷受組合7％（せり落人に3％を割戻し，組合員2％，組合経費2％），新会社3％（うち1％は出荷奨励金として出荷主に還付）で配分することで最終的に合意し，1924年12月に台湾青果を設立する[41]。この台湾青果の設立および同社が運営するせりの開始は，日本の伝統的な商慣習に起因する価格情報の非対称を一挙に解消したため，移出商は取引を有利に展開しうるはずであった。しかし，前述した青森県のリンゴ移出でも指摘されたように，すべての取引関係者に価格情報を開示す

るせり取引の開始は，生産者が流通機構に進出する契機となる。とりわけバナナ移出取引の場合，すべての商品は台湾青果を通じて日本国内に出荷することとされたため，移出商が持っていた産地における集荷機能はただちに無力化し，「従来の移出業者は意気消沈の状態」となる一方，「漸次移出業者を兼ねる」生産者が続出した[42]。台湾青果の設立に先立つ1924年4月，台中州青果組合では，山地3甲以上，平地1甲以上の生産者にも加入資格を拡大したが，つづく1926年5月にはすべての生産者を組合に加入させつつ，移出商を取引から撤退させた。つまり，移出商の機能強化を1つの目的とした台湾青果の設立は，結果的に流通機構における中間利潤の排除と生産者による流通過程の掌握を実現したのである。

このように，せり市の開始に伴う価格情報の公開は，生産者の流通過程への進出を促したため，生産者と移出商は流通機構の掌握を巡って対立する可能性を孕んでいた。しかし，注7で触れたように，青森県におけるリンゴ移出の場合には流通機構における移出商の役割が相当程度残されたのに対し，台湾のバナナ移出の場合には，移出商と生産者の併存状態はすぐさま解消し，すべての移出商が取引から退出することとなった。以下，この点について青森県のリンゴ移出と比較しながら検討しよう。

(2) リンゴ移出とバナナ移出の差異

台湾バナナの移出商が取引から退出することになった直接的な要因は，取引退出の交換条件として多額の失業補償金を生産者から引き出しえたことにある[43]。失業補償金は，それぞれ台中州青果組合70万円，台南州青果組合12万円，高雄州青果組合17万円であった。台中州青果組合の場合，船会社からの寄贈金や割戻金から50万円を拠出して移出商に交付し，残金20万円は1年後に支払うこととした。失業補償金を受けて取引から撤退した移出商は，台湾青果の業務の範囲外とされていた輸出取引に携わるか，あるいは生産者へと転じた。前者が抱えた問題は本節の最後で扱うこととし，まずは取引制度をとりまく環境から要因を探っていこう。

青森県のリンゴ流通を検討した前述の先行研究は，生産者が流通機構に進出しうる1つの指標として耕地面積の広狭に注目し，2町歩以上の耕地面積を有するわずかな生産者のみが移出商と対抗しえたと指摘している[44]。そこで本章でもこの数値をバナナ生産者に適用して分析を試みる。ただし，青森県のリンゴ栽培と台中州のバナナ栽培では1町歩あたりの生産性が隔絶しており，単純に比較しえないことに注意を要する。1926年の台中

表5-4 台中州におけるバナナ生産者の分布（1928年3月末）
（単位：人）

	合　計	
		（％）
2甲未満	12,626	（79.0）
2甲以上5甲未満	2,658	（16.6）
（小計）	15,284	（95.6）
5甲以上8甲未満	505	（3.2）
8甲以上10甲未満	96	（0.6）
10甲以上	107	（0.7）
（小計）	708	（4.4）
合　計	15,992	（100.0）

出所：前掲『台中州青果同業組合統計一覧表』36頁より作成。

州における1町歩あたりバナナ生産額は328円であり，同年の青森県における1町歩あたりリンゴ生産額874円の37.4％にすぎない[45]。そこで青森県を事例とした先行研究では2町歩としていた指標を台中州の場合には2.5倍の面積，すなわち5甲（≒5町歩）として分析することとする。

さて，青森県のリンゴ栽培農家の戸数および栽培面積（1931年）を確認すると，生産者1万1,179戸のうち流通機構に進出しうる規模である2町歩を超える者は411戸であり，全体の3.7％であった[46]。これに対して台中州のバナナ生産者1万5,992戸のうち5甲以上の耕地面積を持つ生産者は708戸であり，全体の4.4％であった（表5-4）。これは，耕地面積から両者の経営規模を比較した場合，構造的な差異が認められないことを意味する。つまり，生産者の全体に占める最上位層のウエイトがほとんど同じであったにもかかわらず，青森県では移出商の機能が残存し，台湾では完全に駆逐されたという別の結果が生じている。したがって，生産者の経営規模と流通過程への進出は相関しないものと考えられよう。

そこで次に生産者と移出商の関係性からこの点を考えてみたい。リンゴ移出商の場合，零細生産者に対する生産手段の貸し出しや金融を介した強い支配力が移出商を中心的な担い手とする流通機構を存続させたと指摘されている。一

方でバナナ移出商の場合，1923年3月には産地におけるせり取引が開始され，生産者と移出商との取引が完全な現金決済に転換していたことを考慮すれば，リンゴ移出商が保持したような金融的機能は有していなかったものと推察される。この点こそが，両者の最大の差異であると考えるべきであろう。

おそらく両者の差異は，移出商が発生する過程によって生じたものと思われる。リンゴ移出商の場合，既存の商人資本が移出商に転化するケースと生産者が移出商に転化するケースがあるが，いずれにしても社会経済的に比較的安定した地位にある者であったという[47]。これに対してバナナ移出商の場合，前節で観察したように生産者に対しても消費地問屋に対しても強い交渉力を獲得しえない立場にあり，かかる立場が彼らの収益性を低位にとどめていた。つまり，中央卸売市場の開設を契機とする流通過程への生産者進出は，流通過程における商業資本の機能に規定されていたと結論づけられよう。

(3) 台湾青果の企業活動

以上のように前節ではバナナ生産者が移出商を取引から排除し，自身が流通機構を掌握する過程を観察した。ここで注意しておきたいのは，生産者主導による流通機構の構築は台湾青果や各州青果組合，台湾青果同業組合聯合会（以下，聯合会）を通じてはじめて可能となったことである。そこで次にバナナ移出に関わった各機関の性格を把握しつつ，台湾青果の企業行動を概観しよう。

台湾青果は多くの場合，その設立を主導した総督府や台中州といった植民地行政に企業活動を擁護された。そもそも台湾青果の設立に関して消費地問屋との交渉を担当したのは，台中州青果組合組長を兼ねる本山台中州内務部長であった。その交渉過程について東京の消費地問屋西村吉兵衛は，本山が「台中省（ママ）の主張とおりにならねば，三井物産にやらせるといっていると圧力をかけた」[48]と回顧している。消費地問屋に対する本山の交渉力は，台中州，あるいは総督府といった植民地における政治権力に起因するものと判断してよいだろう。こうした植民地行政の影響は，役員選任および利益金処分を総督府の承認制とした台湾青果の定款およびその変更[49]，あるいは初代社長を総督府OBの高田元

次郎(元総督府殖産局長)にするといった役員人事からも窺える[50]。

　植民地行政が台湾青果の企業活動を擁護した具体的な一例として同社設立直後に発生した自由移出問題が挙げられる。台中州青果組合への加入資格がない平地1甲以下,山地3甲以下の小規模生産者は,台湾青果を中間搾取的な存在と認識しており,同社の活動によって出荷コストが嵩むと判断していた。そこで彼らは,1925年に共同荷造所を組織して国内市場への直接移出を試みた[51]。これに対して総督府殖産局は,「殖産局としては統一といふことを目的とするのである」とし,船会社に対して「自由移出の青果物は船積みするな」と指示したという[52]。さらに台中州は,管外搬出証明制度を設定してバナナの鉄道輸送を許可制とした[53]。このため小規模生産者による直出荷の試みは挫折した。

　以上のように,総督府や台中州は台湾青果の企業活動を強く擁護することで流通機構に影響力を行使した。ただし,植民地行政は常に台湾青果の利益を尊重していたわけではない。以下,設立直後の時期において同社が抱えた問題を示しておく。

　　当時〔高田元次郎が社長であった1925～28年〕ノ会社幹部ハ群小株主(当時ハ現在ト異ナリ会社株式ノ過半数ガ聯合会及同業組合ノ所有タラズ)ノ意ニ副フベク専念シ会社利益ノ増進殊ニ配当高率維持ニ努メ運輸ニ因ル利益モ亦之ニ充テント努メタルノ措置聊カ其当ヲ得ザリシ結果株主ナラザル生産者中ヨリモ運輸ヲ会社ノ手ヨリ離サントスルノ声出ヅルニ至レリ[54]

　ここでは3つの問題が確認される。第1に設立当初の台湾青果の株式はきわめて多くの利害関係者に所有されており,台湾青果の経営陣は彼らの意向に沿うために高配当を実施していた。第2に高配当を支えた資金は,1926年に解散した台果利用組合から引き継いだ輸送業務の利潤が充当されていた。そして第3に,かかる措置は同社の株式を所有する一部関係者に対する利益供与となったため,株式を保有しない多くの生産者は同社から輸送業務を切り離すべきであると主張した。つまり,設立当初の台湾青果に対する株主の強い配当圧力が

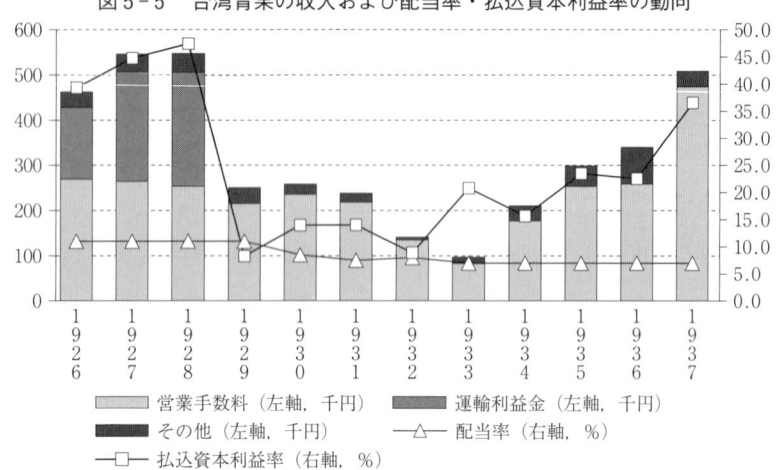

図5-5 台湾青果の収入および配当率・払込資本利益率の動向

凡例：営業手数料（左軸，千円）　運輸利益金（左軸，千円）　その他（左軸，千円）　——△—— 配当率（右軸，%）　——□—— 払込資本利益率（右軸，%）

出所：台湾青果『営業報告』各期，竹本伊一郎編『台湾株式年鑑　昭和七年度』（台湾経済研究会，1932年），竹本伊一郎編『台湾会社年鑑　昭和九年』（台湾経済研究会，1933年）より作成。
備考：同社の決算は1931年までが半年毎，1932年以降が1年毎となるが，本図では便宜上，1931年以前においても1年毎で表示した。

台湾青果の利益金処分を決定づけるとともに，同社の株式を保有しない大多数の生産者の不満となったことが示されている。

そこで，実際に図5-5で台湾青果の業績を確認する。1926～28年度の配当率は10～12％に設定されている。同社の業績がきわめて好調（払込資本利益率34.4～46.1％）であったことや，総督府が設定した配当率の上限が15％であったことを考慮すれば，必ずしも前掲「青果輸送問題ニ就テ」が問題とした高配当がなされていたとは言いがたい。この問題に関して，生産者の意向を代表する聯合会は，台湾青果の行動を以下のように記録している。

台中，台南，高雄ノ三青果同業組合ヨリ出荷スル芭蕉実輸送ニ関シテハ大正十五〔1926〕年三月開催台湾青果同業組合聯合会評議員会ノ決議ニ基キ台湾青果株式会社ヲシテ之ヲ取扱ハシメ輸送料ハ之ヲ会社ノ特別会計トナシ剰余金ヲ以テ輸送上ニ於ケル損害ノ補填ニ充当スルコトヲ条件トシタルニ拘ラス会社ニ於テハ輸送料ヲ特別会計トナサス其ノ剰余金ハ之ヲ一般営

業収益ト共ニ処分シ且ツ運賃高率ナリシ為メ組合員間ニ不平ノ声高ク…(略)…紛糾絶ヘサル[55]

　聯合会は，運輸利益金を輸送上の損害補償に充当することを条件として輸送業務を台湾青果に委ねたにもかかわらずそれが実行されていないこと，運輸利益金が配当金を捻出する利益として組み込まれているため，荷主（＝生産者）が負担する輸送料が高止まりしているという問題を指摘している。つまり，問題とされていたのは，配当率そのものではなく，輸送業務から得られる利潤を特定の株主が得るか，あるいは生産者が得るかという点にあった。

　では，聯合会への輸送業務移管に最も反対したのはいかなる株主であったのだろうか。同時代の観察を示しておこう。

最近に於ける混沌状態はその端を蕉実輸送移管問題に発してゐる…(略)…青果会社はその設立の紀元其他よりして株主，重役共内台殆ど半数宛の状態にあり，大株主であり又た重役である内地有力者，仮へば門司百合野，神戸吉田，東京西村の如き各取締役は，何れも一面に於て荷受組合の有力者であるといふ有機的関係を有つため，輸送権が聯合会に移管されたとて荷受組合員としては何等痛痒は感じないが，青果会社側として不利であつたが為め，この問題に就き内地側が結束反対の気勢を掲げたのは当然のことであつた[56]。

　台湾青果の設立は産地の立場から取引方法の改善を目指し，収益の向上を目的としたものであった。しかし，同社の設立に関して農商務省商務局長であった松村真一郎は，「台湾側が内地に於て独占的販売を為すことは従来の内地当業者の業務を奪ふのみならず近く開設せらるべき中央卸売市場の卸売人選定の際当業者の有する優先権と枘格する点尠なからざるを以て右会社計画には賛成せざりし次第」[57]と懸念を表明している。要するに農商務省の立場は，消費地問屋の既得権を承認しつつ，中央卸売市場が開設された際には彼らを中心的な

担い手として回収するプランであった。それゆえ，産地側の収益性向上を実現する機関は同時に消費地問屋の利益を担保する機関でなくてはならず，したがって既存の消費地問屋を同社の役員として，あるいは株主として取り込むことが同社設立の条件となった[58]。産地と消費地の利害関係を内包した台湾青果の活動は，植民地行政だけではなく，役員・株主として社内に取り込んだ消費地問屋の意向に強く規定されたのである。

最終的にこの問題は，「監督官庁ノ承認ヲ得…(略)…会社ニ対スル輸送ノ指定ヲ取消シ」，聯合会が「三同業組合ニ代リ鉄道・船会社及運送店等ト輸送及荷役荷捌ニ関スル契約ヲ締結」することで解決した[59]。つまり，総督府の行動は生産者やその意見を代弁する各州青果組合および聯合会の利益を優先しており，その利益に反する場合には台湾青果といえども総督府の支持を得られなかったのである[60]。

産地と消費地が対立したもう1つの事例として1929年に生じた荷受組合増設問題が挙げられる。国内の消費地問屋は，台湾青果の設立を機に荷受組合を結成した。1925年3月，東京，横浜，神戸，下関，門司の5カ所に組合が置かれた。生産者は，台湾青果を通じてすべての商品を各荷受組合にせり売りすることで価格情報を引き出すとともに，安定的な取引関係を形成した。しかし他方では，荷受組合設置の地理的な限定は，組合が設置されない地方と台湾青果の直接取引を不可能とした。そのため，次第に「販路の閉塞を招致し芭蕉実価格の下落を見るに至」った[61]。この解決策として産地側は，販路拡張を目的として荷受組合の新設をすすめ，京都（1925年12月），名古屋（1926年7月），大阪（1927年6月），小樽・函館（1927年11月）に相次いで設立した。しかし，荷受組合の新設は既存組合に所属する仲買人の既得販路を阻害することにほかならないから，つづく仙台，金沢，今治，長崎への増設を計画した際に「会社は内地重役即ち内地荷受組合幹部に対しては周到なる考慮と充分なる余日を置いて右の事情を具して重役会の召集を通知したが遂に一名の参加者を見なかつた」[62]。台湾青果側は，この問題を総督府の百済文輔殖産局長に一任し，金沢・長崎の2カ所にのみ荷受組合を増設することで妥協せざるをえなかった（1930年3月）。

第5章　流通機構の形成と植民地行政　163

これらの事例からは，台湾青果の設立が産地・消費地間の取引に関する問題をただちに解決しえたのではないことを示している。同社の設立は，両者の対抗関係を内包する形で進展したため，総督府は生産者および各州青果組合・聯合会の利害に一致する場合にのみ台湾青果の活動を擁護したのである。

(4) 東華名産の活動とその挫折

次に台湾青果の設立によって対日移出取引から退出せざるをえなかった移出商の活動について言及しておく。1926年3月，「芭蕉仲買人ノ組織ニ係ル福州ヘノ蕉実輸出機関タル東華公司」[63]を前身とする東華名産株式会社（本社：台中市）が資本金35万円で設立された。同社の監査役であった頼雨若が残した資料から役員および主要株主から同社の特徴を確認しておこう[64]。

第1の特徴は，設立直後における同社の役員がすべて台湾人によって占められていたことである（表5-5）。判明しうる限りにおいて彼らの経歴を確認すると，彼らは台中市およびその近郊の庄長や州・庄の協議会員，各州組合評議員，会社役員などを務める名望家層であった。第2の特徴は，1927年度末において同社は82名の株主によって所有されていたが，彼らのほとんどが台湾人であったことである[65]。表5-5に示したように，発起人の多くは100株以上を所有したが，100株未満の株式を保有する57名の小株主は，同社の前身である東華公司が「芭蕉仲介人ノ組織で」であったことを鑑みれば，おそらく台中州の旧移出商や生産者であったと思われる。第3に，東華名産は次のような問題意識を持って設立された点に特徴がある。

　　然ルニ従来其ノ販路ハ専ラ日本内地ニ求メタレトモ内地人ノ生活程度ニ依
　　リテ品質上自ラ一定ノ制限アルノミナラス其ノ需要量モ亦到底加速度的ニ
　　増加シツツアル生産量ヲ吸収シ尽スニ足ラス於此乎其ノ販路ヲ内地以外ノ
　　地ニ求ムルニ非サレハ将来生産過剰ノ患ヲ免カレサルノミナラス現在ニ於
　　テモ既ニ下級品ノ処分ニ窮シ…(後略)…[66]

表5-5 東華名産株式会社の設立発起人および役員

氏名	居住地	1927 役職	持株	1929 役職	主な経歴
林階堂	台中州／霧峰	取締役社長	1,000	取締役社長	1884年霧峰庄出身，林献堂の弟。1923年霧峰庄長
陳反	台中州／台中	専務取締役	600	—	朝日自動車常務取締役
賴金圳	台中州／草屯	—	300	—	
林瑞龍	台中州／霧峰	—	300	—	1902年霧峰庄出身，林献堂次男。1926年東京商科大学本科卒業。1927年欧米留学。霧峰庄長
簡錫圭	台中州／霧峰	取締役	200	取締役	1895年大庄出身，慈恵会医科大学卒業。回春医院長，台中州協議会員，大東信託取締役
黃朝清	台中州／台中	取締役	200	取締役	台中州青果同業組合協議員
黃春帆	台中州／草屯	取締役	200	取締役副社長	
吳子瑜	台中州／霧峰	取締役	200	—	
吳沛然	台中州／名間	—	200	—	
謝春光	台中州／田中	取締役	200	取締役	1879年田中庄出身。台中州青果同業組合評議員，田中庄協議会員
陳火炎	台中州／台中	取締役	200	取締役	1875年生まれ。台中州青果組合副組長，台青青果信用組合，興業信用組合監事
張煥珪	台中州／大雅	取締役	200	取締役	1902年大雅庄出身。明治大学卒業。台中興業信用組合，大雅庄取締役組合員
楊造	台中州／台中	取締役	200	監査役	1876年生まれ。三振材木取締役
賴雨若	台南州／嘉義	監査役	200	取締役	1878年嘉義出身。中央大学法律専門部卒業。弁護士，台南州協議会員
林梅堂	台中州／霧峰	監査役	200	—	
林子玉	台中州／台中	—	200	—	
劉海	台中州／台中	取締役	200	—	1895年太平庄出身。太平庄長，台中州青果同業組合副組長，台中青果同業組合副社長
陳万水	台中州／草屯	監査役	136	—	
李達春	台中州／太平	監査役	100	監査役	1895年万丹庄出身。早稲田大学政治経済学部卒業。台湾正米市場常務理事
林垂拱	高雄州／万丹	監査役	50	監査役	台中青果同業組合副組長
李瑞雲		—	40	監査役	
貝山好美		—	…	監査役	
邱阿玠		—	…	監査役	
小林五郎		—	…	監査役	

出所：東華名産『設立趣意書 起業目論見書 起業予算書』定款 取女子算書』（1925年），東華名産『第一回営業報告』（1927年），「第参回定時株主総会決議録」（1929年2月28日）以上、すべて郭双富氏所蔵。前掲『台湾官紳年鑑』，前掲『台湾人士鑑』より作成。

表5-6　東華名産の営業計画および実績

(単位：円)

	収支予算書	1926	1927	1928
売上金	—	115,911	210,004	151,530
手数料	97,760	8,875	14,537	931
雑収入	15,000	6,587	6,207	3,074
収入計	112,760	131,374	230,748	155,534
仕切金	—	115,911	210,004	143,772
報酬・給料	25,992	9,264	10,956	5,793
その他支出	55,641	21,854	23,023	8,006
銀換算差損	—	5,228	—	—
支出計	81,633	152,257	243,983	157,571
差引	31,127	▲20,883	▲13,235	▲2,037

出所：東華名産『営業報告』各年度(『頼雨若関係文書』)より作成。
備考：1) —は、ゼロを示す。
　　　2) 1円未満は四捨五入した。したがって各項目の合計が一致しないことがある。

　日本市場における消費の停滞と供給過剰を鑑みて同社の企業目的は、「日本内地市場ノ逸品ニ匹敵スル」「対岸各地」や「上海ヲ中心トシテ更ニ進ンテ長江沿岸滬寧鉄道津浦鉄道及ヒ京漢鉄道ノ沿線各地ニ無限ノ販路ヲ拡張シ得ル」として対中国輸出を念頭に置いている。同社は、特に対上海輸出を軸に事業計画を設定しており、この事業を通じてきわめて高い収益を見込んでいた（表5-6）[67]。

　しかし、収支予算書と開業後の実績は大きく乖離している。1926年度には20,883円の損失を計上した。つづく1927年度と1928年度も収益性は改善傾向にあるとはいえ、赤字基調で進展した。とりわけ97,760円を見込んでいた手数料売上は、1926年度8,857円、1927年度14,537円にすぎなかった。こうした手数料収入の低迷について同社の『営業報告』は、「福州方面ニ於テハ蕉値不振等ノ為メ青果同業組合ヨリノ委託販売出荷意ノ如クナラズ…(略)…上海支店ノ取引復活方ニ関シテハ再三慎重ニ考究ヲ重ネタルモ遂ニ当分其業務ヲ閉鎖スル事ニ決セリ」[68]と記し、中国市場におけるバナナ価格の低迷と対上海輸出の不振を報告している。これらの問題を同社の輸出先取扱額および1籠あたり単価から示したものが図5-6である。同社の収益の軸に想定された対上海輸出は、

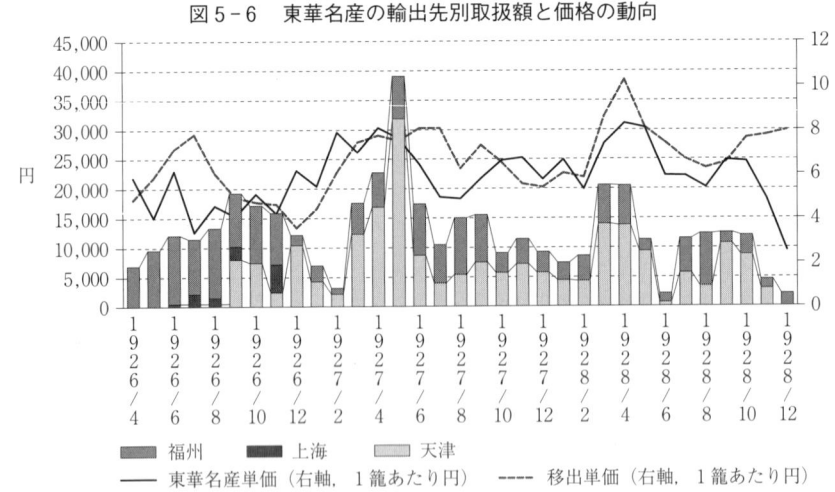

図5-6 東華名産の輸出先別取扱額と価格の動向

凡例：福州　上海　天津
―― 東華名産単価（右軸，1籠あたり円）
---- 移出単価（右軸，1籠あたり円）

出所：東華名産『営業報告』各年度より作成。

　1926年にわずか4,822円が輸出されただけで，その後中止されている。そのため東華名産は，対天津輸出に乗り出すものの，「我帝国ノ対支出兵済南事件其他ニ起因スル支那全国的ノ日貨排斥運動」の影響や「天津白河運輸上ノ不便ト二依リ又モ業績甚ダ振ハザル」[69]状況であった。加えて，中国市場におけるバナナ価格は，日本市場のそれに比して低位にあったから，同社は設立後，ただちに危機的な状況に陥った。

　ここで問題としたいのは，中国市場が抱えるリスクが事前に察知可能であったことである。たとえば，東華名産が設立される前年の1925年夏にバナナの販路調査を行った台中州勧業課の首藤主事は，「排貨問題で台湾芭蕉を販売する店舗は他の商品まで滅茶苦茶にやられて」いること，そもそも「上海方面には広東産が出廻リ同地には芭蕉商人が大分居るから其処まで手を延ばすには多少競争を覚悟せなければならぬ」ことを報告している[70]。要するに，対中国輸出に関するリスクやコストはある程度予測しえたこと，それにもかかわらず旧移出商や台湾人名望家がかかる高リスク取引に参入せざるをえなかったことが理解される。これらは総督府や台中州が主導した台湾青果の設立を契機として旧

移出商が取引の周縁へと追いやられていったことを意味しよう。

第3節 輸送手段の整備と産地形成

(1) 移出構造の変化

最後に1920年代中盤から日中開戦までの移出の展開を産地形成の観点から検討する。表5-7に荷受組合別取扱量の動向を掲げた。同表によれば，1926～29年には34.2%であった京阪神のシェアが1934～37年には29.4%に低下しているが，京浜，京阪神，関門を中心的な消費地とする構造に大きな変化は生じていないように見える。しかし，同表に産地ファクターを挿入すると，流通ルートの変化が浮かび上がってくる。1926～29年において最も流通量の多い経路は，台中→京阪神（4,373.0万斤，26.6%）であり，つづいて台中→関門（2,993.6万斤，18.2%），台中→京浜（2,658.3万斤，16.2%），高雄→京浜（2,433.4万斤，14.8%）という順であった。流通ルートは，台湾最大の産地である台中州を軸に形成されていた。ところが，1934～37年には高雄→京浜（4,263.6万斤，21.4%）の流通量が最も多くなり，次いで台中→関門（3,356.1万斤，16.9%），台中→京阪神（3,334.2万斤，16.7%），高雄→京阪神（2,443.0万斤，12.3%）となる。バナナの本格的な対日移出が開始されて以来，常に中心的な産地でありつづけた台中州の移出量が関門を除けば逓減傾向を示すのに対し，高雄州はすべての市場に対する移出量を急激に拡大させた。これらのデータからは，当該期間における台中州産バナナの移出停滞と新規産地として登場した高雄州産バナナの飛躍によって対日移出量が押し上げられたことが読み取れよう。では，いかなる要因によって以上のような移出構造の変化が生じたのであろうか。本章では，まず生産面の要因を指摘したうえで次に物流面からこれを考察したい。

はじめに指摘されなくてはならないのは，高雄州における土地生産性の高さが生産拡大の強い誘因を農民に与えた点であろう。たとえば1930年における1甲あたりのバナナ生産額は，台中州325円に対して高雄州743円であり，高雄州

表5-7 産地別移出量の動向（年平均）

(単位：千斤)

	京浜			京阪神			関門			その他	合計
	台中州	高雄州	小計	台中州	高雄州	小計	台中州	高雄州	小計		
1926-29	26,583	24,334	54,063	43,730	11,003	56,229	29,936	5,335	37,620	16,645	164,557
(%)	(16.2)	(14.8)	(32.9)	(26.6)	(6.7)	(34.2)	(18.2)	(3.2)	(22.9)	(10.1)	(100.0)
1930-33	19,463	33,164	53,163	33,440	19,623	54,100	26,879	7,493	37,582	29,102	173,947
(%)	(11.2)	(19.1)	(30.6)	(19.2)	(11.3)	(31.1)	(15.5)	(4.3)	(21.6)	(16.7)・	(100.0)
1934-37	20,029	42,636	62,761	33,342	24,430	58,534	33,561	11,768	45,700	32,147	199,142
(%)	(10.1)	(21.4)	(31.5)	(16.7)	(12.3)	(29.4)	(16.9)	(5.9)	(22.9)	(16.1)	(100.0)
1926-37	22,025	33,378	56,663	36,837	18,352	56,287	30,125	8,199	40,301	25,965	179,215
(%)	(12.3)	(18.6)	(31.6)	(20.6)	(10.2)	(31.4)	(16.8)	(4.6)	(22.5)	(14.5)	(100.0)

出所：前掲『二十年史』，高雄州青果同業組合『創立十年誌』(1933年)，前掲『主要青果物統計』，高雄州『高雄州産業調査会商業貿易部資料』(1936年)，前掲『台湾の芭蕉産業』37〜38頁，台湾総督府殖産局『台湾のバナナ産業』(1935年) 48〜49頁，台湾総督府殖産局特産課『主要青果物統計』(1937年) 15〜19頁より作成。

備考：1）「京浜」は東京・横浜，「京阪神」は京都・大阪・神戸，「関門」は下関・門司の各荷受組合を示す。なおそれぞれの小計には，その他産地の移出量も含む。
　　　2）1,000斤未満は四捨五入した。したがって，各項目の合計が一致しないことがある。

の生産性は台中州に比して2.3倍ほど高かった[71]。これは，高雄州で栽培される北蕉種および粉蕉種が台中州の仙人種と比較して面積あたりの収量が多いだけでなく，その品質が市場で高く評価されていたことに起因する[72]。他方，山地栽培を基調とする台中州では（表5-8），「比較的瘦地にもよく繁茂」[73]する仙人種が中心にならざるをえなかった。員林郡などの南部水田地帯の一部では北蕉種が栽培されるものの，「高雄州下ノ水田バナナノ名声ニ圧倒セラレツヽアルノミナラズ，近時勃興セル椪柑ノ為ニ其ノ栽培地ヲ侵蝕」[74]されていたため，バナナ作付面積は縮小傾向にあった[75]。

ただし，生産面の要因を指摘しただけでは表5-7の変化の説明としては十分ではない。なぜなら，仮に産地からの輸送コストが同一であれば，安価な台中産バナナは価格競争力を武器に薄利多売で高雄産バナナに対応しうるためである。そこで本章は，高雄産バナナの中心的な消費市場となった京浜市場に注目し，輸送手段の整備と関連させながら両者の輸送コストを検討したい。

まず，この検討の前提条件となる台湾航路について確認しておこう。台湾の場合，大型船が停泊しうる港は北部の基隆港と南部の高雄港に限られており，

表5-8 台中・高雄両州における品種・地目別作付面積（1929年）
(単位：甲)

	台中州				高雄州
	北部	南部	山間部	合計	(1930)
（品種）					
北蕉種	—	1,091	408	1,499	…
仙人種	10,196	228	4,900	15,324	…
その他	7	3	315	318	…
（地目）					
水田・畑	23	1,286	83	1,392	3,988
山林	10,180	0	5,520	15,700	60
その他	—	36	21	57	520
合計	10,203	1,322	5,624	17,149	4,568

出所：山口利男編『台湾芭蕉年鑑』（台湾青果研究会，1929年）226頁，前掲『主要青果物統計』バナナ5，7頁より作成。
備考：1）—はゼロ，…は不明を示す。
　　　2）　北部：台中市，大屯郡，豊原郡，東勢郡。南部：彰化郡，員林郡，北斗郡。
　　　　　山間部：南投郡，新高郡，能高郡。

　対日移出はいずれかの港から搬出しなくてはならなかった。台湾定期航路の嚆矢である基隆／神戸線（大阪商船1896年，日本郵船1897年）の起点である基隆港は，日本と台湾を結びつける重要な役割を果たしていた。他方の高雄港は1920年代初頭まで日本との定期航路が設定されなかったため，高雄の財界を中心として定期航路の開設が主張された。そしてこの開設を促す主要貨物として台中州南部の員林で生産されたバナナが着目されることとなる。一方，1920年代前半におけるバナナ価格の下落に対応するため，台中州は1籠0.75円の基隆／神戸間運賃の引き下げを日本郵船・大阪商船両社に要求するものの，両社はこれを拒絶した。これに対して台中州の常吉徳寿知事は，「一籠七十五銭以下でも此方で積荷を保証するならば蕉実を請負ふ船会社は両社の外にいくらでもある」[76]とし，高雄／横浜間の定期航路開設を条件として高雄港から搬出される台中産バナナの一手積取契約を山下汽船と締結することとなる。

　この両者の提携によって山下汽船側は「高雄横浜間には芭蕉の外に砂糖，米と云ふ直輸貨物がある計りでなく復航には各地基隆に寄港し南北移入貨物を取扱ふ便宜」[77]が得られた。他方，移出商・生産者側は次のようなメリットを得

ることができた。第1に，京浜市場に移出する際のコストを削減し，輸送時間を短縮しえたというメリットである。高雄／横浜線開業当時の具体的なデータは管見の限り判明しないため[78]，やや時期は後になるが1934年6月に実施された基隆／神戸／京浜間の輸送実験からこのメリットを裏付けていこう。

この実験は，基隆から神戸・大阪に陸揚げして京浜市場に鉄道で陸送した場合と高雄／芝浦直行便を用いた場合を比較検討したものである。その結果，前者の輸送コストは後者に比して1籠あたり0.27円割高，輸送時間は8時間多く要しており，コスト面においても時間面においても京浜直行便が有利であった[79]。加えて興味深いのは，この実験に対する台湾青果の反応である。

> 七，八年前までは時々神戸又は大阪から汽車輸送に依つた事はあつたが当時既に積替へ時に受ける荷摺れなどは考へられてゐた，何とかして防止する方法がないかと言ふので其の後に撰ばれたのが現在の高雄―芝浦への直航路であるから，今鉄道省が陸道の試験をしたからと言つて夫れを何うするといふ考へは持つてゐない[80]。

ここからは第2の効果が読み取れよう。つまり，バナナの流通過程では積み替えの際に生じる損傷による商品価値の下落が重要な問題とされていたが，高雄／横浜線の直行路開設はこれをクリアしうるということが理解される。以上で検討したように，京浜市場に移出する場合には，輸送コスト，輸送時間，商品保護のいずれにおいても高雄港経由で搬出することが優位となったことを示した。しかし，この説明も台中・高雄いずれの産地も享受しうるメリットであるため，高雄が産地として登場し，急激にシェアを拡大した決定的要因とはいえない。そこで次節では，この開設がそれぞれの産地に与えた影響を具体的な輸送コスト面から検討してしたい。

(2) 産地形成の決定因

表5-9に出荷地別積出港別の輸送コストを掲げた。前節で分析した流通経

第5章　流通機構の形成と植民地行政　171

表5-9　高雄―芝浦・横浜間および基隆―神戸間の産地別1籠あたり輸送コスト（1930年）

(単位：円)

出荷地 積出港→陸揚港	台中（A）　屏東（B） 高雄→横浜・芝浦		A-B	台中（C）　屏東（D） 基隆→神戸		C-D
産地価格（E）	2.59	2.68	▲0.09	2.59	2.68	▲0.09
出荷諸経費	1.16	1.20	▲0.04	1.16	1.37	▲0.21
鉄道運賃ほか	0.38	0.12	0.26	0.35	0.56	▲0.21
船運賃	1.05	1.05	―	0.70	0.70	―
荷捌費	0.24	0.24	―	0.11	0.11	―
小計（F）	2.83	2.61	0.22	2.31	2.73	▲0.42
E+F	5.42	5.29	0.13	4.90	5.41	▲0.51

出所：前掲『台湾の芭蕉産業』40～45頁，前掲『バナナ産業ニ関スル調査』67～76頁より作成。
備考：1）―はゼロ，▲はマイナスを示す。なお，生産地価格は統計では斤単位で表示されていた州内生産量を1籠＝75斤として換算し，州内生産額で除して算出した。
　　　2）出荷諸経費は，組合費・検査手数料・計算手数料・補填積立金・容器および荷造費・売上手数料を合計した数値を示す。なお，価格により変動する売上手数料は，さしあたり1籠5円で算出した。
　　　3）鉄道運賃は，原資料の「運賃」項目から高雄―芝浦・横浜間船運賃1.05円および基隆―神戸間運賃0.70円を差し引いたものを採用した。したがってこの数値には，引出賃や積込賃も含まれる。

路と関連づけていえば，台中→京浜が（A），高雄→京浜が（B），台中→京阪神が（C），高雄→京阪神が（D）となる。まず1籠あたり産地価格を確認しておくと，台中2.59円，屏東2.68円であり，高級品とされた高雄産バナナは台中産に比してやや割高であった。ところが高雄港から京浜市場に移出した場合，産地価格に輸送コストを加味して消費地価格を推算してみると，台中5.42円，屏東5.29円となり，高雄産は0.13円ほど割安となる。これは，京浜市場において高雄産バナナが品質面においても価格面においても台中産に対して競争優位にあることを意味する。つまり，高雄港から300キロ以上離れた台中からの鉄道運賃0.38円と約25キロに位置する屏東からの鉄道運賃0.12円の差0.26円が京浜市場における高雄産バナナに価格競争力を付与したのであり，かかる競争力が京浜市場における高雄産バナナの急激なシェア拡大を担保したものといえよう。

　しかし，台湾と京浜市場を結ぶ高雄港に産地が近接するという地理的優位性によって高雄産バナナは価格競争力を得られたということは，逆に産地から遠く離れた基隆港から移出された場合には価格競争力を持ちえない可能性が想定される。実際に表5-9で確認すると，基隆港から神戸港に陸揚げした場合の

消費地価格は台中産4.90円,高雄産5.41円であり,価格競争の面で高雄産バナナは劣位となる。同表には掲載しなかったが,基隆／神戸線の寄港地である門司の場合も同様であったものと思われる。つまり前掲表5-7で示したように,京阪神および関門市場において台中産が一定のシェアを保持しえた背景として,かかる輸送コストの差異が指摘されよう。ただし,高雄産バナナが京阪神市場に移出される多くの場合,実際には基隆／神戸線ではなく,消費地に直行しうる高雄／大阪線が用いられた考えられる。表5-9には掲載しなかったが,高雄／大阪線を用いた場合,消費地における1籠あたり価格は5.19円となり,基隆／神戸線を用いた場合に比して幾分か価格を圧縮しうる[81]。つまり,京阪神市場では高雄産バナナが高級品として受容される一方,台中産バナナも大衆品として消費されたと捉えられよう。

(3) 移出量の拡大と荷受組合の機能変化

最後に消費地における荷受機能の変化と移出量の関係を問題提起的に見通しておきたい。前節で指摘したように,台湾青果は生産者と消費地問屋の利害関係を社内に内包したため,フリーハンドで荷受組合を新設することはできなかった。それゆえ,販路の拡大は既存荷受組合および同組合所属仲買人,とりわけ小売店と直接取引する後者の活動如何によって決定づけられたといってよい。前掲図5-1に示したように,バナナの対日移出量は1930年代においても緩やかに拡大することとなるが,そのあり方は地域によって異なる。

図5-7に京浜(東京・横浜),阪神(大阪・神戸),関門(下関・門司)各荷受組合の取扱量および地方出荷率の推移を掲げた。同図から一見して捉えられるように,関門の取扱量は他と比して最も少ないが,地方出荷率はきわめて高い。これは,下関に入荷された相当量のバナナが朝鮮・満洲へ再輸移出されていたためであり,西山真平や高田庄一といった関門を根拠とする大手仲買人が有するネットワークがバナナの移出拡大に重要な役割を果たしたことが示唆される[82]。もう1つ確認されるのは,従来は低位にあった京浜の地方出荷率(1927～31年平均25.7%)が1932年以降に上昇(1932～34年平均32.9%)した

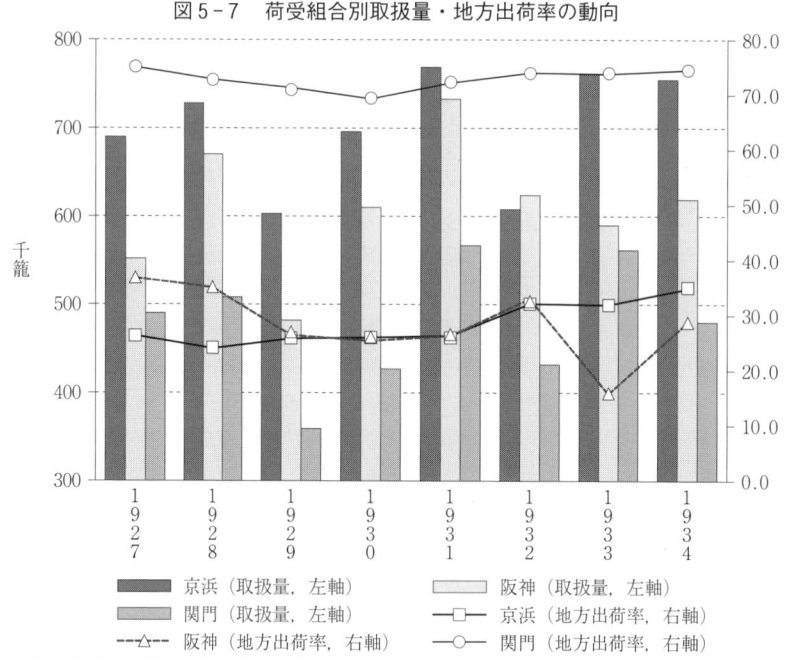

第 5 章　流通機構の形成と植民地行政

図 5-7　荷受組合別取扱量・地方出荷率の動向

京浜（取扱量，左軸）　　　　阪神（取扱量，左軸）
関門（取扱量，左軸）　　　　京浜（地方出荷率，右軸）
阪神（地方出荷率，右軸）　　関門（地方出荷率，右軸）

出所：前掲『台中州青果同業組合統計一覧』153～155頁，前掲『バナナ産業ニ関スル調査書』77～81頁より作成。

点である。これをもう少し細かく分解していくと，1931年における横浜の地方出荷率が68.4％（域内消費6万籠，地方出荷13.3万籠）であったのに対し，東京は12.1％（同50.6万籠，7万籠）にすぎなかった。ところが翌1932年には横浜66.9％（同4.6万籠，9.3万籠）に対して東京21.8％（同36.6万籠，10.3万籠）となって出荷量ベースで横浜を逆転し，1934年の東京の地方出荷率は27.3％（同42.8万籠，16.2万籠）へと拡大する。つまり，1932年を境とした地方に対する東京の出荷量拡大が京浜の地方出荷率上昇として発露したことが判明する。この背景として，『神田市場史』の記述を掲げておこう。

　　大正十四〔1925〕年四月，高雄―横浜間の直航路が開始され，大消費市場である東京へ直送する事の出来る便利を得るに至ったが，何としても横浜

入港の弱身で…(略)…横浜から艀にて浜町河岸に着け，それを牛馬車で佐久間河岸に持ち込むという不便であって，特に東京方面を客相手にするバナナ専門問屋は，荷捌が一日遅れるので，横浜側に敵し難く，常に切歯扼腕したものである[83]。

前節で詳しく論じたように，高雄／横浜線の設定は京浜市場のシェアを大きく高めることとなったが，東京へは横浜港／浜町河岸／佐久間河岸を経て神田市場へバナナが搬入されており，横浜に所在する荷受問屋と比較して不利であったことが述べられている。ところが，1932年に東京港の芝浦岸壁が完成し，定期航路の終点が芝浦に変更されると，「横浜仕向品は逆コースをとることとなり，最近は東京横浜共芝浦より自動車にて陸送」することになったという[84]。つまり，芝浦岸壁の完成および高雄／横浜線の芝浦延伸は東京への貨物搬入を容易とし，その結果，東京からの地方出荷が促された。そして，かかる結節機能の強化が図5-7に示したような京浜市場の荷受量拡大へとつながっていったものと考えられるのである[85]。

おわりに

以上，植民地台湾におけるバナナ移出の展開を事例に戦間期における青果物流通の展開を検討してきたが，最後に「はじめに」で設定した2つの論点に従って本章で得られた知見をまとめておこう。

まず本章は，戦間期におけるバナナ流通機構の変容過程を国内青果流通機構との関係や比較から検討することを第1の論点として設定した。そして本章に対置すべき研究として，①産地と消費地の商品売買をせり取引とした1923年の中央卸売市場法の成立およびその後に続く中央卸売市場の設置は，消費地における仕切価格を公表することとしたため，これを契機として生産者が流通過程に進出した，②この流通機構は行政主導で形成されたため，「官僚統制的性格」を有するものであった，とする三国英実の諸成果を取り上げ，三国が事例とし

た青森県のリンゴ移出取引との比較検討を行った。この比較検討を通じて得られた本章における知見は以下の通りである。

第1に本章が事例とした植民地期台湾のバナナ移出商の場合，過当競争に起因する不利な取引制度によって彼らの収益性が強く圧迫されていたため，中央卸売市場が登場する1920年代初頭の段階において移出商の活動はすでに弱体化していた。それゆえ，流通の掌握をめぐる生産者と移出商の対抗関係は先鋭化せず，すぐさま収束したことが特色であった。生産者の流通過程への進出を基調とする1920年代における青果物流通機構の変容過程は，それ以前に取引を担っていた移出商と生産者・消費地問屋の関係性や彼ら自身の収益基盤の強弱に規定されていた。したがって中央卸売市場の登場と流通機構の変容を実態的に検討する場合，法制度や政策思想を観察するだけでは不十分であることを明らかにした。

第2に，台湾総督府や台中州をはじめとする植民地行政は，バナナの流通機構を統制するうえで主導的役割を果たしたことを指摘した。ただし，植民地行政はすべての局面において支配力を行使しえたのではない。なぜなら，台湾青果の設立は消費地問屋を荷受組合という形式で温存し，取り込むことを条件としたから，産地と消費地の利害関係が同社内外に強く残存したためである。それゆえ，かかる消費地問屋の存在はあらゆる局面において産地側が意図する行動のボトルネックとなったのである。

本章は第2の論点として，近代的な交通手段と産地の形成過程を両者の関係性から論じた。「はじめに」で掲げた先行研究にも示されているように，現在の台湾におけるバナナの主産地は台中と高雄であるが，この産地形成は植民地期に形成されたものであった。ただし，高雄州に産地が形成される過程を説明する場合，単にバナナ栽培に適合的な環境や土地生産性の高さを指摘するだけでは不十分である。つまり，台中産バナナに比して産地価格が高くならざるをえない高雄産バナナが日本市場に受容されるためには，台中産バナナに対抗しうる価格競争力が不可欠なのであり，これを担保したのが海上交通網による高雄／横浜・東京の直結であった。つまり，輸送コストの抑制，輸送時間の短縮，

商品価値の保持を可能とする海上交通網が整備されることで，はじめて高雄はバナナ産地として登場しえたと結論づけられよう。

1) 代表的な成果として，持田恵三『米穀市場の展開過程』（東京大学出版会，1970年），大豆生田稔『近代日本の食糧政策——対外依存米穀供給構造の変容』（ミネルヴァ書房，1993年），中嶋航一「日本帝国の食糧需給構造の分析——台湾の『糖米相克』問題を中心に」（板谷茂・平野健一郎・木村光彦・朴一・柳町功・中嶋航一『アジア発展のカオス』勁草書房，1997年），同「台湾総督府の政策評価——米のサプライチェーンを中心に」（『日本台湾学会報』8，2006年5月）がある。
2) たとえば1935〜38年の大阪中央卸売市場における地域別青果取引額（年平均）は，青森266万円（同卸売市場における取引総額の12.0％），大阪254万円（同11.4％），和歌山220万円（同9.9％），台湾189万円（同8.5％），静岡122万円（同5.5％）であった（大阪青果『青果取引概要』1938年，3〜11頁）。台湾から出荷される青果の約90％はバナナであった。台湾バナナは，国内青果市場において看過しえないプレゼンスを有していたことが理解されよう。
3) 青果物流通に関する研究はきわめて多いが，本章ではさしあたり以下の代表的な成果を掲げておく。藤田貞一郎『近代生鮮食料品市場の史的研究——中央卸売市場をめぐって』（清文堂出版，1972年），中村勝『近代市場制度成立史論』（多賀出版，1981年），菊池良一「青果物市場の市場構造分析——神田市場の事例」（『政経論叢』55（3・4），1987年2月），原田政美『近代日本市場史の研究』（そしえて，1991年）。
4) 中央卸売市場法施行以前における中心的な青果物出荷者は移出商であったが，1930年には次のように担い手が変化した（果実類）。生産者団体40％，生産者個人13％，同業組合10％，移出商28％，他都市市場業者9％（三国英実「生鮮食料品市場の近代化と商業資本」『社会経済史学』54（1），1988年5月，61頁）。
5) 同前，60〜63頁。
6) 幸野保典「都市化の進展とメーカーの流通支配」（前掲『近代日本流通史』）65〜69頁。
7) 青森県のリンゴ移出の場合，中央卸売市場の設立によって価格情報を取得した生産者は，産地と消費地の価格差を収益源とした移出商に対抗した。しかし，実際に対抗しえたのは富農的リンゴ生産者に限定されており，大部分の零細生産者は資材資金等の関係から依然として移出商との強い結びつきのもとに置かれたという。三国英実によれば，1934年の青森県におけるリンゴ移出の約60％は依然と

して移出商が担っていた（三国英実「青果物市場の展開と産地商人資本——りんご移出商の発展過程」（『北海道大学農経論叢』24, 1968年2月）。

8) たとえば，鈴木幾多郎「流通政策の政策課題と政策論理」(1)（『経済経営論集』35 (2), 1993年10月）。

9) 「バナナの輸出の主導権は輸出商から生産者団体へと移行し，日本植民地期と第二次世界大戦後には生産者団体は政府の監督（台湾総督府および中華民国政府）を受けた。このことは，国家権力が産業販売構造において大きな役割を果たしたこと，関連する民間団体がこのために大きく成長し得たことを意味する」，「台湾青果株式会社の経営者は全て台湾総督府が掌握していた…（略）…〔各州同業組合は〕名目上は台湾最初の民間生産者による農業団体の一つであったが，実際には当時の植民地官僚システムの一部分であった。これにより，日本人は台湾のバナナ農家の血と汗の結晶を享受し，日本の政治・経済力が台湾の農村に多大の影響を及ぼすことが可能となった」（前掲「台湾バナナ産業と対日貿易」28頁, 170～171頁）。

10) 古関喜之「台湾香蕉産業発展与日本市場的関係」（『台湾文献』59 (4), 2008年12月）。なお，植民地期台湾のバナナ産業を取り扱った成果として，趙祐志「日治時期日人在台退職官吏与台湾青果会社及青果同業組合的運作」（『重高学報』8, 2005年6月），呉念容「日治時期台中州青果同業組合之研究」（東海大学歴史学系研究所碩士論文, 2006年），陳映竹「日本統治時代におけるバナナの対日輸出」（『千里山文学論集』82, 2009年9月）がある。

11) 代表的な成果として，大豆生田稔「東北産米の移出と東京市場」（前掲『商品流通の近代史』），中村尚史「北部九州における近代的交通機関と商品流通——肥後米移出を中心に」（同前）などがある。

12) 以下，神田市場協会神田市場史刊行会編『神田市場史』上（神田市場協会神田市場史刊行会, 1968年）1024～1026頁。

13) 「バナナは芽根により繁殖する高さ二十尺余に達する大形の多年草である苗植後十ヶ月乃至十四ヶ月を経れば結実を見収穫し得ることとなるから近年は栽培者に於て大に工夫し早春植付をなし内地需要の最も旺盛なる翌年五，六月頃果実を収穫する傾向を有するに至つた従つて内地移入も五月より七月迄が増加するを恒例とする」（鉄道省運輸局編『野菜，生果ニ関スル調査』1926年, 110頁）。

14) 「芭蕉実は…（略）…其の栽培管理の簡易にして他作物の如き煩瑣なる作業を要せざるのみならず，随時市場に搬出して現金に換ゆることを得る等諸種の利点あり」（台湾総督府殖産局『台湾の芭蕉産業』1930年, 2～5頁）。

15) 1915年における台湾総督府殖産局の調査によれば，栽培開始から5年後の累積

収益(いずれも台北州中園の数値)は柑橘類0.8円,パイナップル20.6〜48.4円に対し,バナナは766.4〜779.2円であった(台湾総督府殖産局『台湾重要園芸作物ニ関スル調査』1915年)。

16) 『台湾日日新報』(1923年4月23日)。
17) 台中州青果同業組合『台中州青果同業組合統計一覧』(1930年)128頁。なお,原資料では1籠あたりの価格が掲載されていたが,ここでは1籠=75斤で換算した。
18) 台湾総督府殖産局特産課『主要青果物統計』(1937年)バナナ1頁。
19) 生産者からバナナを買い入れ,国内の消費地問屋へ移出する業者は,当時の資料や文献では「移出業者」「移出仲買人」「産地仲買人」「仲買人」など,さまざまに呼称されているが,本章では煩雑さを避けるために「移出商」に統一して呼称する。
20) 以下,台湾青果同業組合聯合会『創立十年史』(1937年)7頁,台中州青果同業組合『二十年史』(1938年)121〜123頁。
21) 同組合は1921年には台湾青果物同業組合,1925年には台中青果同業組合へと目まぐるしく名称を変更するが,以下,すべて台中州青果組合と表記する。
22) 前掲『創立十年史』5頁。
23) 杉浦和作『台湾商工人名録』(台湾商工人名録発行所,1912年),前掲『二十年史』5頁。
24) 以下,前掲『二十年史』100〜101頁。
25) 佐藤政蔵『芭蕉実界の現状』(台中出版協会,1930年)57頁。
26) 『台湾日日新報』(1922年7月16日)。
27) この点について佐藤政蔵は,「移出業者は一種の価格調節機関としての機能を発揮して居た」(前掲『芭蕉実界の現状』57頁)と指摘している。ここからも価格変動リスクを負担した移出商の姿が垣間見えよう。
28) 前掲『二十年史』126頁。
29) 1920年9月,台中,霧峰ほか6カ所に産地せり市が開設され,次いで同年11月から日台容器株式会社がこれを運営したが,「仲買人〔=移出商〕が現金即時払不能の場合容器会社にて一時立替の取扱をなし」たという(『台湾日日新報』1923年3月27日)。
30) 以下,前掲『二十年史』125〜128頁。当時の取引は自己計算による買付が3割,手数料取引が7割であったと報告されている。
31) 前掲『神田市場史』上,657頁,1113頁。袖下売買では,売り手と買い手が袖の中で数を表す指の形を握りあって値段が決定された。それゆえ,第三者に売買価格が公開されないだけでなく,当事者の気分次第で値段が上下したという。

32) 前掲『二十年史』126頁。
33) そのほか，『二十年史』では検査や包装といった品質に関する問題点も指摘されているが，本章では割愛することとする。
34) 当時のバナナ取引の問題点について『台湾日日新報』（1920年11月3日）は以下のように報じている。「商業上の内容に至つては複雑極まるものである，生産地の紛争，仲買同業者間の軋轢，市場の不整理，運輸機関の不統一，内地商人との連絡不一致の如き，緯となり経となつて紛争し，事実上バナナの生産額に多大の損害を蒙つてゐるのである」。
35) 中村勝「中央卸売市場法の成立」（卸売市場制度五十年史編さん委員会編『卸売市場制度五十年史』1，1979年）841頁。
36) 『台湾日日新報』（1923年3月27日）。
37) 同前（1923年3月29日）。
38) 同前（1924年2月26日）。
39) 同社の第1回創立委員会を報じた『台湾日日新報』が「問屋仲買人に対する果実委託は従前紛争を醸して居たが此弊も除かれ台湾に於ける仲買人に対する金融によつて非常に便利を受くる事となつた」（1924年2月28日）と掲載していること，同社の株式は「従来営業してゐた仲買人及び問屋筋側にて引受け一切公募しない」（1924年2月29日）としていることからも台中州は移出商を流通機構に存続させる予定であったことがうかがえる。
40) 前掲した台湾青果同業組合聯合会の『創立十年史』は台湾青果の設立経緯を以下のように述べている。「試に内地に於ける青果取引の現状を見るに，各問屋は（一）不当なる袖手売買の方法に依りて価格の公表を避け，産地委託主の利益を殺ぎて自己の不当の利得を図り（二）取引価格を談合して産地委託主に不利益を蒙らしめ（三）組合を組織して取引を独占し，新規組合員たらんとするものもあるも絶対に之を拒絶し…略…（四）バナナ加工用温室の収容数量に制限を加へて以て市価の調節を妨害し…略…以て不当の利益を占むること十年余年，産地の出荷主多くは此の実情を知らざるに非ざるも如何せん内部の結束整はず，為に彼等の専恣に委するの止むなき状態にあり」（前掲『創立十年史』35〜36頁）。
41) 同前，32〜33頁。かかるせり取引は中央卸売市場の開設に先駆けて実施されたため，「「市場法」のテストケースとして，官民共に注目した取引方法であった」という（前掲『神田市場史』上，771頁）。
42) 前掲『二十年史』131頁。
43) 以下，前掲『創立十年史』25頁。移出商の撤退にともなって1926年5月には産地せり市が廃止されるとともに，検査所への共同出荷が開始された。

44) 前掲「青果物市場の展開と産地商人資本」101頁。
45) 農林省農政局『園芸農産物要覧』(1941年) 56頁，前掲『主要青果物統計』バナナ2頁。
46) 『青果時報』38 (4) (1934年4月) 9頁。
47) 「りんご移出商が具体的に発生する経過は多様な形態をとるが，基本的には二つの過程がみられた…(略)…第1の過程は，例えば，明治末には荒物雑貨商，青果物商，呉服太物商などであったものがりんご移出を兼業し，やがて移出専業となったばあいで，これは弘前，黒石，青森等の市街地に多いといわれ，さらには津軽平野の米作地に古来高利貸資本ないしは米穀，肥料商人として存在していたものがりんご移出商に進出して来た例に示されている。第2の生産者の商人化の過程は，明治末に小農にして才覚に恵まれたものが他資本に依存して移出をはじめたもの，さらには，かって自らもりんご生産に従事していた豪農層が不耕作地主化にともなってりんご移出商として進出したばあいなどである」(前掲「青果物市場の展開と産地商人資本」89頁)。
48) 前掲『神田市場史』上，626頁。
49) 山口利男『台湾芭蕉年鑑』(台湾青果研究会，1929年) 305〜310頁。
50) ただし，高田の起用は「当時の青果界には人材雲の如きものあり，仕事の方はそれらの連中がやる。彼れは唯だ勅任官の閲歴を有する者として官邊へ折衝，斯業界の統制へ，兎にも角にも，出来得ればそれでよしといふ見当」(伊藤香村『混沌たる台湾青果界』(台湾産業評論社，1928年，9頁) で選ばれたという。総督府出身の台湾青果社長に求められた役割は，実務的な企業経営ではなく，官庁方面との交渉であったと考えられる。他方，かかる「首脳重役は殆んど役人の古手」を採用せざるをえなかった台湾青果の経営陣は，「商機に通ぜぬ計りでなく，一面に於ては生産者の要望が徹底せぬ憾み」(林肇『バナナ界早わかり』経政春秋社，1935年，286〜287頁) があったという。それゆえ株主は，総督府が高田の後任として元満鉄理事・興銀理事の村田俊彦を決定すると，「督府は何の必要があつてお節介に営利会社の社長を独断で推薦したのであるか」，「故野田卯太郎氏が東拓総裁時代に村田氏は同社にあり，随分やゝこしい総会に出喰はした事もあるさうだが青果会社の臨時総会のやうな目に会つたのは初めてらしい。何しろ後任社長本人が眼の前にゐるのに「天降り，天降り」と毒づくのだから」(前掲『混沌たる台湾青果界』22頁，25頁) などとして反対した。
51) 大坪与一「蕉実直移出折衝顛末　公平なる批判を仰ぐ」(幸田春義編『蕉実直移出問題』台湾産業研究会，1925年) 2頁。当時，平地1甲以下，山地3甲以下の生産者は台中州青果組合に加入する資格を与えられていなかった。

52) 同前，6頁，15頁。
53) 尾崎旦『台湾に於けるバナナ沿革史』(1929年) 66頁。
54) 執筆者不明「青果輸送問題ニ就テ」(日付不明) 著者所蔵。この資料の執筆者や執筆時期は不明であるが，台湾青果への輸送業務再移管を主張する内容であること，文末に台湾青果社長村田俊彦宛総督府殖産局長百済文輔「会社業務発展ニ関スル件」(1930年9月15日) の写しが添付されていることから，1930年9月以降に台湾青果の関係者によって執筆されたものであると思われる。
55) 台湾青果同業組合聯合会『芭蕉実輸送移管並上甲板積運賃戻収入金処分問題』(1933年)。
56) 前掲『混沌たる台湾青果界』2〜3頁。
57) 前掲『芭蕉実界の現状』49頁。
58) 台湾青果設立当初の取締役11名のうち，4名 (吉田吉兵衛，浅井熊治郎，百合野保夫，西村吉兵衛) は荷受組合関係者で占められた (台湾青果『第一回営業報告』1925年，2頁)。また，個別の株主名が判明する1931年下期における台湾青果の所有構造は以下の通り (300株以上)。竹下種長 (聯合会) 11,258株，今井亀三郎 (台中州組合) 5,500株，藤村寛太 (高雄州組合) 2,296株，西村吉兵衛600株 (東京荷受組合)，黄春帆 (台中州組合) 500株，中川禎輔 (門司荷組合) 430株，菅野音三郎 (同) 330株，上田岩吉 (神戸荷受組合) 300株。
59) 前掲『芭蕉実輸送移管並上甲板積運賃戻収入金処分問題』。
60) 総督府がこのように裁定した明確な理由を述べる資料は，現在のところ得られていない。台湾青果の関係者が執筆したと思われる前掲「青果輸送問題ニ就テ」には，「時偶々督府意嚮ハ当時ノ社長高田元次郎氏ノ更迭ヲ望マレシヨリ前記組合当事者ハ此間ノ事情ヲ利用シ運輸移管ノ目的遂行高田社長ハ会社ニ対シ其責ヲ負ヒテ辞職」(前掲「青果輸送問題ニ就テ」) と記載されていることから，消費地問屋をはじめとする株主の利益を尊重する高田社長に対して総督府が不満を持っていたものと思われる。
61) 前掲『芭蕉実界の現状』54頁。
62) 同前，233〜234頁。
63) 前掲『台湾芭蕉年鑑』85頁。
64) 東華名産の監査役であった嘉義の弁護士頼雨若の所有であったと思われる同社の内部資料は，現在，台中県霧峰郷在住の郭叔富氏が私蔵している。今回，筆者は同資料の閲覧を個人的に許された。郭氏および仲介の労を取ってくださった陳文添氏 (国史館台湾文献館研究員) に謝意を表したい。なお，本章では便宜上，この資料群を『頼雨若関係資料』と称することとする。

65) 以下，東華名産『第一回営業報告』(1926年)『頼雨若関係文書』。日本人の株主は，山岸幸太郎（員林，13株），田中潔（台中，8株），百合野稔（門司，8株）の3名のみであった。
66) 以下，『東華名果株式会社設立趣意書』(1925年) 1頁，『頼雨若関係文書』。
67) 設立時の「収入予算解説」によれば，上海4万8,000円，福州2万160円，合計6万8,160円の販売手数料収入を得る予定であった（『東華名産株式会社収支予算書』1925年，9頁『頼雨若関係文書』）。
68) 東華名産『第二回営業報告』(1927年)『頼雨若関係文書』。
69) 東華名産『第三回営業報告』(1929年)『頼雨若関係文書』。
70) 『台湾日日新報』(1925年8月13日)。1928年の第2回株主総会において株主の田中潔は，「当社ノ欠損金ハ即チ蕉実海外販路拡張ノ為メ投ゲ出シタル犠牲ナルヲ以テ須ク督府当局ノ補助ヲ仰グ様社長及重役各位ノ活動方ヲ希望」している（「第二回定時株主総会決議録」(1928年2月)『頼雨若関係文書』）。しかし，同社の財務諸表には補助金を交付された形跡がない。
71) 前掲『主要青果物統計』バナナ2～3頁。
72) 北蕉種は「果皮厚く肉質緻密にして甘味である。尚中央研究所嘉義農事試験支所に於ける品種収量試験の結果に依れば，反当収量五百二十二貫百五十匁で，島内栽培の各品種中，収量第一位の優良種」，粉蕉種は「品質は北蕉と殆んど同様で甘味である。品種試験の反当収量は四百八貫九百匁で，収量に於ては北蕉に次いで第二位」であったのに対し，仙人種は「北蕉に比して成長稍鈍く，収穫までに約一ヶ月遅れるばかりでなく，果柄が長いため荷造の際又は輸送中に果柄が折れ易く，商品価値を低下するの欠点があり，収穫量も亦北蕉，粉蕉には及ばな」かった（前掲『バナナ界早わかり』67頁，71頁）。
73) 同前。
74) 台湾総督府殖産局特産課『バナナ産業ニ関スル調査書』(1935年) 21頁。
75) 1925年から37年にかけて，ポンカンの1斤あたり価格が年平均5.2%ずつ上昇したのに対し，バナナのそれは停滞傾向であった。またポンカンは，「植付後十一年に至れば全投下費用を償却し，四百余円の利益を収め以後毎年五六百円の純益を収むるを得べく此の収益は植付後二十数年迄は継続することを得，比較的有利なる経営を為し得」（台湾総督府殖産局「台湾の柑橘産業」『青果時報』92 (2)，1935年2月，19頁）られた。こうした収益性の高さが員林地方の農民をバナナ栽培からポンカン栽培へとシフトさせたものと思われる。
76) 『台湾日日新報』(1923年7月3日)。
77) 同前 (1923年8月16日)。

78) 『台湾日日新報』によれば，産地から高雄港を経由して横浜・芝浦に陸揚げする輸送コストは，基隆港から神戸に陸揚げし，鉄道輸送で京浜へ輸送した場合に比して「二割許り安い」と報じられている（『台湾日日新報』1923年8月9日）。
79) 前掲『創立十年史』191～197頁。
80) 以下，鉄道省運輸局配車課談「神戸からバナヽの陸送一日を短縮する」（『青果時報』86(7)，1934年7月）30頁。
81) 表5-9に掲載した屏東／高雄／横浜・芝浦の輸送コストの船運賃を高雄／大阪間0.95円に差し替えて算出した。
82) 香川県に生まれた西山真平は，朝鮮・満洲に青果物を輸移出する結節点としての下関の重要性を認識すると，すぐさま下関に店舗を開設し，バナナを「産地より直接移入して海外満鮮方面に大輸出をなすべく大仲次業を開始したのであるが事業は年々隆盛に赴き，現在は平壌，天津，青島に各支店を置く外，内地にも尾道，三田尻，都城等に直属の店舗を置いて大量卸売をなしてゐ」たという（前掲『バナナ界早わかり』325～326頁）。1935年の主要仲買人の取扱額は以下の通り。西山真平（下関）45万円，加藤信助（横浜）42万円，高田庄吉（下関）38万円，北条亀吉（東京）29万円，深野鉄之助（東京）26万円，深見浜助（東京）25万円，梅田利市（東京）24万円（林肇『バナナ年鑑』経政春秋社，1936年，148～151頁）。
83) 前掲『神田市場史』上，1115～1116頁。
84) 前掲『創立十年史』113頁。
85) 台湾青果『バナナ地方行調』（1939年）によれば，東京を経由したバナナは，関東地方だけでなく，東北地方全域および山梨，長野，新潟にも再移出されている。第1次大戦後における東京市の消費市場・集散市場機能については，老川慶喜「第一次大戦後の東京市貨物集散状況と小運送問題」（前掲『商品流通と東京市場』）を参照されたい。

第6章　総合商社の活動と競争構造

はじめに

　本章では，帝国内に分散した局地的市場を結びつける役割を果たした総合商社の活動について論じる。具体的には，台湾市場における総合商社の活動を支店レベルから分析し，そこで形成された商社間競争の構造と戦略を示すことで冒頭に掲げた課題に接近する。

　戦間期の貿易面における日本の対植民地依存は加速度的に拡大したが，この形成に伴って三井物産では1920年代に，三菱商事では1930年代にそれぞれ社内における在植民地支店のプレゼンスが上昇した（表6-1）。この事実は，当該期間の総合商社が対外貿易だけでなく，帝国経済圏の形成にも無視しえない役割を果たしてきたことを意味する。

　この検討を進めるうえで本章が設定した論点は，次の2つである。第1に進出市場における競争構造の問題である。橋本寿朗は，三井物産を「追撃した新規参入社の典型は三菱商事である」とし，同社が「三井物産をモデルとしてその業務を学びながら，参入障壁が低下するという条件を活用して…(略)…総合商社化が追求された」とその後発優位を指摘する[1]。そして，三菱商事の総合商社化によって総合商社が持つ機能が競争的に市場へ供給され，そのネットワーク外部性が拡充されたと主張する。しかし，橋本の議論ではその供給過程において後発の三菱商事が直面した既存企業のプレゼンスはまったく考慮されていない。また，日本国内とは異なる現地の商慣習や規範，文化的信念なども企業行動の制約要因となろう。そこで，本章では後発の三菱商事に分析の主眼

表6-1 三井物産・三菱商事各営業拠点の取扱高

(単位:千円)

	三井物産*						三菱商事		
	1921		1928		1937		1928		1937
1	ニューヨーク (204,295)	1	ニューヨーク (263,818)	1	ニューヨーク (558,034)	1	大阪 (81,012)	1	大阪 (238,172)
2	大阪 (118,084)	2	大阪 (215,952)	2	大阪 (459,612)	2	大連 (29,968)	2	大連 (137,565)
3	ロンドン (105,695)	3	大連 (126,905)	3	シンガポール (233,280)	3	神戸 (23,017)	3	神戸 (63,150)
4	横浜 (96,749)	4	ロンドン (87,227)	4	大連 (193,313)	4	上海 (17,584)	4	京城 (35,006)
5	門司 (62,555)**	5	神戸 (80,655)	5	ロンドン (171,264)	5	名古屋 (13,226)	5	名古屋 (35,411)
6	スラバヤ (60,493)	6	名古屋 (79,296)	6	名古屋 (148,523)	6	ニューヨーク (12,102)	6	台北 (25,772)
7	大連 (45,525)	7	門司 (56,729)	7	神戸 (138,894)	7	ロンドン (6,056)	7	門司 (21,998)
8	上海 (35,614)	8	カルカッタ (50,487)	8	門司 (80,740)	8	シンガポール (5,407)	8	シンガポール (20,898)
9	カルカッタ (32,887)	9	京城 (47,568)	9	京城 (64,722)	9	パリ (5,204)	9	ニューヨーク (16,262)
10	名古屋 (30,722)	10	台北 (44,437)	10	台北 (58,815)	10	門司 (4,995)	10	ハルビン (15,484)
12	台北 (22,964)	18	台南/高雄 (22,290)	21	高雄 (24,280)	21	京城 (1,302)	11	高雄 (15,182)
17	京城 (16,768)		…………		…………	22	基隆/台北 (1,281)		…………
19	台南 (11,943)	53	マドラス (50)	60	スマラン (1,443)	23	高雄 (970)		
	…………					25	シドニー (142)	37	奉天 (64)
49	ウラジオストック (96)								

出典:三井物産『事業報告書』各期,三菱商事社史資料編『三菱商事』各期(三菱商事,1987年) 79〜80頁より作成。
備考:1) *三井物産の数値は,決済高を掲載した。**1921年度の門司には石炭部門司支部の決済高を含む。
    2) 公式/非公式植民地に位置する支店には網掛けをした。

を置き，先行する三井物産の市場支配力や商慣習の異なる現地流通機構の存在によって生じる問題を明らかにしつつ，これへの対応過程を観察する。

第2に，本章が分析対象とする三菱商事の企業的性格に関する問題である。萩本眞一郎によれば，三菱商事は「中心を貿易におき，国内市場は明確に「従」として「中小企業者の営業を圧迫するような商品」の扱いを避けることに意識的な配慮」をしていたという[2]。そして，海外市場では現地の有力なパートナーと提携し，既存の流通形態を尊重する方針を表明したという。こうした大企業の道義的責任に基づく方針は，他方では商慣習の異なる現地流通機構との直接取引によって生じるリスクを回避しうるというメリットを三菱商事に付与するであろう。しかし，一方では支店活動が現地パートナーの行動と能力に強く規定されるという問題も発生させる。また，支店活動に好ましい適切な現地パートナーを探し，その行動を監視し続ける取引コストも必要となる。本章では，萩本が指摘するような道義的責任に起因するとみなされる三菱商事の特徴的な企業方針が，実際の支店活動に付与した効果ないし問題を具体的に論じる。

ここで掲げられた論点は，支店活動の事後的評価である売上および利益，あるいは競争構造における経済主体の位置を示す市場シェアの推移を観察することで分析される。その際，すべての取扱商品を網羅的に検討するのではなく，川辺信雄が分類した総合商社が扱いうる3つの商品群（①自らの供給業者から顧客までその取引をコントロールできる原料などの第1次産品，②高度に技術的な高価な非消費財，③非差別的なステープル商品）[3]から支店活動を把握する。

本章は，次のように構成される。第1節では，後発三菱商事の活動を制約した三井物産の市場支配力について観察するとともに，その限界についても確認する。第2節では，1920年代後半において三菱商事が台湾市場へ参入する経緯を論じ，現地パートナーとの戦略的提携によって急速にプレゼンスを高めていく過程を考察する。第3節では，1930年代後半における三菱商事の活動を分析する。ここでは，三菱商事と現地パートナーの双方が満足するような戦略的提携の維持は容易でないこと，この問題を解決するために三菱商事は現地パート

表6-2 三井物産台湾店の商品別取扱高

(単位:千円)

年度	台湾炭	機械*	砂糖	台湾米	大豆粕	化学肥料	樟脳 (A)	アヘン (B)	A+B	合計
1910 (C)	205 (1.2)	1,455 (8.7)	1,458 (8.7)	1,788 (10.6)	408 (2.4)	47 (0.3)	2,406 (14.3)	5,960 (35.5)	8,366 (49.8)	16,798 (100.0)
1925 (D)	10,541 (23.2)	1,406 (3.1)	3,233 (7.1)	7,092 (15.6)	5,125 (11.3)	3,111 (6.9)	2,034 (4.5)	2,147 (4.7)	4,181 (9.2)	45,413 (100.0)
D/C	51.4	1.0	2.2	4.0	12.6	66.2	0.8	0.4	0.5	2.7

出所:前掲『事業報告書』各期,長妻廣至「戦前期三井物産の台湾における活動——米と肥料の流通を中心として」(長妻廣至遺稿集刊行会編『農業をめぐる日本近代——千葉・三井物産・ラートゲン』日本経済評論社,2004年) 7頁より作成。
備考:1) 本表および本文中の台湾店の数値は,台北店と台南店の合計値を示す。
  2) 各項目の下段,括弧内の数値は各年度の合計に占める割合を示す。
  3) *1910年度の機械は鉄道用品を,1925年度には金物・鉱油を含む。

ナーに依存せず,自己のコストとリスク負担で取引の継続を図ったことが示される。

戦間期の台湾市場を事例とした以上の分析を通じて本章は,帝国内市場における総合商社の活動とそれが生み出す商社間競争の構造や戦略を解明しうると考えている。

第1節　台湾市場における三井物産の活動

(1) 台湾市場における三井物産の事業戦略

本節では,台湾市場における三菱商事の行動を制約したと考えられる三井物産のプレゼンスについて簡単に概観し,次節以降になされる検討の予備的観察を行う[4]。

表6-2に,1910年度と1925年度の2時点における三井物産台湾店の商品別取扱高を示した。この15年間において注目すべき変化は,次の2つである。1つは,台湾総督府専売品である樟脳・アヘン(A+B)の後退である。もう1つは,減少する専売品を補完するように拡大する多様な商品群の存在である。この変化は,1896年11月に「御用商売ヲ目的トシテ出来」[5]た台湾店が御用商

表6-3 台湾における主な坑区・経営者および出炭量（1924年度，1.5万トン以上）

坑名	地区	鉱主または経営者	設立年月	資本金 (千円)	取扱者	出炭量 (千トン)
四脚亭	瑞芳	基隆炭砿	1918. 3	10,000	三井物産	471
石底*	瑞芳	台陽鉱業	1918. 6	5,000	鈴木商店	137
田寮港	基隆	基隆炭砿	—	—	三井物産	120
金包里	基隆	台湾炭砿	1917. 9	1,500	三井物産	113
四脚亭	瑞芳	鉄道部	—	—	三井物産	71
東和*	瑞芳	東和炭砿公司	1920. 8	100	三井物産	41
北港口	五堵	後宮炭砿	1921. 3	700	三井物産	31
海山*	鶯歌	海山炭砿	1925. 4	1,000	鈴木商店	22
獅球嶺*	基隆	林冠世	…	…	自売	21
鹿寮	五堵	城崎彦五郎	—	—	三井物産	20
烘内	五堵	基隆炭砿	—	—	三井物産	20
大安寮	板橋	山本義信	—	—	自売	19
田子内（八堵炭砿）*	八堵	黄東茂（呉子瑜）	…	…	三井物産／自売	18
双渓	台北	士林炭砿	1913. 5	1,000	自売	17

出所：三井物産台北石炭支部『台湾炭砿誌』（1925年）附録表より作成。
備考：1) *は，台湾人経営の炭砿を示す。
　　　2) —は前出もしくは該当なし，…は不明を示す。

売から脱却していく過程を意味する。そこで，取扱高の拡大が顕著であった台湾炭および肥料（大豆粕・硫安）の取引からこの過程を確認したい。

　すでに1900年代初頭の段階において三井物産は，御用商売に依存する活動の限界を自覚していた。1903年の支店長諮問会において台北支店長の藤原銀次郎は，「阿片ノ如キモノモ段々儲カラナクナッテ」きたとし，「迚モ斯ウ云フ事〔御用商売〕ノミニカヲ入レテ居ッテハ何ニモナラナイ」から「其他ニ何カ商売ヲ見付」ける必要があると報告している[6]。ここで藤原が有望視した商品は，台湾米・砂糖および綿布であった[7]。

　1925年度において台湾店最大の取扱品となった台湾炭は，取引の拡大が必ずしも期待されていたわけではない[8]。交通機関の不備のために台湾炭の流通範囲が産炭地である北部に限定されていたこと，台湾において最も優良とされる四脚亭・金包里地方の炭山が海軍予備炭田に編入され，採炭を禁じられたことがその背景にあった[9]。ところが，1907年に海軍予備炭田が開放され[10]，1908年に台湾縦貫鉄道が全通すると，三井物産は従来の消極方針を転換する。1911

表6-4 需要者別

年度	製糖会社			農会			台湾肥料会社			(小計)		
		三井物産			三井物産			三井物産			三井物産	
1921	1,192	431	(36.2)	1,449	801	(55.3)	169	156	(92.3)	2,810	1,388	(49.4)
1922	1,032	438	(42.4)	1,021	122	(12.0)	136	61	(44.9)	2,189	621	(28.4)
1923	940	573	(61.0)	939	137	(14.6)	316	200	(63.3)	2,195	910	(41.5)
1924	1,052	565	(53.7)	1,197	774	(64.7)	458	342	(74.7)	2,707	1,681	(62.1)
1925	978	589	(60.2)	1,703	886	(52.0)	340	192	(56.5)	3,021	1,667	(55.2)

出典：三井物産台南支店長『支店長会議参考資料』(1926年) 50～62頁，三井文庫所蔵（物産387）より作成。
備考：括弧内の数値は，各項目に占める三井物産のシェアを示す。

年に四脚亭炭砿の一手販売権を取得し，さらに1918年の基隆炭砿設立に際しては同社資本金250万円の60％を出資して経営権を手中に収めた。以後，台湾炭砿の金包里炭などの一手販売契約も次々と取得し，1924年までにほぼすべての主要炭鉱の一手販売契約を得るにいたった（表6-3）。

　以上の経緯を経て1909年度には900トンにすぎなかった三井物産の台湾炭積出量は，1912年度には8.7万トン，1924年度には91.4万トンへと飛躍的に増加した[11]。1912年度には31.6％であった台湾炭総積出量に占めるシェアは，1924年度には62.1％へと高まった。これは，既述した一手販売契約や資本出資を伴う内部化戦略が効果的であったことの証左といえる。一方，1924年度のデータをもとに台湾店の台湾炭販売実績を確認すると，香港・広東市場を中心とする輸移出が46.7万トン，大阪商船・日本郵船などの船舶焚料が23.0万トン，島内需要向が21.7万トンであった。島内需要の構成は判然としない。しかし，台湾島内の中心的なエネルギー消費者であった籾摺・精米工場が有する動力機の多くが電動であったことを鑑みれば[12]，そのほとんどは総督府鉄道部，殖産局，専売局といった官庁および製糖会社の大口需要であったと考えて差し支えないだろう[13]。台湾炭の取引拡大は，炭鉱との一手販売契約あるいは内部化による大量安定供給を梃子に信用性の高い大口需要との特化によってなされたのである。

　1925年度までの期間に顕著な拡大をみた肥料の場合も台湾炭取引と同様に大

大豆粕販売量

(単位：千枚，%)

中小需要者	三井物産		合計	三井物産	
1,338	165	(12.3)	4,148	1,553	(37.4)
970	81	(8.4)	3,159	702	(22.2)
1,238	193	(15.6)	3,433	1,103	(32.1)
1,736	213	(12.3)	4,443	1,894	(42.6)
2,425	275	(11.3)	5,446	1,942	(35.7)

量安定供給と大口需要への特化が重要な意味を持っていた。1910年代末から20年代初頭にかけての台湾では，農会による肥料共同購買事業や製糖会社の施肥奨励によって販売肥料の消費が急速に拡大した[14]。

大連店が調達した大豆粕の販売先は，表6-4に示したとおりである。製糖会社，農会，台湾肥料会社といった大口需要者との取引において三井物産は高いシェアを占めている。また，硫安の場合には台湾市場で選好される英独安を供給するブランナ・モンド商会やハー・アーレンス社との良好な関係によって円滑な商品仕入が可能であった[15]。1925年度の高雄港における硫安輸移入量2万7,877トンのうち，三井物産は約54%に相当する1万5,048トンを取り扱っていた[16]。その取引先別シェアは明らかにならない。だが，1924年度における台湾南部の硫安需要量3万3,854英トンのうち製糖会社のそれは2万4,952英トンで約74%を占めていること，台南店における硫安販売の拡大は「大正十三〔1924〕年度ヨリ…(略)…各製糖会社ノ硫安使用奨励ニヨリ之レガ売込ミニ専念同品ノ取扱高激増シタル結果」[17]であると報告されていることから，製糖会社を中心とする大口需要がやはり大きな意味を持ったと考えてよいだろう。

以上のように，1920年代前半までの三井物産が台湾市場において選択した事業戦略は，活動拠点の開設目的であった御用商売からの脱却を図りつつ，安定的な供給源を確保し，信用しうる大口需要者との取引を重視することであった。三井物産が活動拠点を開設した直後の台湾には，官庁を除けばめぼしい大口需要は存在しなかった。ところがその後，製糖会社の台湾進出や農会の組織化，あるいは農業加工品の対日移出拡大に伴う台湾航路の便数増加によって大口需要が形成された。こうした大口需要への依存によって三井物産は，商慣習の異なる台湾の伝統的な流通機構を直接に利用することなく高いシェアを確保する

ことが可能であった。大口需要が島内流通機構の中心に位置する限りにおいて三井物産は，台湾市場において持続的に高い競争力を保持しえたのである。

(2) 現地流通機構と三井物産

しかし，こうした特色は大口需要者以外との取引における三井物産の活動が相対的に低調であったことと表裏の関係にある。事実，表6-4に前掲したように，大豆粕販売において三井物産は大口需要者との取引では高いシェアを占める一方，中小需要者との取引シェアは低位にあった。大豆粕販売の場合，「米肥料ハ農会入札ノモノヲ除キ全部小口引合」であったが，この中小需要に対応した杉原商店などの「資力薄弱ナル同業者ノ活動」によって競争が激化し，「本島輸移入高ノ趨勢ニ就テ見ルニ，三流筋ノ取扱高逐年増加ノ傾向」となったためである[18]。表6-4に示したように，1921年度には133.8万枚であった大豆粕の中小需要は，1925年度には242.5万枚とほぼ倍加したが，三井物産のシェアは停滞傾向にあった。

この問題について三井物産がまったくの無自覚であったわけではない。事実，台南店は中小需要者との取引拡大に関するいくつかの対策を検討している[19]。とはいえ，「小口引合ハ…（略）…自然手数ヲ要スル事甚ダシ」いため，三井物産に高い取引コストを課すことになり，また中小需要者との取引を拡大するためには三井物産が「信用薄弱」と認知する現地の中小肥料商と取引せざるをえないという問題が生じた。中小需要者との取引拡大は，結局のところ「引合機関不備ニシテ現在ノ当店制度ノ下ニ於テハ之以上手ヲ延バス事不可能」[20]であると台南店は報告している。1925年度の段階において三井物産は，成長が予測される中小需要の重要性を認識しつつ，当面は大口需要への対応に焦点を絞った戦略が選択されていたと考えられる。

一方，三井物産にとって重要な取扱品であった台湾米を買い付ける場合，現地流通機構とのコミットは不可避であった[21]。この場合，三井物産が好ましいと考える取引のあり方と現地の商慣習に規定されたそれが乖離するという問題が生じる。実際に三井物産は，①三井物産と農民の間に介在する台湾人商人の

機会主義的行動，②機会主義的な行動に基づく売買破約を抑制する法的拘束力の不明確性，という問題に直面していた[22]。台湾米取引の拡大はこの克服が課題とされた。

この克服を可能としたのは，売越買越制度に基づく見込商売と台湾人商人との関係性を強化するために開始された前貸金の貸与であった[23]。この2つの制度によって三井物産は現地流通機構を担う台湾人商人との継続的な取引が可能となった。そして，継続的な取引を通じて次第に両者の間に信用関係が構築され，台湾人商人は機会主義的な行動を抑制するようになった。以上のような経緯を経て1925年度における三井物産の台湾米取扱高は，709.2万円に達した。

しかし，三井物産が零細多数の台湾人商人を組織し，高いシェアを確保し続けることは容易ではなかった。1920年以降，三井物産本社が第1次世界大戦期において著しく膨脹した見込商売の引き締めに転じたため，台湾店の台湾米取引は停滞することになった[24]。1922年には内地種米である蓬莱米[25]の対日移出が開始され，移出量は1925年までに71万石から233万石に急増した。しかし，第7章で詳しく検討するように，これを牽引したのは三井物産ではなく，現地の台湾人移出商であった。1918年には三井物産82万袋，瑞泰14万袋，方協豊13万袋であった移出米取扱量は，1925年には三井物産53万袋，瑞泰264万袋，方協豊49万袋となった。1920年代前半の台湾米取引における三井物産の市場支配力は決して強固ではなかった。

以上，後発の三菱商事の行動を制約した三井物産の先発優位について，1920年代前半までの状況から概観してきた。ここで得られた知見は，以下の通りである。第1に，1920年代前半までの台湾市場における三井物産の基本的な行動は，安定的な供給源と信頼しうる大口需要の確保にあった。これが実現した台湾炭と肥料の取引において三井物産は，伝統的な現地流通機構に依存することなく高い市場支配力を保有しえた。新規参入者である三菱商事にとって大口需要者との取引は，こうした三井物産の先発優位が障害になったと考えられる。第2に，中小需要者との取引や台湾米取引では，現地流通機構を媒介とせざるをえないことから，三井物産の先発優位は相対的に緩やかであった。しかし，

表 6-5　三菱商事台北（基隆）・高雄各店の商品売買売上高・

		1927上			1927下			1928上		
		売買売上高	手数料売上高	利益	売買売上高	手数料売上高	利益	売買売上高	手数料売上高	利益
台北（基隆）	燃料	679	0	27	462	—	11	364	3	9
	金属	46	2	1	172	2	6	275	6	9
	機械	8	0	1	21	8	2	44	—	5
	穀肥	6	—	0	—	—	—	892	58	9
	雑貨・食品	—	—	—	—	—	—	3	—	0
	合計	739	2	29	655	10	19	1,578	67	32
高雄	燃料	2	—	0	1	235	26	19	34	2
	金属	—	—	—	—	1	0	—	—	—
	機械	—	—	—	26	—	1	1	—	0
	穀肥	337	—	4	1,543	283	15	1,871	287	13
	雑貨・食品	—	—	—	2	—	0	—	—	—
	合計	339	—	4	1,572	519	42	1,891	321	16

出所：三菱商事『綜合決算表』各期，三菱経済研究所付属三菱史料館所蔵（MC1055-MC1059）より作成。
備考：1）　表中の―はゼロ，0は1,000円未満を示す。また，500円未満は四捨五入した。したがって，各項目の合計
　　　2）　三菱商事の管理会計制度は，個別計算方法による一店計上主義に基づく部別損益計算制度を採用しており，これは，「社内各店間で互いに駆け引きをして取引し，利益を競うような弊害を防ぐ」ために，各支店の正理編』1986年，154頁）。
　　　　　以上のような管理会計制度は，支店に対する本店の管理機能としては興味深いが，本章のように各支店単そこで本章では，以下の手順で本表を作成し，分析を試みた。①三菱商事『綜合決算表』には，創業から売店・仕入店ごとに残されているため，本章が分析対象とする台北（基隆），高雄両店が元扱店・販売店従って元扱店あるいは販売店に計上されるが，本章ではこれをすべて台北（基隆），高雄両店に帰属させた。
　　　3）　本表では，以上のような事情により三菱商事社内の手続きと異なる計算方法を採用したため，前掲表6-1

この場合，商慣習の異なる現地流通機構や取引相手の零細性，有力な現地商人の存在が三菱商事の活動を規定したと考えられる。

第2節　三菱商事の台湾市場進出

(1)　三菱商事の台湾市場進出

　1918年に設立された三菱商事の台湾市場進出は，1924年の香港支店による基隆出張員の派遣を嚆矢とする[26]。その後，三菱商事は1927年に基隆と高雄に出張所を設け，1930年には前者を，1935年には後者をそれぞれ支店に昇格させ

第6章　総合商社の活動と競争構造　195

手数料売上高および利益（1927年上期～1929年上期）

(単位：千円)

1928下			1929上			期間平均			
売買売上高	手数料売上高	利益	売買売上高	手数料売上高	利益	売買売上高(A)	手数料売上高(B)	利益(C)	C/(A+B)(%)
240	1	6	235	1	5	396	1	12	3.0
308	50	6	296	30	4	219	18	5	2.1
55	332	10	94	48	6	44	78	5	4.1
1,634	99	14	1,728	39	12	852	39	7	0.8
5	—	0	—	—	—	2	—	0	4.0
2,241	482	37	2,352	119	28	1,513	136	29	1.8
69	255	26	35	82	7	25	121	12	8.2
—	1	0	—	1	0	0	0	0	3.2
0	—	0	—	—	▲0	6	—	0	5.3
2,764	93	7	3,149	84	16	1,933	150	11	0.5
17	3	▲1	24	35	2	8	8	0	1.7
2,850	351	32	3,208	202	24	1,972	279	24	1.0

は一致ないことがある．
り，取引の損益は元扱店もしくは販売店に計上される．一方，販売店などその他の扱店は無利益・無手数料としていた．
しい損益を意図的に表示しなかったためである（三菱商事『旧三菱商事全史3　業務史（第1分冊）総務編／業務管

位を分析対象としてその営業活動を具体的な検証をしようとする場合，活動の結果を正確に把握しえないことを意味する．
1929年上期までの商品別買入数量，買入代，売上代，売買損益，手数料取扱数量・金額，手数料金額等が元扱店・販
仕入店であった取引すべてを抽出し，集計した．②それらの取引で生じた売上高や利益は，三菱商事の社内ルールに
③台北（基隆），高雄両店相互の間に生じた取引は，両店に重複して計上した．
の数値と一致しない．

た[27]．以下，本節では台湾市場に進出した直後の三菱商事の活動を売上高および利益の面から検討する．この検討は，本来であれば1920年代後半から1930年代にいたる連続するデータによってなされることが望ましい．しかし，資料の制約上これは困難であるため，本節では1927年上期から1929年上期にいたる限定的なデータ（表6-5）を用いて検討を進める．

　三菱商事が台湾に出張員を派遣し，活動拠点を開設した目的は，台湾炭の香港向輸出と台湾市場における肥料販売の2つにあった[28]．これを反映するように，1927年上期の売上構成は石炭を中心とする台北店の燃料と肥料を中心とする高雄店の穀肥を大宗としていた．ところがその後，台北店の台湾炭取引は低迷し，売上・収益の中心は台湾米を中心とする穀肥へと転移する．一方，高雄

店では肥料取引の順調な拡大が見られるほか，製糖会社との重油供給契約によって売上を伸ばした燃料重油（アソシエイテッド・オイル社委託品）[29]の取引を収益の柱としていた。表6-5のデータは，拠点開設の目的であった台湾炭取引が何らかの問題に直面する一方，肥料取引の場合にはこの問題が解決された結果であると解釈すべきであろう。そこで本節では，まず三菱商事が台湾炭取引において直面した問題を観察し，次いで肥料取引を拡大しえた要因について検討したい。

　台湾炭取引の低迷について台北店は，有力な販売市場として期待された香港・広東市場が「一旦排日貨勃発センカ輸出ハ立処ニ途絶シ…（略）…営業上危険多ク且ツ不安定」となり，加えて「銀塊相場日ヲ追ツテ暴落シ為替不利」になったと報告している[30]。そして，当初目論んでいた輸出業務の停滞を打開するため，「輸出炭ハ寧ロ従トシ島内売炭ヲ主トシ専ラ島内諸工場並基隆積汽船焚料炭売込ニ全力ヲ注」いだものの，「島内売炭ヲ開始スルニ当リテハ見ル可キ地盤無ク不尠苦境ニ陥」ったと説明している。

　三菱商事が「見ル可キ地盤」を構築できなかった最大の要因は，先行する三井物産の市場支配力にほかならない。この問題は，同時代の『台湾日日新報』でも取り上げられている。同紙の記事「三菱の割込／可能性あるか」は，三井物産が台湾島内の主要炭鉱を押さえ，肥料取引においても大口需要を中心に高いシェアを占めていることから，三菱商事が台湾市場に「突然割込みを策するも不成功は火を見るよりも明らか」と結論している[31]。1928年度において台北店が販売した台湾炭は，1.6万トンであった[32]。前述したように，1924年度における三井物産の台湾炭取扱高が91.4万トンであったことを鑑みれば，台湾炭取引における両社の隔絶は『台湾日日新報』が予測したように明白であった。

　三菱商事がシェアを少しでも拡大し，三井物産にキャッチアップするためには，三井物産と関係しない中小炭鉱から石炭の確保を目指さざるをえない。ところが，中小炭鉱との取引は商品の品質や信用リスクのモニタリングなどに要する取引コストを高めることになる[33]。そこで，三菱商事は「信用足る取扱者を介在せしめ責任を負担せしめんとする方針」[34]を採用して中台商事を現地

パートナーとし，取引において生じるリスクの緩和を試みたのである[35]。

とはいえ，前掲表6-5で確認したように，この提携が三菱商事に対してただちに売上と利益をもたらしたわけではない。また，シェアの拡大も容易ではなかった。やや後の時期となるが，1934年度の時点において三菱商事台北店が取り扱った台湾炭は16.4万トンで，前述した1928年度段階に比すれば急速な拡大が見られるものの，これは同年度の台湾における総出炭142.7万トンのわずか11.5％にすぎなかった[36]。台湾における三菱商事の台湾炭取引は，「我社は終に炭坑を経営せず，貯炭場を備へず，常に基隆FOB（島内売はFOR）の買入炭により売炭を維持したのであるから取扱高にも自から限界があつた」[37]のである。

(2) 現地流通機構との戦略的提携

低迷する台湾炭取引とは対照的に順調な拡大をみた肥料取引について検討しよう。台湾に活動拠点を設置する以前の段階においてすでに三菱商事は，本店もしくは大連店の掛員を台湾に派遣して農会の肥料共同購買入札に参加しつつ，製糖会社への売り込みを図っていた。ところが，大口取引先の確保は困難を極め，「特別関係ニアル明治製糖ヘ十二十三年度〔1923～24年度〕多少売込ミタル外未ダ同社ノ手ニ〔農会の肥料共同購買において〕落札シタルモノナシ」[38]という状態であった。前掲した『台湾日日新報』の記事にあるように，肥料取引の場合にも先行する三井物産の市場支配力に直面することとなったのである。

この問題を解決するために高雄店は，台湾市場に強靭な販売ネットワークを有する杉原商店と硫安の販売について提携した。この戦略の主眼は，三井物産の競争力が相対的に弱い中小需要に焦点を絞り込んでシェアの拡大を図ることにあった。その結果，「当所〔高雄店〕開設以来既ニ根強キ地盤ヲ有スル三井ニ対抗競合ヲ続ケタル為尚予期ノ成果ヲ挙クルニ不至モ…(略)…一方地方向トシテハ杉原商店トノ提携ニ依ツテソノ取扱量ハ優ニ三井側ヲ凌ク」ことになったのである[39]。

では，中小需要に焦点を絞った杉原商店との戦略的提携は硫安販売の拡張に

表6-6　三菱商事高雄店の大豆粕・硫安売上高
(単位:千円)

		1927	1928
大豆粕	高雄店売上高（A）	114	575
	三菱商事売上高（B）	4,018	10,954
	台湾島内消費高（C）	8,789	12,196
	A/B（%）	2.8	5.2
	A/C（%）	1.3	4.7
	（参考）本部	944	3,429
	名古屋	1,164	1,369
	門司	684	1,161
硫安	高雄店売上高（A）	1,726	2,801
	三菱商事売上高（B）	14,385	11,878
	台湾島内消費高（C）	5,469	9,845
	A/B（%）	12.0	23.6
	A/C（%）	31.6	28.5
	（参考）本部	5,395	3,147
	大阪	3,113	2,083
	神戸	2,977	2,082

出所：前掲『綜合決算表』各期（MC1055-MC1058），台湾総督府殖産局肥料検査所『昭和四年肥料要覧』（1930年）26～29頁より作成。
備考：1）1927年上期の硫安売上高は判明しないため，「化学肥料」の売上高で代替した。
　　　2）上記の売上高は，三菱商事の自己勘定によって売買およびその損益が発生したものを示し，手数料売上高は含まない。

どの程度の効果を生み出したのであろうか。ここでは，杉原商店と提携せず，高雄店が「地方向直接取引」[40]を行っていた大豆粕との比較からその効果を検証してみよう（表6-6）。なお，肥料の施肥および農民の購買行動には季節性があるため，ここでは年間データが得られる1927～28年度に限定してその数値を掲げた。

同表によれば，高雄店の大豆粕売上高は1927年度11.4万円，1928年度57.5万円で，三菱商事全体の2.8～5.2％であった。これに対して硫安は，1927年度172.6万円，1928年度280.1万円で，同12.0～23.6％を占めている。こうした三菱商事社内におけるウエイトの差は，硫安販売における杉原商店との提携が効果的であったことを意味する。高雄店は，杉原商店との提携を通じて社内の有力な硫安販売店に急成長したのである。

別のデータからもこの提携の効果が確認される。1927年度の台湾市場における肥料消費高は，大豆粕878.9万円，硫安546.9万円，同1928年度は大豆粕1,219.6万円，硫安984.5万円と推計されている。同表に掲げた高雄店の売上高から市場シェアを推算すると，大豆粕は1927年度1.3％，1928年度4.7％であるのに対し，硫安は1927年度31.6％，1928年度28.5％となる。大豆粕取引に関する三菱商事の競争力が決して低くなかったことを鑑みれば[41]，大豆粕と硫安のシェアの差異は，販売力の強弱に起因するものと判断して差し支えないだろう。

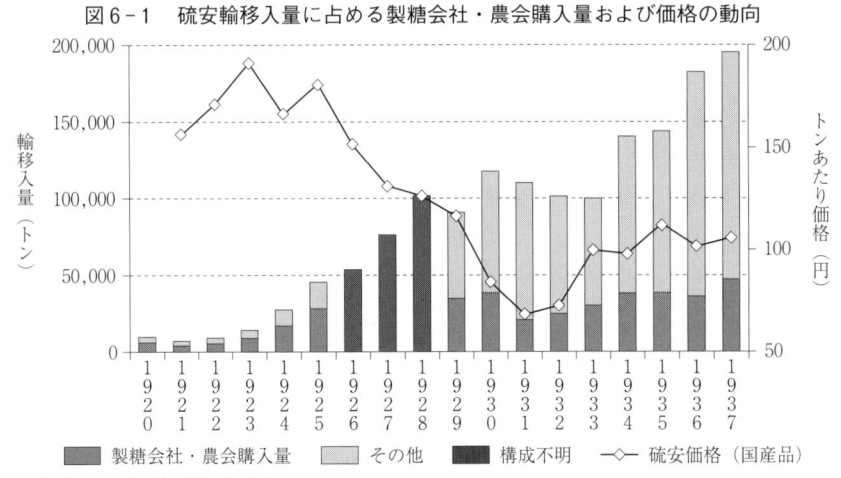

図6-1 硫安輸移入量に占める製糖会社・農会購入量および価格の動向

出所：前掲『肥料要覧』各年度より作成。
備考：1) 1920～25年度の単位は斤であったが，1斤＝0.6トンとして換算した。
2) 1926～28年度における製糖会社の購入量が明らかにならないため，構成不明として掲げた。

　三菱商事は，杉原商店が持つ現地での販売力を利用することで不足する経営資源を補い，台湾市場におけるシェアを急速に高めたのである[42]。

　以上のような提携が効果を持ちえた外部環境要因にも目配りする必要がある。台湾市場における硫安価格は，1925年以降低下傾向にあったが，1927年以降の世界的な窒素供給過剰化や1929年後半以降のいわゆる「外安ダンピング」がこれをさらに加速させた（図6-1)[43]。硫安価格の急落を受けて台湾島内における硫安需要は急速に高まった。従来，硫安の施肥は甘蔗作地に限定されていたが，次第に水稲作地においても消費されるようになった[44]。その結果，1925年には4.6万トンであった台湾の硫安輸移入量は1930年には11.8万トンに達した。

　ここで注目したいのは，「その他」で示される中小需要の拡大である。1920年代前半の硫安輸移入量に占める中小需要の割合は，ほぼ40％で推移していた。その後，その割合は急増し，1929年には61.7％，1931年には81.3％へと達する。1920年代前半において急増した台湾市場の硫安需要は1920年代後半以降も継続的な拡大をみた。ただし，その拡大を牽引したのは三井物産の競争力が強い製糖会社・農会などの大口需要ではなく，三菱商事・杉原商店が注目した中小需

要であった[45]。三菱商事・杉原商店は，急成長する中小需要に焦点を絞ることで台湾市場における硫安販売シェアを高め，大口需要に強みを持つ三井物産を追撃していったのである。

　現地有力パートナーとの戦略的提携は，三菱商事が台湾米取引に参入し，シェアを拡大するうえにおいても重要な役割を担った。前節で述べたように，零細多数の在地商人から商品を仕入れざるをえない台湾米取引の場合，日本国内とは異なる商慣習を持つ流通機構にコミットする必要があった。そこで台北店は，1928年に林本源家の林柏寿と提携し，林に産地買付を担当させ，自らはその委託を受けて日本国内で売りさばくこととした[46]。次いで1929年4月，「杉原は従来の内地取引先中三菱の取引関係ある手筋との取引は手を引く代りに三菱の関係しない方面に対しては直接シーアイエフで取引することが出来る条件」で「事実上三菱と杉原とは肥料と米とに提携すること」なった[47]。第7章で詳しく論じるように，1929年における移出商別の台湾米移出量は三井物産158.5万袋，瑞泰142.2万袋に対し，新たに参入した杉原商店の取扱量は110.4万袋に達した。杉原商店の側から見れば，三菱商事が持つ日本国内の販売網を通じて先行する三井物産や瑞泰にキャッチアップすることが可能となったのである。

　1920年代後半における三菱商事在台湾店の売上構成や収益源が台湾米・肥料といった非差別的ステープル商品に偏倚した要因は，次の3つに要約されよう。第1に，この2つの取引領域における三井物産の先発優位が台湾炭取引などに比して相対的な低位にあったことである。第2に，当該期間は台湾米の対日移出が持続的に拡大した時期であり，またこれを支える台湾農業のあり方が肥料多投型のそれへと転換する時期でもあったことである。これら2つの要因は，成長が著しい台湾米および肥料取引には後発企業が参入する余地が大きく残されていたことを意味する。そして第3に，きわめて有力な現地パートナーである杉原商店との戦略的提携が効果的な結果を生んだことである。この提携によって三菱商事は，商慣習の異なる現地流通機構に直接コミットすることなく，台湾市場に参入することが可能となったのである。

第3節　1930年代の台湾市場における競争構造

(1)　1930年代後半の台湾市場における三菱商事の活動

　帝国日本がますます植民地への依存を高めていく1930年代において，1920年代後半の台湾市場で形成された商社間競争の構造や戦略はどのように変容したのであろうか。杉原商店との戦略的提携を競争力源泉とする三菱商事の行動は，こうした過程においてどのような影響を受けたのであろうか。本節では，主として三菱商事の活動に注目しつつ，比較対象としての三井物産にも目配りしながらその過程を観察する。なお，この観察は1936年上期から1937年下期にかけての支店別部別売上高および利益を掲げた表6-7を用いて行われる。同表がカバーする期間が4期分にすぎないのは，前掲した表6-5と同様に資料の強い制約のためである。

　同表からは，前節で見た非差別的ステープル商品に特化する収益構造の継続性が一見しうる。また，高雄店の場合には燃料（燃料重油・機械油）の取引が利益構成において重要な役割を果たしている。従来の製糖会社向需要のほか，海軍艦船用燃料や日本アルミ高雄工場向販売が加わったためである[48]。

　非差別的ステープル商品への継続的な特化は，高雄店の燃料重油を除く原料などの第1次産品や技術的に高価な消費財の取引活動が依然として不活発であったことを意味する。この問題について，台湾炭取引の低迷については前節で詳述したので[49]，ここでは機械取引を事例にその停滞要因を確認しよう。

　植民地期の台湾は帝国日本の農業植民地としての印象が強い。台湾米・肥料に特化する三菱商事の支店活動は，こうした植民地的性格を反映したものであった。とはいえ，一方では機械を中心とする資本財の対日移入も小さくなく，とりわけ1920年代後半から1930年代後半にかけて顕著に拡大する点にも注意を要する[50]。事実，1936年度上期の三井物産台北店『考課状』は，台湾市場における機械取引の活況とこれを担う自社の活動を克明に記している[51]。これとは

表6-7 三菱商事台北・高雄両店の商品売買売上高・

		1936上			1936下			1937上		
		売買売上高	手数料売上高	利益	売買売上高	手数料売上高	利益	売買売上高	手数料売上高	利益
台北**	燃料	109	448	18	38	577	21	121	478	23
	金属	263	20	3	104	1	2	205	—	4
	機械	50	411	10	60	330	8	84	460	13
	農産	12,339	925	159	8,673	790	120	10,350	843	171
	肥料	1,965	22	30	1,855	349	6	2,357	109	63
	水産	113	33	3	—	91	2	—	70	2
	雑貨	19	126	4	7	178	5	103	146	6
	合計	14,858	1,986	227	10,737	2,316	164	13,220	2,105	282
高雄	燃料	98	337	42	99	446	64	53	514	54
	金属	98	3	5	244	101	5	494	—	5
	機械	17	211	11	21	115	5	20	145	6
	農産	838	161	6	3,633	302	33	5,502	42	62
	肥料	3,285	14	0	3,107	114	▲6	3,670	30	78
	水産	13	30	2	10	24	2	9	73	3
	雑貨	108	97	3	931	102	13	299	148	20
	合計	4,457	853	70	8,046	1,204	116	10,047	951	228

出所：前掲『綜合決算表』各期，三菱商事『各部損益明細表』各期，三菱経済研究所付属三菱史料館所蔵（MC1075-
備考：1） 表中の一はゼロ，▲はマイナス，0は500円未満を示す。また，1,000円未満は四捨五入した。したがって，
2） 本表は，前掲表6-5と同様の方法によって作表した。
3） *営業費の合計には，部外営業費を含む。**台北には，基隆出張員の数値を含む。

対照的に三菱商事の機械取引は低調であった。1937年の高雄店『事務引継書類』は，次のように報告している。

> 当地方需要家ノ主ナル者ハ各製糖会社ナルガ製糖会社向機械ノ取引ハ長年ノ間他店ノ跳梁ニ委ネタル関係上所要機械ノ有力ナルメーカーノ代理権ハ…（略）…殆ンド総テ他店ニ占領セラレ売込分野略ホ一定致居遅レ馳セノ我社ノ喰込却々困難ナリ[52]

ここで示される「他店」は，三井物産のことを差すと考えてよいだろう。使用耐久年数が長く，メンテナンスを必要とし，部品の規格性が強い機械取引の

手数料売上高および利益（1936年上期〜1937年下期）

(単位：千円)

1937下			期間平均					
売買売上高	手数料売上高	利益	売買売上高(A)	手数料売上高(B)	利益(C)	C/(A+B)(%)	営業費(D)*	C/D
108	721	21	94	556	21	3.2	13	1.6
421	—	9	248	5	5	2.0	4	1.3
217	213	13	103	354	11	2.4	10	1.1
11,256	1,155	166	10,654	928	154	1.3	57	2.7
1,545	318	36	1,930	200	34	1.6	12	2.8
17	33	4	33	57	3	3.3	1	3.0
212	82	10	85	133	6	2.8	3	2.0
13,777	2,523	259	13,148	2,232	233	1.5	101	2.3
131	866	75	95	541	59	9.3	12	5.0
367	—	12	301	26	7	2.1	2	3.5
63	180	7	30	163	7	3.6	8	0.9
3,008	131	48	3,245	159	37	1.1	26	1.4
3,903	1,035	81	3,491	298	38	1.0	13	2.9
18	10	0	13	34	2	4.3	3	0.6
435	101	41	443	112	19	3.4	7	2.7
7,925	2,325	264	7,619	1,333	169	1.9	73	2.4

MC1086) より作成。
各項目の合計は一致しないことがある。

場合，取引関係の固定化を招きやすいため，三菱商事の後発性はただちに競争劣位へとつながったのである。

　また，硫安取引などで強味を発揮した中小需要者との取引についても三菱商事は問題を抱えていた。たとえば台北店は，一手販売契約を持つ「安治川鉄工所製ノ捲揚機及送風機等」を中小炭鉱に「売込ミ度ク考ヘ居レドモ」，「何分全所製品ハ優良ナレドモ値段ガ高キ為メ小資本ノ炭坑業者ニ対シテ不向ノ観アリ二流メーカートノ競争困難」と報告している[53]。また，内燃機関の販売についても「三菱重工業製デーザルエンヂン等ハ大体ニ於テ新潟，池貝等ノソレニ比シテ高価ノ為メ競争ニナラザル次第」であった。三菱商事が供給しうる機械は，台湾市場の中小需要者が購入するには性能過多かつ高価でありすぎた。

以上のように，機械取引において三菱商事は，三井物産の先発優位と供給可能な商品のニーズ不適合という，2つの問題に直面していた。その結果，1935年の三井物産の機械販売額は台北店だけで221万円であったのに対し，三菱商事は台北店46万円，高雄店19万円で合計65万円にすぎなかった[54]。たとえ一手販売契約によって安定的に商品を仕入れえたとしても，その商品が販売市場の競争構造と需要者のニーズに合致していなければ競争力として発揮されないことがわかる。

　一方，台湾米・肥料を中心とする非差別的ステープル商品の取引では，順調な拡大が看取されることから，三菱商事は引き続き相応の競争力を発揮したものと考えられる。表6-7に掲げた1936年上期から1937年下期にかけての売買売上高と手数料売上高の合計（以下，各期平均）は，台北店1,538.0万円，高雄店895.2万円であった。これに対して同期間の三井物産の販売決済高は，台北店2,891.1万円（対三菱商事188.0％），高雄店1,121.6万円（同125.3％）で三菱商事のそれを大きく上回る[55]。ところが，穀肥商品に限定して両社を比較すると，三菱商事の農産・肥料の売買売上高＋手数料売上高が台北店1,371.3万円，高雄店719.4万円であるのに対し，三井物産穀肥部商品販売決済高は，台北店1,947.0万円（同142.0％），高雄店490.0万円（同68.1％）となり，両社の格差は縮小ないし逆転する。このキャッチアップが前掲表6-1に示した1930年代の三菱商事社内における在台湾店のプレゼンスを飛躍的に向上させた要因であると考えられる。この問題は重要であるので，次項で詳細に検討したい。

　次に営業利益率C/（A＋B）の側面から三菱商事の活動を確認しよう。在台湾店において最も営業利益率が高位にあった取引は，高雄店の燃料であった。これは，先に表6-5で見た1927年上期〜1929年下期と同様であり，三菱商事にとって燃料重油の取引が重要な収益源であったことが理解される。次いで，機械・水産・雑貨などが続き，台湾店の中心的な取扱品である農産・肥料の売上利益率は1.0〜1.6％程度にすぎない。台湾店が依存した非差別的ステープル商品の売上利益率は，きわめて低位にあった。

　ところが，利益を営業費で除したコスト利益率（C/D）は，台北店農産2.7，

同肥料2.8,高雄店農産1.4,肥料2.9であり,高雄店農産を例外としておおむね高位にあった[56]。これは,投下した営業費が効率的に利益を生んでいることを意味する。つまり,三菱商事の台北・高雄店は,中心的な取引品である台湾米・肥料の低い売上利益率を効率的な営業組織でカバーし,収益を生み出していたのである。

(2) 戦略的提携の限界と取引ノウハウの内部化

前節で検討したように,1920年代後半の台湾市場において三菱商事が急速にプレゼンスを高めえた最大の要因は,現地有力パートナーとの相互補完的な戦略的提携に基づく競争力の向上にあった。ただし,こうした戦略が常にメリットばかりをもたらすわけではない。そして1930年代は,戦略的提携のデメリットが顕在化した時期であった。

第1のデメリットは,戦略的提携において重要となる双方の利害調整が容易ではないことである。既述のように,台湾米の対日移出取引は産地買付のリスクが高く,また取引によって生じる営業利益率も低位にあった。それゆえ,継続的な取引を実現するためには,潜在的な競合相手である両社がこの薄利を合理的に分配しうるか否かが条件となる。しかし,この分配は現実として困難であった。満足する利益を得られない杉原商店は,わずか1年半で三菱商事との提携を解消し,自ら対日移出を手がけることとなった。三菱商事は,現地流通ネットワークを持つ提携パートナーを喪失しただけではなく,新たな競合相手の出現にも直面したのである。杉原商店が台湾米取引に参入した結果として生じた激しい競争については,第7章で改めて論じる。

現地流通ネットワークを喪失した三菱商事の対応は,杉原商店が持つネットワークを代替しうる新たな現地パートナーと提携するか,あるいは自己のコストで産地買付を行うかのいずれかが想定されるが,三菱商事が選択したのは後者であった。三菱商事は杉原商店との提携が解消されると,「自ら産地に駒を進める」ために「昭和五年〔1930年〕九月台中に出張員を設置して買付を当たらせ」た[57]。1929年に同社が直接取り扱った移出量は0.9万袋にすぎなかったが,

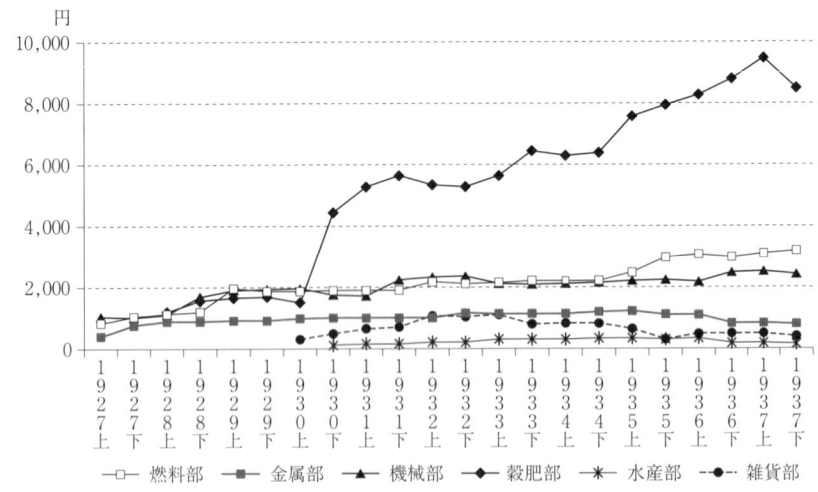

図6-2　三菱商事台北店における使用人給与の推移

出所：前掲『綜合決算表』各期（MC1055-MC1084）より作成。
備考：1930年下期に穀肥部は，農産部と肥料部に分割されるが，本図では給与額の推移を把握するために，農産部と肥料部の給与合計を「穀肥部」として掲載した。

1931年には100.7万袋に達し，1937年には三井物産に次ぐ228.0万袋を取り扱うに至った。三菱商事は，杉原商店という取引ネットワークを喪失したにもかかわらず，わずか数年で有力な台湾米移出商へと成長したのである。

こうした急成長は，①台湾米取引のノウハウを持つ現地の人的資源の活用，②現地流通機構の商慣習に適応的な取引制度の構築，によって担保された。図6-2に示したように，三菱商事は1930年上期に1,374円であった台北店の穀肥部使用人給与を同年下期には4,326円へと増加させている。他部の使用人給与はほぼ不変であったから，これは台湾米買付に要する人的資源が選択的かつ集中的に投入された結果とみなしうる。そこで，1934年度末における台北店の社員・雇員一覧を表6-8に掲げ，1930年代に増員されたと思われる台湾米買付に関係する社員・雇員に網掛けをした。

1934年度末における台湾米取引の担当者は，谷口清主任と渥美実蔵台中出張員主席の2人の日本人社員であった。しかし，台湾米取引の責任者である谷口に米穀取引の経験が認められないことや[58]，支店長や主任，出張員主席の社宅

表6-8　三菱商事台北店の社員・雇員（1934年度末）

役名	姓名	係別	給与(円)	主な担任事務	社有電話	備考
事務	田中勘次	—	…	—	○	支店長
事務	井上亮介	庶務会計係	160	—		主任
事務	谷口清	農産，肥料，雑貨係	150	—	○	主任
技師	森本好一	機械係	145			主任
事務	三宅豊	金属係	130	金属引合ならびに受渡事務		
事務	芥川史郎	石炭係	130	石炭買付・販売・受渡事務など	○	基隆出張員主席
事務	本庄林三	肥料，農産係	120	台湾米・麦粉以外の農産・肥料引合事務など		
事務	渥美実蔵	農産係	120	台湾米買付事務ならび付随出納事務		台中出張員主席
事務	黄及時	庶務会計係	120	会計・庶務		
事務	反保広之助	石炭係	110	石炭販売受渡ならび付随整理事務		基隆出張員
事務	柴山新市	雑貨，水産，機械係	95	つちや製品，缶詰類，自動車引合受渡事務		
事務	上原敏雄	肥料，農産係	85	台湾米・麦粉以外の農産・肥料引合事務など		
技師	岡田敏雄	機械係	80	機械引合受渡事務		
事務	八木隆一	会計係	70	金銭出納事務		
事務	福地邦治	農産係	65	台湾米売買整理事務		
事務	近藤隆夫	農産係	65	台湾米売買整理事務など		
事務	高橋惣吾	会計係	60	会計記帳事務		
雇員	陳金勝*	農産係	190	台湾米買付ならび受渡事務	○	
雇員	林天和	農産係	60	台中出張員補助		台中出張員
雇員	林坤鐘*	農産係	63	台湾米買付事務補助		
雇員	大川清	農産係	43	…		

出所：三菱商事台北支店『支店長引継書類』（1935年）三菱経済研究所三菱史料館所蔵（MC865）より作成。
備考：1）　本表には，庶務係のタイピストや事務員，小使，店童，掃除婦，車夫は掲載しなかった。
　　　2）　本表中の—は記述なし，…は不明を示す。
　　　3）　*陳金勝と林坤鐘の給料には，それぞれ40円と16円の住宅費を含む。
　　　4）　社有電話は，社宅・自宅に設置されたもののみを掲げた。

にのみ設置される社有電話が台湾人雇員である陳金勝の自宅にも置かれていることから，実際の取引は陳が担当していたものと判断される。これは，杉原商店との提携解消によって喪失した台湾米買付のノウハウが台湾人雇員の雇用を通じて代替されたことを意味する[59]。また，陳の給与が各係主任クラスの日本人社員よりも高給であることに注意したい。この相対的な高給は，そのノウハウの重要性を示すものと考えて差し支えないだろう。

　台湾米買付のノウハウを持つ陳が制約なく活動しうる環境が制度的に整えら

れた点も重要であろう。台湾米取引は「原則トシテ籾摺業者ヨリ買付内地移出ヲナス」が，これは「出合困難ナルニ付見越取引ニヨル」必要があり，時には「台湾正米市場ニ掛繋又ハ転売買戻ヲナス」という複雑な取引技術を要した[60]。陳が持つノウハウは，買付に関わる現地情報を迅速に処理しつつ，複雑な取引を円滑に進めうる技術と経験であったと思われる。このノウハウを活用するために三菱商事は，台中出張員の設置と同時に台北店を元扱店とする売買合計7,000袋（約10万円）の見越限度を設定した[61]。当初，三菱商事の態度は「出合ヲ原則トシ見越ハ之ガ補助トスル立前」[62]であったため，「限度少ナキヲ以テ取引困難」に陥った。そこで台北店は，「限度改正申立ヲナスコトニ本部ト下打合」，最終的に三菱商事本社は台北店4.5万袋，高雄店4万袋，その他0.5万袋の見込限度を付与した[63]。ここで重要なのは，「思惑ヲ根本トスル以上積極的取扱ハ損失大ナル場合ヲ想像セザルベカラズ」[64]とする高いリスクが認識されていたことである。そしてこれは，現地流通機構との直接取引において生じる高いリスクを三菱商事が何らかの手段で管理しえたことを意味する。この問題は，次に改めて問題としよう。

以上のように，台北店の主たる収益源は一貫して台湾米取引にあった。この収益は，1920年代後半においては現地有力パートナーとの戦略的提携に起因した。しかし，1930年代以降は現地の人的資源が持つ取引ノウハウを内部化して効率的な営業組織を形成し，三菱商事が積極的にリスクを負うことで収益がもたらされたのである。

(3) 現地流通機構へのコミットとその条件

第2のデメリットは，特定取引先への全面的な依存に基づくリスク発生の問題である。この点について杉原商店1社に硫安販売を依存する高雄店は，次のように観察している。

当方トシテハ地方向取引ヲ一店ニ限ルノ不可ナルハ将来ノ大計上ヨリ見テ素ヨリ考慮シ居タル処ニシテ殊ニ近来販売組織ノ趨勢カ直接地方進出ノ傾

向顕著ナルモノアルニ鑑ミ昨年〔1931年〕末来之カ実行ニ入リ地方取引ノ進展ヲ記シ居ル処只本島地方取引ハソノ相手ニ信用確実ナル者尠キ現状故取引ニ対シテハ常ニ十二分ノ注意ヲ不怠特ニ堅実ヲ第一義トシテ折角精進致居ル[65]

　ここでのポイントは，杉原商店への全面依存に起因するリスクを高雄店が認知していたこと，リスクを分散するために同店は直接に台湾現地の肥料商を組織し，販売網の構築を図っていたことである。この過程を1937年の高雄店『事務引継書類』から確認したい。

　台湾市場における硫安取引について同資料は，「一般農民ノ肥料ニ対スル智識向上ト共ニ成分ヨリ採算シテ不利益ナル大豆粕ノ施用ハ漸減スル傾向」にあり，「之ニ代ルモノトシテ硫安ノ需要ハ今後一層増加ス」ることが指摘されている[66]。この点は，前節ですでに確認した通りである。加えて，「各地方ノ肥料販売店ヲ経テ農民ニ販売セラル、」中小需要者の場合，「内地ト異リ吸入ハ全ク需要ナク…（略）…地方向トシテハ日窒安，昭和安，矢作安ノ如キ粉状硫安ハ撒布ノ際茎葉ニ附着スル為全ク顧ミラレズ比較的荒粒ノ独逸硫安，撫順硫安，宇部硫安，三井硫安等ガ最モ喜バレ」たという。つまり，1930年代後半の台湾市場における硫安取引では，①持続的に拡大する中小需要への対応とこれを担う現地肥料商の組織化，②台湾農民の選好に合致する粒状硫安の仕入・販売，が最も重要な課題となったと想定される。

　この点について三菱商事は，②の課題に問題を抱えていた。三菱商事が「台湾向トシテ名実共ニ一手販売権ヲ有スル硫安ハ〔粉状硫安ノ〕矢作安ノミニ限ラレ」ていたという，一手販売契約品のニーズ不適合の問題である。それゆえ，高雄店は宇部窒素工業が台湾市場向けに開発した大粒品を主力として売り込んだものの，「我社ノ外ニ本島人経営ノ泰安商行ガ直接宇部社ヨリ買付本島各地ニ販売シ居ル為メ完全ナル販売統制ヲ欠キ我社ノ進出阻害セラル、場合」があった。過燐酸石灰の場合も同様であった。三菱商事は，多木製肥所が製造する過燐酸石灰の台湾向販売を引き受けていたが，「我社以外直接多木ト特約シ居

表 5-9　三菱商事高雄店の肥料取引先および推定販売額

(単位:千円)

	1932.4	1935.3	1937.3	1937.3時点における状況	信用
杉原商店高雄支店	203 (68.5)	241 (42.6)	148 (10.7)	従来同店経営ノ肥料配合所ヲ利用各製糖会社向配合肥料売込ヲナシ同社トノ関係頗ル密接ナ状態ニアリタルモ一昨年来当方ハ内地製配合肥料取扱ヲナスニ当リ杉原モ自家製品ヲ以テ直接入札ニ参加スル様ニナリタル為同社ト各方面ニ於テ競争相手トナリ関係稍々疎遠トナリ現在ニ於テハ同社製油工場向原料大豆売込ガ同店トノ大部分ヲ占ム	A
永豊商店	—	1	231	従来ハ純三井系ナリシモ吾社ト取引関係ヲ結ブ事ノ得策ナルヲ認メ一昨年来弗々取引ヲ開始現在ニ於テハ当方ノ重要取引先トナリタリ同店ハ島内重要各地ニ支店ヲ有シ販売力資力共本島人経営肥料商中ノ第一位ヲ占ム昨年台北ニモ支店ヲ設置台北支店共取引関係アリ今後共益々同店トノ関係ヲ密ニシ各種肥料大量売込計リ度	B
義順商事高雄支店	—	26	175	本島一流肥料商ニテ積極の経営ヲナシ居レ共昨年ノ二・二六事件直後ノ硫安暴落ニモ左シタル損害ヲ蒙ラズ本年第一期各種手持肥料ノ値上リニテ相当ノ利益ヲ上ゲタル模様ニテ業績大ヅ調本店ハ台北市ニアリ吾社台北支店共密接ナル取引関係アリ	C
徳吉商店	—	—	143	従来ハ盛進商行ノ下請店トシテ活躍シ居リタルガ昨年当方ト取引開始以来純三菱系ノ店トナリ最近当地ニ支店ヲ設ケ積極的販売ニ努メ居ル、同店経営至極堅実ニシテ支払振良好第一期各種販売肥料手持ニヨリ相当額ノ利益収メタル模様ナリ	…
金順源商会	—	50	91	中部地方第一流肥料商ニシテ従来三井系ナリシモ当方取引開始以来成績漸次向上硫燐安特約店、経営積極的ナルモ堅実支払振良好	B
南隆商会	—	—	63	純三井系ノ問屋ナルモ本年三月ヨリ取引開始セリ同店ハ山半商店代表者船橋武雄氏並ニ同店員本田管三氏出資者トナリ積極的援助ヲ与ヘ居ル同店経営振余リ積極的ニ過ギル為金融稍窮屈ノ模様先ヅ第二流肥料商ナリ	E
豊南物産㈱	—	—	58	経営積極的第一期作豆粕ノ旗売ニヨリ相当多額ノ損失ヲ蒙リタル模様ナルモ最近ハ堅実方針ニ移リタリ、支払振良好	…
金聚利商店	8	52	53	同店経営ハ積極的方針ニ終始シ(加)燐安台南州下特約店トシテ活動昨年度台南州下ニテ使用セル化成肥料ノ約八割ヲ硫(加)燐安ヲ以テ売込ミタリ、同店ノ販売力見ル可キモノアリ支払振普通	E
永和商行	—	—	51	同店モ三井系ナリシガ昨年十月取引開始セルガ経営堅実方針ニテ稍々消極的ナルモ同店販売力ヲ利用シ各種肥料多量売込度支払振良好ニシテ対対行信用モ良好ナリ	…
越智鉄工所肥料部	—	—	44	同店ハ多木肥料ノ直接ノ特約店ニテ当方ノ多木過燐酸一手扱ニ支障アリ是非本島一手扱ヲ実現スベク其ノ下準備トシテ取引開始セルモノナルガ取引至極堅実ニシテ支払振モ亦良好ナリ	B

第6章 総合商社の活動と競争構造 211

	1932.4	1935.3	1937.3	1937.3時点における状況	信用
陳合發商行 高雄支店	—	—	42	本期ニ入リ取引開始セルモノナルガ台北支店トハ引続キ取引アリ今般高雄支店肥料部設置ニヨリ本期ヨリ積極的取扱方針ノ由ナリ、同店販売力其他知悉シ得ザルモ精々同店利用ノ方針ナリ支払振良好ナリ	…
福慶商行	7	35	39	純三菱系ナルモ経営頗ル消極的ニテ堅実方針ニテ進ミ居ル硫（加）硫安高雄州下特約店ニシテ逐年成績向上シツツアリ支払振至極良好	D
泉利商行	1	—	29	一時肥料取扱中継シ居リタルモ先般肥料専任係員ヲ備入レ積極的取扱ヲ開始セリ同店ハ嘉義地方ノ老舗ニシテ充分販売力今後ニ期待スルモノアリ支払振良好	…
製糖会社	28	130	161		
合　計	297	566	1,377		

出典：前掲『高雄出張所事務引継書』(1932年)、前掲、『事務引継書類』(1935年)、三菱商事高雄支店『事務引継書類』(1937年)三菱経済研究所付属三菱史料館（MC871）、商業興信所『第三十七回商工資産信用録』(1936年) より作成。

備考：1) 本表は、取引限度額から掲載各時点における契約残高を差し引いて取引先別取引額として示したものである。したがって、本表の示す数値は期間内の取引額すべてを捉えたものではないため、前掲表5-7の数値と一致しない。取引先別取引額を示した資料は管見の限り得られないため、上記のような措置で代替したことに注意されたい。
　　　2) —は記述なし、…は不明を示す。
　　　3)『第三十七回商工資産信用録』が掲載する信用程度は、屋号が併記される場合もあるが原則として個人名が記されている。屋号が併記されていない場合には、栗田政治編『昭和二年台湾商工名録』(台湾物産協会、1927年) で適宜これを補った。
　　　4) 合計には「その他」の数値を含む。

ルモノニ越智商店，山半商店ノ二者アリ，之ガ為メニ常ニ三者競合ノ形トナ」っていた。三菱商事は，台湾市場の嗜好に合致する肥料の一手販売権を有していなかったため，「薄口銭ニテモ已ムヲ得ヌニ付当分ハ兎ニ角出来ル丈ケ多量ノ売込ヲ計リ当方ノ販売実力ヲ示ス外」なかったのである。

「多量ノ売込ヲ計リ当方ノ販売実力ヲ示ス」ためには，①の課題達成が重要となる。そこで表6-9に1932年4月，1935年3月および1937年3月の3時点における高雄店の肥料取引先と推定販売額を1937年3月時点の状況とともに掲げた。同表から読み取れることは，次の通りである。第1に，高雄店の肥料販売額に占める杉原商店のウエイトが急減傾向にあることである。台湾米取引の場合と同様に三菱商事にとって競争力源泉であった杉原商店が徐々に有力な競合相手へと転じていったこと，それゆえ双方が段階的な提携解消を模索してい

たことがこの背景にあると思われる[67]。第 2 に，先に見た現地肥料商の組織化方針に基づく取引先の多様化が見て取れる。特にこの過程において組織化された肥料商の多くがかつて「三井系」であったこと，これら旧「三井系」肥料商が三菱商事の肥料販売の中心的な担い手となったことが重要である。

この問題を三井物産の側から明示的に説明する資料は得られていない。そこで，1935年下期の三井物産台北店『考課状』に記載された報告を掲げることで議論の糸口としよう。

> 一方硫安ノ大暴落アリテ問屋懐具合急激ニ悪化セル為メ　当社ハ専ラ引締方針ヲ採リ自然商内高減少ヲ来セリ…(略)…加フルニ肥料統制法案ノ議会通過見越ニテ　市況急変悪化シテソノ止マル処ヲ知ラズ　市場恐怖人気ニ襲ハレ　高値約定品受渡困難　手持品ノ処分難トナリ　業界空前ノ混乱難局ニ直面セリ　自然問屋筋致命傷ヲ受メタルモノ亦枚挙ニ遑アラズ　此ノ機会ニ当社得意先不良口ヲ整理　陣容建直シ画策中ナリ[68]

1935年12月には140円であった 1 トンあたり硫安価格（輸入物基隆着）は，1936年 4 月に110円，同 5 月には89円にまで暴落する[69]。この状況を受けて引き締め方針を採用した三井物産台北店は，取引関係にあった現地肥料商に債務の整理もしくは取引の停止を迫ったと思われる。こうした方針は，高雄店にも適用されたと考えるのが自然であろう。そうであるならば，三菱商事に乗り換えた旧「三井系」の現地肥料商は三井物産に取引を中止された，あるいは三井物産の方針を嫌った肥料商であると考えられる[70]。ここで示した三井物産の慎重な態度とは対照的な三菱商事の積極行動が三菱商事の急速なキャッチアップへと結実したのである。

以上，台湾米と肥料の取引事例から三菱商事の競争力源泉が現地有力パートナーとの戦略的提携から三菱商事自身による現地流通機構との直接的なコミットへと転じていったことを示した。最後にこの直接取引を可能とし，競争力の源泉となった条件について示しておこう。

本章は，その条件として次の2つを考えている。1つは，取引によって生じるリスクを管理しうる制度が社内でルール化され，定着することである。多数の現地商人との取引は，多様な信用程度を持つ現地商人と取引することを意味し，それゆえリスク管理のあり方が重要となる。高雄店の肥料取引を事例に確認しよう。

商工興信所が1935年から36年にかけて実施した信用調査（信用程度の評価はAaからFの7段階）を判明しうる限りにおいて前掲表6-9に掲げた。高雄店の主要取引先となった旧「三井系」肥料商の永豊商店（B）や金順源商会（B）には高い信用程度が与えられる一方，「経営振余リ積極的ニ過ギル…（略）…第二流肥料商」の南隆商会（E）や「積極的方針ニ終始」する金聚利商店（E）など，高雄店は決して信用程度の高くない肥料商とも取引関係を取り結んでいた。これは，三菱商事にとってリスクの上昇を意味する。

こうした多様な信用程度を持つ現地商人との取引に際しては，取引相手の実情に照らした個別具体的なリスク管理が必要となる。そして，この管理を可能としたのが1925年に創設され，1930年代までに体系化された取引・信用程度規定であった[71]。台湾米取引と肥料取引の双方で確認される現地中小需要者との直接取引は，こうした体系化されたリスク管理機能の形成が前提条件になったものと考えられる。

ただし，こうした取引先信用程度に関する制度は三菱商事に特有のものではない。1920年代後半から1930年代にかけて三井物産でも同様のリスク管理制度が整備されていった[72]。したがって，リスク管理制度の拡充は現地流通機構への直接的なコミットを可能とする条件であるが，三井物産と対照的な三菱商事の積極行動を説明する条件ではない。

これを説明しうるいま1つの条件は，三菱商事の活動を規定する特有の管理会計制度である。周知のように，三井物産が店別損益制度を採用して損益を算出したのに対し，三菱商事の場合は部別損益制度に基づいて算出していた[73]。支店ごとに損益を算出する前者は，支店レベルの活動においても利潤獲得が意識されるため，収益性を重視する慎重な支店活動となる。一方，支店ごとの損

益を意図的に明示せず，取引の結果である利潤が考査対象とならない後者の場合，支店レベルの活動はマーケット・シェアの拡大や売上高の成長に強いインセンティブが働く。本節で見たリスクの高い台湾米取引への果敢な参入や肥料取引における積極的な販売網形成を梃子とする三井物産への急速なキャッチアップは，こうしたインセンティブの帰結であると考えられよう。

おわりに

　本章が冒頭で掲げた課題は，総合商社の支店活動を植民地期の台湾市場における三菱商事を事例として分析し，進出市場における多様な商社間競争の構造や戦略を現地社会経済との関係から示すことにあった。そして，この課題を達するために2つの具体的な論点，すなわち，①後発の三菱商事が台湾市場に参入する際に直面する問題と「総合商社機能の競争的供給」の実態，②現地有力パートナーとの戦略的提携を基軸とする三菱商事の企業的性格，に留意して議論を展開した。以下，この分析を通じて得られた知見を要約し，本章のまとめとしよう。

　後発の三菱商事にとって先行する三井物産が構築した市場支配力は，ある種の障壁として現れた。ただし，台湾市場において三井物産が選択した事業戦略は，安定的な大量供給源と信頼しうる大口需要の確保を原則としたから，その規定性は一様ではなかった。つまり，こうした事業戦略が適合的な台湾炭や機械取引，大口需要者との肥料取引では三井物産の先発優位が発揮されたため，三菱商事の活動はこれに強く阻害された。一方，伝統的な現地流通機構を媒介とせざるをえない台湾米や中小需要者との肥料取引では，三井物産といえども強固な市場支配力を構築することは容易ではなく，三井物産の先発優位は限定的であった。ただしこの場合，商慣習の異なる現地流通機構や取引相手の零細性，有力な現地商人の存在といった三井物産が受けた制約は，三菱商事にとっても障害となった。台湾市場への参入に際して後発の三菱商事は，2つの異なる問題に直面することとなった。

1920年代中盤に台湾市場へ参入した三菱商事の基本的な競争戦略は，現地有力パートナーとの戦略的提携にあった。本章の観察によれば，この選択は萩本が示唆するような大企業の道義的責任に基づくものではなく，現地流通機構との取引によって生じるリスクの緩和を目的とした，営業上の必要性から選択されたものであった。ただし，この競争戦略は常に効果を生み出すわけではない。三井物産の先発優位が働く台湾炭取引においては，現地パートナーとの提携はほとんど効果を発揮しなかったためである。したがって，三菱商事の競争戦略が効果を発揮するためには，①三井物産の先発優位が相対的に緩やかであること，②取引市場が顕著な成長局面にあること，の２つの競争構造を条件とした。中小需要者への販売に特化した肥料取引や台湾米取引において杉原商店との戦略的提携を基軸とする三菱商事の競争戦略が効果を発揮しえた要因は，この２つの条件が満たされていたためであった。別言すれば，橋本が想定した「総合商社機能」の競争的な供給は，この２つの条件に合致した取引に限定されることを意味する。こうした条件に規定された三菱商事在台湾店の売上・収益構造は，台湾市場が持つ植民地的性格と相まって非差別的ステープル商品に著しく偏倚することになったのである。

　萩本が指摘した三菱商事に特徴的な現地有力パートナーとの戦略的提携は，三菱商事が新規参入市場の現地流通機構を介さず短期間のうちにプレゼンスを高めうるという限りにおいてきわめて有効であった。しかし，実際の支店活動における提携の維持は容易ではなく，1920年代後半には競争力の源泉であった杉原商店との提携も1930年代にはデメリットが顕在化することとなる。すなわち，台湾米取引で生じた利害調整の困難性と肥料取引で生じた特定取引先への全面的な依存に基づくリスク発生の２つのデメリットである。前者は現地の人的資源が持つ取引ノウハウの内部化とこれを有効に活用しうる見越限度の設定，後者は多数の現地肥料商を組織化した販売網の拡充という異なる方法で解決されたが，いずれも三菱商事が現地中小需要者との直接取引を開始し，そこで生じうるリスクを積極的に負担するという点では共通していた。

　こうした三菱商事の高いリスク負担を伴う積極的な支店活動を担保したのが，

取引・信用程度規定に基づくリスク管理機能の制度化であり，マーケット・シェアの拡大や売上高の成長を強く促す特有の管理会計制度であった。三井物産に対する三菱商事の急速なキャッチアップは，こうした制度に支えられて可能となった。これは，非差別的ステープル商品の領域では1930年代においても「総合商社機能」が競争的かつ持続的に供給されたことを意味する。そして，この供給が1920年代後半以降における日本─台湾間貿易を加速度的に拡大し，帝国日本の特色である高い対植民地貿易依存度を形成する一端を担ったのである。

1) 以下，橋本寿朗「総合商社発生論の再検討──革新的適応としての総合商社はいかにして生まれいでたか」(『社会科学研究』50 (1), 1998年9月) 167~168頁。
2) 以下，萩本眞一郎「戦前期貿易商社の組織間関係──三菱商事における一手購買・販売契約と系列取引のケースを中心に」(前掲『戦前期日本の貿易と組織間関係』) 116頁。
3) 前掲『総合商社の研究』225~228頁。
4) 1925年までの台湾市場における三井物産の活動については，三井文庫所蔵の資料に依拠した前掲「戦前期三井物産の台湾における活動」で詳細が明らかにされている。
5) 財団法人三井文庫監修『三井物産支店長会議議事録2　明治三十六 (1903) 年』(丸善, 2004年) 48頁。なお，煩雑さを避けるために，以降は『支店長会議議事録1903』のように略す。
6) 同前。
7) 同前, 51頁。
8) 台湾炭の取引について「今後尚ホ需要ノ発達スヘキ見込アリヤ」という本店の問いに対して藤原は，「別ニ其ノ見込ナシ」と回答している (『支店長会議議事録1905』68頁)。
9) 三井物産台北石炭支部『台湾炭砿誌』(1925年) 18頁, 282頁。
10) 以下, 同前, 24~28頁, 48~53頁。
11) 以下, 同前, 285頁, 附録表。
12) 堀内義隆「日本植民地期台湾の米穀産業と工業化──籾摺・精米業の発展を中心に」(『社会経済史学』67 (1), 2001年5月) 31~34頁。
13) 三井物産台北支店長『支店長会議参考資料』(1926年) 37頁, 三井文庫所蔵 (物

産383）。

14) 三角湧農会の設立（1900年）を嚆矢とする台湾の農会は，1908年の台湾農会規則施行を経て1909年までには各庁1農会に統合された。農会は，農民に対して施肥の有効性を説くとともに，1910年に肥料共同購買事業を開始して農家の肥料調達や金融の便宜を図った（平井健介「台湾の稲作における農会の肥料事業（1902-37年）——台中の事例」『日本植民地研究』22，2010年6月）。

15) 戦間期の三井物産は，ブランナ・モンド商会が代理店であった英安やハー・アーレンス社が代理店であったIGファルベン製独安のほか，同社が一手販売権を有していた電気化学工業などの国内硫安を取り扱っていた（坂口誠「戦間期日本の硫安市場と流通ルート——三井物産・三菱商事・全購連を中心に」『立教経済学研究』59（2），2005年10月，156～162頁）。台湾市場において三井物産は，ブランナ・モンド商会とハー・アーレンス社が扱う英独安の一手販売権を保有していたわけではなかったが，他市場における継続的な取引によって台湾市場においても円滑な硫安仕入が可能であったと考えられる。

16) 三井物産台南支店長『支店長会議参考資料』（1926年）77頁，三井文庫所蔵（物産387）。

17) 同前，71～72頁。

18) 同前，60頁。杉原商店の杉原佐一は，自己の肥料取引について次のように回顧している。「当面の当店の目標はまず，地方商人向けの販売に努力し，その販売圏を拡張することであった。各製糖会社には，それぞれの資本系列に関係のある，しかも長年の実績を持った大手商社が付いていて，肥料の販売権はこれら大手商社が握っていた。また各地区の農会入札には，種々の資格制限が設けられていて，やはり相当の資力と実績を持っている商社でないとこれに参加できなかったのである。こうした事情から，私の仕事は，各地方の肥料小売店を訪問し，注文をとることになり，この仕事が毎日続いたのであった…（略）…こうした努力のかいがあって，開業後約一か年間に，全島の地方商人向けの四分の一にあたる，五〇万枚位の取扱いをするようになったのである」（杉原佐一『思い出の記』私家版，1980年，29～30頁）。中小需要者との取引特化は，三井物産など大手取引業者を強く意識して選択された杉原の戦略であった。また，1936年3月に杉原商店は株式会社への改組を機に社名を杉原産業とし，本店を高雄から台北に移転したが，本章ではすべて杉原商店と表記する。また，資料の閲覧にあたっては，杉原産業株式会社取締役社長の杉原康夫氏と同社取締役の中田裕啓氏に大変お世話になった。記して感謝したい。

19) たびたび引用している台南店の『支店長会議参考資料』では，「一般小口引合ニ

20) 同前。
21) 「台湾ニ於テハ米百万石ノ輸出数量アレトモ取引機関ノ発達セサル為メ…(略)…買付ニ付テハ市場ニテ買入レ難ク又「ブローカー」ヲ経テ買入ル、ニモ或ル一人ト約定スルコト能ハス、為メニ百姓若クハ「ミル」〔土聾間〕ト約定シテ商売スルノ外ナク」(『支店長会議議事録1921』288頁)。
22) 「要スルニ台湾ノ買付ニ付テハ仮令直接買付ヲ為シタリトテ一方ニ於テ相場高騰セハ他ノ手ニ抜売ヲ為スヲ免カレス、而カモ其場合解約ニ対シテ弁金ヲ取ラントスルモ到底支払ハサルナラン…(略)…詰リ台湾米ハ何月積卜云フ約定ニテ買約ヲ為シタリトテ販売店ニ於テハ之ニ依リテ売捌クコト能ハス、即チ台湾米ニ付テハ他ノ輸入品ノ如キ契約書ヲ交換スルコト能ハス、而カモ其危険ハ販売店ノミノ負担ナレハ、此商品ハ愈々手ニ入レタル後ニアラサレハ商売ハ為シ得ス」(『支店長会議議事録1908』83頁)。
23) 『支店長会議議事録1913』522～525頁。
24) 「本店重役ヨリ見込売買ノ中止及ヒ売越買越認可取消ノ内命ニ接シタルヲ以テ商内愈々困難トナリ〔1920年〕九月ニ至リ台湾総督府ガ米ノ移出ヲ解禁スルニ至ル迄当社ハ割当権利ノ三分ノ一モ利用スルコトヲ得ス」(三井物産台北支店長『台北支店支店長会議報告』1921年, 77頁, 三井文庫所蔵(物産352))。
25) 蓬莱米は台湾において生産された内地種米の総称で単一品種を示すものではない。1936年の時点においてその品種は, 台中65号, 愛国, 旭など一期米27品種, 二期米30品種が確認できる(台湾総督府殖産局編『台湾米穀要覧』1937年, 46～47頁)。1922年以降, 台湾で生産された内地種米は, 日本市場では「「お種さん」の蔑名」(畠田淳郎編『米の台湾へ』台湾視察団, 1926年, 59頁)で呼称されていたが, 1926年5月に台北で開催された大日本米穀会第19回大会を機に伊沢多喜男台湾総督によって蓬莱米と命名され, ブランド化された(貝山好美『台湾米四十年の回顧』台湾正米市場, 1935年, 10頁)。したがって1926年以前の内地種米は正確には「蓬莱米」ではないが, 本書では台湾で生産された内地種米を蓬莱米と統一して使用する。
26) 三菱商事『立業貿易録』(1958年) 39～40頁。
27) 基隆出張所は, 1928年に台北へ移転している。本章では煩雑を避けるため, 基隆出張所時代を含めてすべて台北店と表示する。

28) 「先年同社〔三菱合資会社〕の香港支店長である加藤〔恭平〕氏は目下三菱本社の営業部長の椅子に在るが当時台湾炭に第一に著眼して手を出したが当時或る事情の為めに引揚げるの止むなきに至つたのである併し其後本島炭の炭質も漸次改良され且つ逐年輸出増加の傾向あり台湾炭割込は可能性あるものとされてゐる…（略）…同社では更に本島の化学肥料の販路開拓の計画を樹てる模様で近く何等かの形式に依つて取引を開始するの運びに至るだろうと」（『台湾日日新報』1924年6月5日）。

29) 前掲『立業貿易録』57頁，62頁。三菱商事がアソシエイテッド社の一手販売契約を得た経緯は，前掲『総合商社の研究』第2章「石油事業への進出」を参照されたい。

30) 以下，三菱商事台北支店『台北支店事務引継書』（1932年）三菱経済研究所付属三菱史料館所蔵（MC864）。

31) 『台湾日日新報』（1924年6月6日）。

32) 前掲『台北支店事務引継書』（1932年）。

33) 「本島坑主（当地坑主ノ大部分ハ本島人ナリ）ト売買契約スル事ハ炭質維持及改良上不安■監督上煩雑ナルノミナラズ屡々金融ヲナス必要ヲ生スルモ坑主ノ裏面ノ財政状態複雑ニシテ不勘危険」（同前）。なお，■は資料劣化のため判読不能の文字を示す。

34) 前掲『立業貿易録』40頁。

35) 「即チ三菱が昭和三年以来其ノ扱炭ノ大部分ヲ中台商事株式会社ヲ経テ買取レルハ其ノ為ニシテ中台商事ハ三菱ノ指図ニヨリ炭坑ト売買契約又ハ一手販売権ヲ獲得シ炭質並ニ炭繰ニ関シ三菱ニ対シ全責任ヲ負フト全時ニ三菱ハ中台商事扱炭ヲ販売出来ル範囲内ニ於テ優先的ニ引受ケル事トセルモノナリ」（前掲『台北支店事務引継書』1932年）。

36) 前掲『立業貿易録』40頁。

37) 同前。

38) 前掲三井物産台南支店長『支店長会議参考資料』58頁。

39) 三菱商事高雄出張所『高雄出張所事務引継書』（1932年）三菱経済研究所付属三菱史料館所蔵（MC870-2）。

40) 同前。

41) 「大連の豆粕取引も大正十二年頃には漸く一流の域に達し，三井，瓜谷等と伍して大手筋に列した…（略）…年により消長はあるが昭和十年頃迄は三社中常に第二位を占め，取扱金額は大正末年已に千三百万円以上を算した」（前掲『立業貿易録』520頁）。

42) 杉原商店にとっても三菱商事との提携は自社のシェアを拡大するうえで有益であった。既述のように，1925年度の高雄港における硫安輸移入量は2万7,877トンであったが，このうち杉原商店が取り扱ったのは1,095トンで，シェアは約4％にすぎなかった（前掲，三井物産台南支店長『支店長会議参考資料』77頁）。
43) 前掲「戦間期日本の硫安市場と流通ルート」163～164頁。
44) 前掲「植民地期および戦後復興期台湾における化学肥料需給の構造と展開」101～102頁。『台湾日日新報』（1932年8月1日）の記事タイトル「割高な豆粕より割安な硫安へ／米作用硫安は益々多望」にあるように，従来大豆粕が投下されていた水稲作においても硫安が用いられるようになった。1925年の台湾市場で消費された硫安のうち，水稲作地への投下はわずか2.1％にすぎなかったが，1932年には38.6％へと拡大した（台湾総督府殖産局『昭和八年台湾農業年報』1933年，140～141頁）。
45) 硫安取引と同様に同期間における大豆粕取引においても三井物産―農会・製糖会社という流通経路のシェアが低下し，在台湾人商人のプレゼンスが高まったという（平井健介「1910-30年代台湾における肥料市場の展開と取引メカニズム」『社会経済史学』76 (3)，2010年11月）。同稿で平井健介は，年に数回しか実施されない農会・肥料会社の硬直的な肥料購買・販売制度が対応しうるのは元肥需要に限定されていたためであること，追肥需要に対応しうる台湾人肥料商の活動が中小需要拡大の基盤となったことを明らかにしている。
46) 前掲『立業貿易録』304頁。
47) 『台湾日日新報』（1929年3月24日）。杉原佐一は三菱商事と杉原商店と提携が成立したのは「昭和五年〔1930年〕四月のことである」（前掲『思い出の記』48頁）と回顧しているが，三菱商事『立業貿易録』の記述や新聞報道，取扱高の推移から判断すると，両社の提携は1929年4月の誤りであると思われる。
48) 三菱商事高雄支店『事務引継書類』（1937年）三菱経済研究所付属三菱史料館所蔵（MC871）。
49) 1937年における台湾炭取扱シェアは，三井物産49.1％（94万トン），三菱商事7.9％（15万トン），その他43％（82万トン）であった（三井物産台北支店『考課状』各期，米国立公文書館所蔵，前掲『立業貿易録』42頁）。1930年代後半においても三井物産の強い市場支配力が看取される。
50) 前掲『東アジア資本主義史論Ｉ』95～96頁。
51) 「終始一貫好調裡ニ経過　就中北部ニ於テハ鉄道部ノ客貨車　機関車新造並ニ改造計画実現ニ伴フ大口引合ノ台頭　台湾電力会社ノ発電所増加ニ要スル諸機械ノ購入相次デ殺到又南部ニ於テハ各製糖会社ノ工場増設　拡張ニ要スル汽罐　発電

第 6 章　総合商社の活動と競争構造　　221

装置其他大口需要頻発　加フルニ一般民間小口引合モ亦活況ヲ呈シ　十数年来稀ニ見ル活気ヲ呈セリ」(三井物産台北支店『昭和十一年度上半期考課状』1936年,11頁,米国立公文書館所蔵 (RG131/71/1450))。
52) 前掲,三菱商事高雄支店『事務引継書類』(1937年)。
53) 以下,三菱商事台北支店『台北支店事務引継書類　其一』(1936年) 三菱経済研究所付属三菱史料館所蔵 (MC866)。
54) 前掲『昭和十一年度上期考課状』,前掲『台北支店事務引継書類』(1936年),前掲,三菱商事高雄支店『事務引継書類』(1937年)。
55) 三井物産『事業報告書』各期。
56) 高雄店は,同店の台湾米取引が「台北支店利益率ニ比シ…(略)…稍劣レル」と報告しており,表6-7の数値と一致する。この要因について高雄店は,「当地ハ北部市場ニ比シ幾分ノハンディキャップアリ移出商間ノ競争亦激甚ニシテ売買当日ノ相場関係ニ於テハ常ニ三／五銭方切込ミタル商内ヲ余儀ナクサレ居ル状態ナリ…(略)…今後右ハンディキャップノ軽減乃至移出商間ノ競争緩和等ニヨリ或程度迄利益率ハ引上ゲ得ベク考ヘラルルモ何レモ早急ニ実現困難ナル状態ナリ」(前掲,三菱商事高雄支店『事務引継書類』1937年) と観察している。台湾米移出取引では,三井物産,三菱商事,杉原商店,加藤商会の間で激しい競争が展開されたが,1933年11月に運賃プール制度を骨子とする協定が締結され,競争状態は大幅に緩和された。しかし,高雄店の報告書から看取されるように,この協定は4社間の競争を完全に抑止する機能を持たなかったものと考えられる。
57) 前掲『立業貿易録』304頁。
58) 「谷口氏は同〔三菱〕商事米穀主任として本島米事情に就き調査研究を為して居るとのことである。人物が温厚で上品で何処かに悠揚逼らぬ態度のあることは矢張り三菱タイプの好紳士と云ふべきであろう。三菱唐津支店から天津支店を経,台北出張所の市岡所長の補佐役として抜擢されたのだといふことであるから,才能手腕に於て本社の信任篤いことは首肯されるが,石炭は玄人でも米は未だ素人の域を脱しないと云はれて居る」(江夏英蔵『台湾米の研究』台湾米研究会,1930年,329頁)。
59) 高雄店の場合,買付担当の台湾人雇員のほか,張双全という屏東市在住のブローカーが屏東以南の集荷を担当していた (前掲,三菱商事高雄支店『事務引継書類』1937年)。
60) 前掲『台北支店事務引継書』(1932年)。
61) 同前。
62) 以下,同前。

63) 前掲『立業貿易録』304〜305頁。
64) 前掲『台北支店事務引継書』(1932年)。
65) 前掲,三菱商事高雄出張所『高雄出張所事務引継書類』(1932年)。
66) 以下,前掲,三菱商事高雄支店『事務引継書類』(1937年)。
67) 「従来製糖会社向ハ左記方法　杉原産業ヘ原料タル硫安,過燐酸,硫酸加里ヲ売込ミ杉原ガ配合シタモノヲ以テ製糖会社ヘ売込ム　ニヨリ売込居リタル処日窒配合肥料ノ取扱並ニ杉原ニ対スル硫燐安特約販売中止ニ関聯シ昨年春期ヨリ杉原ハ硫安,過燐酸等当方ヨリ一手購入スル事ヲ止メドコカラデモ安イモノヲ仕入レル事トナルト共ニ製糖会社ヘハ杉原自身デ売込ム様相成リタル為メ当方ハ内地ニ於ケル有力配合屋ト提携内地製品ヲ以テ製糖会社並ニ農会ヘ売込ム事トシ相当ノ成績ヲ挙ゲツ,アリ」(同前)。
68) 前掲『昭和十一年上期考課状』22〜23頁。
69) 台湾銀行調査課『台湾金融経済月報』各号。
70) このことは,別言すれば1930年代中盤までに三井物産による現地肥料商の組織化が相当程度進んでいたことを示唆する。三井物産は1920年代中盤以降,積極的な「地方進出」を試みた。これが一定の成果を挙げたことは,日本・朝鮮市場の穀肥・雑貨取引における「支店」「小店」取扱高の上昇や取引先の増加から示されている(山村睦夫「第一次大戦以後における三井物産会社の展開——重工業化への対応を中心に」『三井文庫論叢』15, 1981年12月, 137頁)。前掲した長妻の「戦前期三井物産の台湾における活動」も三井物産の「地方進出」と関連させて台湾市場における現地肥料商の組織化を推定しているが,具体的な組織化の過程は資料の制約もあって明らかにされていない。この点は,本章においても残された課題として持ち越される。
71) 取引残高制限とは,受渡遅延・不能,回収遅延,貸し倒れ,相場変動による損失発生の予防を目的とした取引の相手方に対する取引残高制限の設定,信用限度とは個々の取引先に対して売買それぞれの取引限度を設定し,信用取引の際の許容残高総額および条件設定を指す(前掲「総合商社の展開」205頁)。
72) 同前,206頁。
73) 大石直樹「戦間期三菱商事の取引制度」(『三菱史料館論集』12, 2011年3月)。

第7章　植民地商人と総合商社の競争構造

はじめに

　本章は，1930年代の総合商社にとって最大の取扱品であり，かつ戦間期には砂糖に次ぐ植民地台湾の対日移出品となった台湾米の流通機構について第6章で明らかにした商社間競争の局面以外を対象として分析する。この問題は，涂照彦や大豆生田稔などによって先駆的に観察されているが[1]，本章ではさしあたり涂の研究から議論の端緒を見出したい。

　図7-1に示したように，1922年には71万石にすぎなかった台湾米の対日移出は，内地種米である蓬莱米の生産に牽引されて1930年代には300～500万石へと急増する。かかる戦間期における移出急増の展開を経て，涂は4大移出商（三井物産，三菱商事，杉原商店，加藤商会）と土壟間によって構成される米穀移出システム，すなわち流通機構の二重構造が形成されたとする。そして涂は，土壟間の薄利性を基調とするこの二重構造こそが日本市場における蓬莱米の価格競争力を担保したのであり，「日本資本＝移出業者が土壟間を利用することによって，日本の内地市場における経済的優越性を十分に発揮し」[2]，「〔日本市場での強い競争力に起因する〕優越性の経済的利益が日本の移出商＝財閥によってまともに吸い上げられ」[3]たと主張した。そして，二重構造を構成する移出商の機能について涂は，「土壟間から品質検査の合格米をなんらかの加工調製をする必要もなく，単なる移出業務を取り扱うことで大量かつ安価に集荷することができた」[4]にすぎないとする。こうした指摘の背景には，流通過程の川上と川下の関係を「植民地における支配―被支配の関係」[5]に置き換え

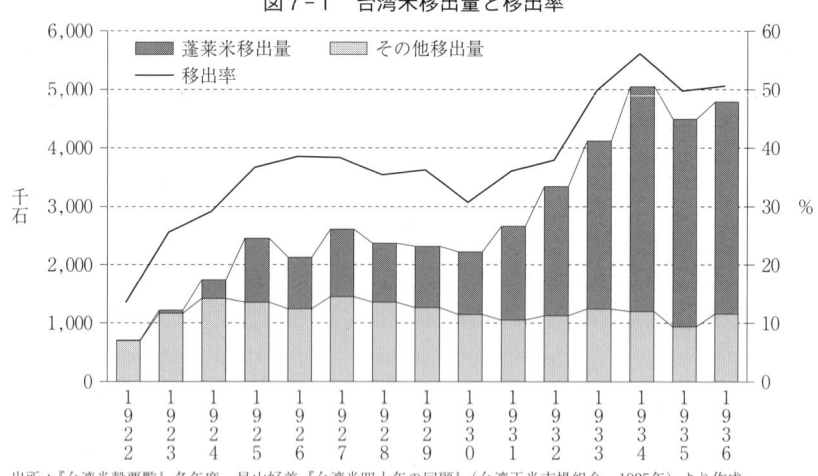

図7-1 台湾米移出量と移出率

(縦軸左: 千石、縦軸右: %、凡例: 蓬莱米移出量、その他移出量、移出率、横軸: 1922〜1936年)

出所:『台湾米穀要覧』各年度,貝山好美『台湾米四十年の回顧』(台湾正米市場組合,1935年)より作成。

て分析するという,涂の視角が強い影響を与えている。

　ただし,この主張は移出商の活動や流通機構の実態を十分に検討したうえで導かれたものではない点に留意する必要がある。その一例として,1920年代から1930年代にかけて移出の担い手が大きく変化したという事実を涂が軽視している点を指摘しておく。表7-1に1916年から1938年までの移出商別取扱量を掲げた。第6章で若干触れたように,蓬莱米が登場した1920年代における台湾米移出の中心的な担い手は台湾人移出商であった。つまり,少なくとも当該期間の流通機構は,「支配—被支配」という単純な枠組みでは説明しえないことが明らかであろう。こうした事実を踏まえれば,台湾米移出の流通機構は涂が採用したような「支配—被支配」を与件とする視角ではなく,外部環境の変化やこれに対応し,適応する取引主体の行動から論じられる必要がある。そして,こうした分析から析出された取引制度の変化によって生じた商品流通の量的質的なあり方が考察されなければならないだろう。

　以上,台湾経済史研究の古典である涂の成果が孕む問題を指摘したうえで,次に台湾米の移出過程を具体的に分析した長妻廣至と中嶋航一の研究に注目し,

表7-1　主な台湾米移出商と取扱量の動向

(単位：千袋)

	日本人移出商						台湾人移出商							
	三井物産	安部幸商店	杉原商店	三菱商事	加藤商会	玉福精米所	瑞泰	和豊	金徳發	方協豊	大有	振發	錦豊	高調和
1916	181	148	—	—	—	—	47	112	66	—	—	—	—	—
1917	523	313	—	—	—	—	173	229	58	51	—	—	—	19
1918	821	344	—	—	—	—	140	233	39	133	—	—	—	18
1919	609	254	—	—	—	—	168	220	35	219	—	—	—	23
1920	119	98	—	—	—	—	371	152	46	129	—	—	—	32
1921	306	73	—	—	—	—	922	161	71	187	3	—	—	21
1922	192	57	—	—	—	—	558	149	82	205	55	43	—	36
1923	154	15	—	—	—	—	1,419	200	104	329	336	79	—	66
1924	362	6	2	—	—	—	1,803	435	171	542	176	182	—	115
1925	526	4	3	—	—	—	2,635	448	206	490	58	99	51	201
1926	907	2	—	—	—	—	2,100	305	167	232	0	—	130	225
1927	1,602	—	—	—	—	—	1,205	286	456	271	—	16	235	217
1928	1,927	—	107	—	—	—	1,421	51	154	345	—	108	347	166
1929	1,585	—	1,104	9	117	—	1,422	—	92	173	—	225	30	131
1930*	658	—	726	104	560	19	203	—	71	—	—	94	—	—
1931	2,117	—	1,568	1,007	1,668	62	12	—	3	—	—	91	—	—
1932	2,638	—	2,184	1,372	1,954	50	44	—	—	—	—	25	—	—
1933	2,477	—	2,589	1,571	1,898	87	—	—	—	—	—	—	—	—
1934	3,409	—	2,841	2,393	2,321	198	—	—	—	—	—	78	—	107
1935	2,735	—	2,135	2,042	1,915	157	—	—	—	—	—	82	—	281
1936	2,937	—	2,316	2,159	2,230	223	—	—	—	—	—	124	—	190
1937	3,045	—	2,055	2,280	2,159	225	—	—	—	—	—	87	—	140
1938	2,974	—	2,352	2,121	2,250	84	—	—	—	—	—	48	—	97
1916-21	426	205	—	—	—	—	303	184	52	144	3	—	—	23
1922-25	308	20	3	—	—	—	1,604	308	141	392	156	101	51	104
1926-29	1,505	2	605	9	117	—	1,537	214	217	255	—	87	185	185
1931-33	2,411	—	2,113	1,316	1,840	67	28	—	3	—	—	58	—	—
1934-38	3,020	—	2,340	2,199	2,175	177	—	—	—	—	—	84	—	163

出所：江夏英蔵『台湾米研究』（台湾米研究会，1930年）331～333頁，『台湾米報』各号より作成。

備考：1）―はゼロ，0は1,000袋未満を示す。また，1,000袋未満は四捨五入した。したがって，各項目の年平均が一致しないことがある。

2）1916～29年は江夏『台湾米研究』，1930～38年は『台湾米報』の数値を採用した。台湾米の包装袋は，当初150斤袋であったが，31年の台湾米穀検査規則改定によって漸次100斤袋に切り替わる。本表では，16～29年と30～38年の数値を一致させるために，100斤入りに統一して示した。しかし，31年は袋の入替期であるため，両者が混在しているという問題を孕んでいる。そこで，31年の米穀検査実績において150斤袋と100斤袋の割合がほぼ1：1であることから，31年実績の半数を150斤袋であったと仮定して換算した。

3）*1930年は資料の制約から4～12月の実績のみを掲げた。

　本章が論点とする1920～30年代における台湾米移出の担い手に関する議論を抽出しておきたい。

　本章が論点とする主たる問題は，第1に1920年代において台湾米移出の拡大過程を担った台湾人移出商がなぜ1930年代初頭には取引から退出しなくてはな

らなかったのか，あるいは4大移出商がなぜこれに取って代わりえたのかという議論である。第2に，1930年代における4大移出商の取引実態を外部環境の変化から考察する点にある。これらの点について長妻は[6]，①蓬莱米の主産地である台湾北部への進出や共通計算制度の採用など，台湾米移出取引に対する三井物産の取り組みが変化したこと，②1920年代における最大手の台湾人移出商瑞泰の取引を支えた混合保管制度が1926年の台湾米穀検査規則（以下，検米規則）の改定によって陳腐化したこと[7]，③瑞泰に買付資金を供給していた華南銀行が金融恐慌によって破綻したことなどを指摘している。

　他方，中嶋は台湾人農家と流通業者の経済的動機に調和した市場補完的な台湾総督府の経済施策が台湾米の大量移出を可能にしたと指摘する。そのうえで，「蓬莱米の品種改良という技術革新と品質の標準化・等級制の施策が島内外のサプライチェーンに大きな影響を与えた。その結果，正米市場の価格機能が有効に働くようになり，生産者には多様な経営ポートフォリオを実現させ，中間流通業者にも大きな利益をもたらした」[8]と論じ，1930～38年における総督府の米作・米穀流通政策が全体最適をなしえたと結論づけている。

　しかし，本章が論点とする前述の課題が設定された場合，長妻・中嶋の回答は以下の点で問題を積み残している。たとえば長妻は，1926年の検米規則改定が混合保管制度の陳腐化を引き起こし，次いで瑞泰の活動を後退させたと主張している。しかし，後述するようにこれは混合保管制度が1931年頃まで保持されたという事実に反する。したがって，瑞泰を含めた台湾人移出商の撤退理由を混合保管制度の陳腐化だけに求めることは難しい。この点について本章は，規則改定によって生じた別の問題に着目して議論を展開していくこととする。加えて長妻の議論では，三井物産，三菱商事，杉原商店，加藤商会によって構成される1930年代の寡占的な競争環境を説明しえない。これは，長妻の基本的な関心が1920年代における三井物産の事業展開の転換（外国販売→内国販売）に置かれるため，1930年代の分析は欠落したものと思われる。図7-1に示したように，台湾米の対日移出量は，1920年代前半の急上昇，後半の停滞を経て1931年に再び急上昇するという過程を辿る。取引主体に関する問題は，このよ

うな状況と関連させて論じられるべきであろう。

　一方で中嶋は，総督府が正米市場における投機的売買を黙認したことが実物と思惑の分離を生みだし，その結果，移出米取引は「堅実な移出商の手に帰すことになった」9)とする。しかし，中嶋の研究では総督府の政策が生産者・流通業者の活動に与えた誘因が強調される一方，移出拡大を担った移出商そのものの活動については，「内地の期米相場における先物取引を利用しながら大量の蓬萊米を合理的かつ効率的に内地に移出・販売し，朝鮮米や外米との競争に打ち勝ってマーケットシェアを拡大するためには，その様々なリスクに対する巨大な資本信用と経営資源が必要であった」10)と述べるにとどまる。そこで本章では，第6章で触れなかった台湾米移出の拡大過程における「様々なリスク」を抽出し，それに対する移出商の「合理的かつ効率的」な企業行動を台湾米の移出過程に焦点を絞って検討する。

　以上のように本章は凃および長妻・中嶋が得た知見を土台としつつ，総督府による制度改変とそれに対応する取引主体の活動に着目しながら，台湾米移出の流通過程を以下の手順で明らかにする。まず1930年代における台湾米移出の展開を理解するために，その前提となる1920年代前半の状況を概観する。そして次に1920年代後半における担い手の交替要因を分析しつつ，1930年代の状況を検討することで前言の問題を考察することとする。

第1節　1920年代における台湾米移出の展開

(1)　台湾米移出の拡大と台湾人商人

　まずは議論の前提となる1920年代における台湾米移出の展開について概観しておこう。蓬萊米の生産が開始された1922年以降の台湾米移出を主として担っていたのは，台湾人移出商であったことは前言の如くである。前掲表7-1に示したように，1922〜25年において瑞泰が年平均約160万袋の台湾米を日本市場へ移出する一方，三井物産のそれは約31万袋にすぎず，二番手，三番手のシ

ェアを占めるにすぎなかった。蓬莱米登場直後における三井物産の取扱量は，トップシェアを占める台湾人移出商の瑞泰に遠く及ばなかった。

　この期間における移出米取引の特徴は，注7で詳述したように混合保管制度と融通米制度を基底とする強い投機性にあった[11]。そして，先売りした移出米を補填するために「一袋二円五十銭から四円を〔土龔間に〕前貸し，時に競争買付の為め米価の七，八割を放資することも珍しくなかつた」[12]とされる買付競争を引き起こす[13]。「大正九〔1920〕年の財界恐慌で安部が蹉跌し其他の内地商も或は傷き或は消極方針をとるやうにな」[14]ったが，他方で多数の台湾人商人が投機的な移出米取引に参入し，そのシェアを拡大していった。

　台湾人移出商の活発な活動は，営業税および営業収益税の納付額からも確認される。序章表序-3に台湾島内商業部門における営業税・営業収益税の納付額を掲げた。1914年の営業税納付額上位10社はすべて日本人資本によって占められており，台湾人資本は10位以下に辜顕栄（12位，煙草商，1,400円），王雲従（14位，阿片商，1,252円），瑞泰（19位，938円）が見えるにすぎない。ところが，1925年になると，瑞泰（1位），方協豊（4位），高調和（8位）といった台湾米を取り扱う台湾人移出商の躍進が明確となる。つづく1930年も瑞泰が1位であり，方玉墩（方協豊，8位），林柏寿（9位）が10位以内にランクされる。要するに表序-3は，蓬莱米の登場というビジネスチャンスに対応して多くの台湾人移出商が取引に参入して業績を急上昇させたこと，その活動は在台日本人商人を遙かに凌駕し，三井物産および三菱商事の各支店に匹敵する活動を展開したことを意味する。

　では，台湾人商人が台湾米移出取引においてシェアを急速に拡大しえた要因は何であろうか。やはり，林満紅が強調する「歴史的に形成されてきた華人ネットワーク」に求めるべきであろうか[15]。本章では，山下汽船の台湾航路参入に伴う外生的変化への対応とこうした対応を可能とした企業組織の異種混交化の2つをその要因として重視したい。以下，1920年代の台湾米移出取引においてトップシェアを保持しつづけた瑞泰を事例にこの2つを検討しよう。

(2) 山下汽船の台湾航路参入と移出米取引システム

　山下汽船の台湾航路参入は，台湾人移出商の取扱シェアを急速に拡大させただけでなく，当該期間の取引制度を形成するうえにおいても決定的な役割を果たした。

　山下汽船が台湾航路に参入した当初の理由は，第1次大戦時の好況による船腹不足に直面した糖業聯合会の配船要請と近海配船の充実や南洋配船の復航貨物獲得を目論む山下汽船側の要望が一致したことによる[16]。山下汽船は糖業聯合会との一括全量契約に成功したのち，1919年には台湾航路を定期化し，1921年には総督府の命令航路に指定された。ところが，砂糖は台湾から輸送される最大の貨物であったものの，搬出期の季節性が強いために閑期の貨物を獲得する必要があった。そこで対日移出が拡大しつつあった台湾米に目をつけた山下汽船は，「本島人側移出商に着目し，之れが向背に就き留意する所あり，頻りに之れに秋波を送つて人心収攬を計」[17]った。台湾人移出商側もこれを引き受けたため，両者の一手積取契約が成立した[18]。三井物産台北支店長の津久井誠一郎は，山下汽船と瑞泰の提携について以下のように観察している。少々長いが引用しておこう。

　　瑞泰ハ確カニ頭脳鋭敏ニシテ立派ナル「スペキレーター」ナルモ，唯頭脳ノ早キ丈ケニテハ商売ヲ為シ得ルモノニ非ズシテ金融ノ点モ極メテ必要ナリ，故ニ瑞泰ハ如何ニ金融ヲ為スヤヲ調ベタルニ，山下汽船会社ハ其船舶ニ多クノ貨物積込ヲ望ム所ヨリ「ブランク」のB/Lニ署名シテ瑞泰ニ交付シ置キ，瑞泰ハ本船出帆ノ有無ニ拘ハラズ貨物ヲ積込ミタルモノトシテ之ヲ華南銀行ニ持参シ，同行ハ能ク取調モ為サズ之ニ依リ金融セリ，此ノ如キ状態ニシテ今日迄米ノ取扱ヲ為シ来リタルモノニテ，瑞泰トシテハ金融上此便宜ヲ得タル為メ多量ノ取扱ヲ為シ得タルモノナリ[19]

　貨物集荷を目的として山下汽船は，空白の船荷証券をあらかじめ瑞泰に交付

していた。瑞泰は，実際の積荷の有無に関係なく積荷証券に内容を書き入れ，これを華南銀行に持ち込んだ。このようにして瑞泰は巨額の買付資金を調達し，「資本金三十万円でその百倍に相当する三千万円以上の商売を一年にやり遂げた」[20]。つまり，融通米制度を基底とする取引慣行の起点は山下汽船が発行した未記入船荷証券の発行にあり，これと提携した瑞泰は「山下汽船とは持ちつもたれつして取引上に特殊の便宜を得たばかりでなく一部の銀行からも特殊の援助を受け」ることで急速にシェアを拡大させていった。加えて瑞泰は，山下汽船からの年額約10万円の運賃特別割戻金と約1.5万円の保険料戻を得ており，前者を会社の利益金に組み込んでいた[21]。すなわち瑞泰の活動の基盤となったのは，混合保管制度が形成される根拠となった融通米取引の慣行とこれを生み出した山下汽船の台湾航路参入にあった[22]。別言すれば，山下汽船の台湾航路参入が各移出商の取扱シェアに決定的な影響を与えたことがわかる。

　ただし，こうした取引制度の形成は別の問題を発生させることになる。この点を1925年10月に台湾を視察した神戸輸入米穀商組合の報告書から見ておきたい。この視察団の副団長である鳥海二郎・兵神日報社社長は，台湾米の課題として，①品種の改良・育種，②農耕地の深耕，施肥量の増加，③稲田の落水，④籾の乾燥・調製，⑤内地種米の統一名称，⑥農会のあり方，⑦検査事業の徹底化，⑧厳密な包装，⑨倉庫・運送設備の充実の9点に言及している[23]。これらの課題のうち，視察に参加した移入商の関心を最も集めたのは，④籾の乾燥・調製と⑦検査事業のあり方，すなわち移出米の品位に関する点であった。この2点についてやや立ち入って確認しておこう。

　鳥海は，総督府の移出米検査が「甚だ失礼な申上様ですが有名無実に近いものである」と述べたあと，「等級検査を厳重に実行して実質検査に重きを措く必要があります。我々の心外に堪えぬは等級検査を実行して一等米，二等米を移出した処で内地の商人は従来台湾米を取扱つた長い慣習でそれだけの値に買つて呉れないにきまつて居る，台湾米は三等合格品であればいゝという考へを持つて居らるゝ事である」[24]と述べている。台湾の関係者が移出米の品位向上に無関心であることへの不満である。次いで移出米の標準化を規定する調製工

程について鳥海は,「本島産米の根本をなすトーランケンの粗雑な組織には驚いた…(略)…総督府は此お粗末なトーランケンを改善統一する必要はなきか…(略)…今眼のあたり此の粗笨な籾摺工場を実地に見まして聊か責任観に捉はれ忸怩たるものがありました」[25] としている。土礱間の調製技術に対する批判である。

要するに鳥海の批判は,品位に対する台湾側関係者の無関心を指摘するものであった。事実,台湾側の関係者からも総督府の移出米検査が「本島米の余剰を出来得るかぎり多く移出せんことに汲々たる有様で,寧ろ移出米検査なるものは品位の向上と云ふことよりも,移出米増進の為めに,便宜を与ふることを努めたもの」[26] にすぎないと指摘されている。また,調製の不備を解決するには,これを担当する土礱間の設備を拡充し,技術を向上させなくてはならない。もし土礱間が自発的にこれに取り組まないのであれば,利害関係者がこれを促す必要がある。しかし,台湾米移出に強い利害関係を持つ移出商が関心を持つのは,米価の急激な変動に対応しうるか否かであった[27]。それゆえ,移出商は「自分の移出する米が事実何んな米であるか調べもしなければ見もせず,唯合格米でさへあれば何んな米でも宜しい」[28] と考え,品位を重視しなかった。こうした取引システムにおいては,移出商に対して品位向上や標準化のインセンティブを高めることはきわめて困難であった。

(3) 異種混交化する企業組織

では,1920年代の台湾米移出取引において最大手となった瑞泰はいかなる組織を形成していたのであろうか。1870年頃に基隆で創業した瑞泰は当初,中国大陸との海産物や雑貨の取引を手掛けていたが,1902年頃に陳源順,呉鵬,鄭順成らとパートナーシップを結び,共同委託問屋・泰益商行を神戸に置いて台湾米の移出取引を開始した[29]。次いで1907年頃には泰益商行から分離し,鄭順成との共同出資で台北に本店を,台湾島内各地に支店・出張所を設けて台湾米の移出取引に特化した。1918年に鄭順成の鄭万鎰が死去すると,瑞泰は許太山・許松英・許招春の三兄弟および彼らの甥の許雨亭ら許家の家族経営となっ

表7-2　瑞泰合資会社の資本金と出資者（1926年）

(単位：円)

出資者	出資額	備考
許招春	58,500	神戸出張所長
許太山	50,000	社長
許雨亭	50,000	許太山の甥。基隆公学校卒業後，泰益商行に入店。支配人。
許　章	44,000	
連金房	40,000	基隆の金貸業者
陳紹襄	8,500	副支配人
その他（有限責任者）	49,000	
合　計	300,000	

出所：『台湾日日新報』（1926年9月8日，10日，11日），前掲『台湾人士鑑』75頁より作成。

た（表7-2）。以後，太山を社長，招春を神戸出張所長とし，雨亭と陳紹襄がそれぞれ支配人・副支配人として営業の実務を担当するという陣容が形成されていった。1925年6月には東京に出張所を設置して東京市場に進出し，さらに同年11月にはラングーンに出張所を設けて外米取引にも参入した[30]。1926年には3割配当を実施するなど，経営はきわめて好調であった[31]。「消極的な取次商内に甘んずることが出来ない」同社は，「積極をモットー」[32]として営業網をアジア全域に拡大していった。

　企業としての瑞泰の特色は，第4章で検討した謝裕記と同様に組織の異種混交化が見られることにある。1910年代前半の台湾では，清朝以来の辮髪の廃絶を訴える断髪不改装運動が展開された[33]。基隆でも「官衙公医師等の通訳」や「既に相当の教育あり活動的業務に従事し内地語をも巧に談話し得る人々」によって同運動が主導されたが，「既に数年前より断髪し」ていた招春はこの主唱者の1人であった[34]。また，「許家一族中筆頭の資産家である」招春は，「今では内地人を夫人とし風采生活共に全く内地化したる人にて渡台の際には本島式家屋は嫌ひだとて殆ど北投で寝泊りする位で」[35]あった。謝裕記同様，瑞泰の場合にも日本語の会話が可能な経営者の兄弟が日本市場との取引を担当していた。

　加えて瑞泰の場合，積極的に日本人の雇用を図った点も指摘されるべきであ

ろう。たとえば,『台湾日日新報』の記事「徽茶移入の元兇／瑞泰合資の解剖」は,「上野某」なる日本人社員が支配人の許雨亭や副支配人の陳紹裹と同様に瑞泰の経営を管理する立場にあったことを示唆している[36]。また,別の記事「瑞泰と神戸東京」では1925年に台湾米移出取引から撤退した岩崎商業の台北支店次席であった土清水栄吉をリクルートして神戸出張所長に招聘したことが報じられている[37]。本章がたびたび引用する『台湾米研究』の著者,江夏英蔵もまた瑞泰の元社員であった[38]。さらに瑞泰は,三井物産,東京海上火災,台湾銀行,大阪商船などとともに台北高等商業学校の卒業生採用にも応じている[39]。当時の同校入学者の約50%が日本国内の中学校・商業学校卒業生であったことを想起すれば[40],瑞泰が求めていた人材は高等商業学校で商取引の専門的な知識を習得した日本人であったと判断すべきであろう。以上の例示を鑑みれば,1920年代において瑞泰が得た競争力源泉は林満紅が措定するような華商ネットワークだけではなく,植民地化という外生的な変化に対応し,適応するために必要な日本語能力や日本市場との取引ノウハウを持つ人的資源にも求めるべきであろう。そして,華商ネットワークと日本への「同化」という双方の属性を持つ異種混交化した組織の構築こそが瑞泰の競争力源泉であり,植民地支配という政治的・経済的・文化的な強制性に対抗しうる手段でもあった。

　以上,1930年代の台湾米移出の展開を理解するために,まずは1920年代のそれを概観してきた。当該期における台湾米の対日移出の急増は,直接的には日本国内市場の嗜好に合致した内地種米である蓬莱米の生産が開始されたことに起因するが,台湾人移出商を中心とした流通部門に関しては次の点が明らかになった。まず第1に,この移出システムは混合保管制度と融通米制度を基底とする投機的なシステムであった。このシステムが可動するためには山下汽船―台湾人移出商―華南銀行の提携が不可欠であったが,特に山下汽船の台湾航路参入は同社と提携した台湾人移出商のシェアを急速に拡大させただけでなく,この取引慣行を形成する契機となったという点で画期であった。また,台湾人移出商は,シェアを高める過程でパートナーシップから家族経営という経路を辿り,営業網をアジア全域へと拡大しつつ,日本市場との取引に適合的な異種

混交化した組織へと自らを変えていった。こうした適応性の高い，柔軟な行動こそが台湾人移出商の競争力源泉であったと位置づけられるべきであろう。

一方，1920年代に形成された移出システムは，米価への対応のみを重視するために品位向上や標準化へのインセンティブを働かせることができず，結果的に日本国内市場の要望に応えられなかったことにも注意したい。1920年代前半における移出商間の競争は，量の確保を主眼とする一方，米穀の品位向上に関するインセンティブが機能しない競争であったと理解すべきであろう。

第2節　台湾米穀検査規則の改定と取引構造の変化

(1) 台湾米穀検査規則の改定

1926年以降に逓減した移出率は，1930年をボトムとして反転上昇する。この背景として，1930年代初頭段階における農林省の食糧政策が依然として増産施策を採用していたこと[41]，1931年の東北地方の大凶作を契機として価格競争力の強い蓬莱米が東北産米に取って代わったこと[42]，同じく1931年に開発された台中65号および愛国が主たる移出先である京浜市場の嗜好に適合的であったことなどが指摘されている[43]。こうした背景を踏まえたうえで次に移出米の量と質を規定する検米規則に着目し，移出米の流通過程に影響を与えた制度面の改変を詳細に検討したい。

総督府移出米検査の成績を表7-3に掲げた。1920～25年における平均合格率は99.0％であった。これは，鳥海が指摘した検査の有名無実化と符合する。ところが1926年7月に検米規則が改定され，不合格米の移出禁止や違反者に対する罰金科料などを含む厳格な検査が実施されると，合格率は80％程度に急落する。これは，台湾米の品位に関する国内市場からの批判に対応した総督府の措置であると思われるが，他方でこの措置は移出可能な米穀の供給量を抑制することとなった。事実，前掲図7-1に示したように，合格率が抑制された1926～30年には移出率および移出量の減少が明確に確認しうる。

表7-3 台湾総督府の米穀検査成績

(単位:千袋)

	合格=移出可能					不合格・中止		合計
	1・2等 (A)	3等 (B)	A+B	4・5等, 等外 (C)	A+B+C			
1920	2 (0.2)	1,081 (97.0)	1,083 (97.1)	— —	1,083 (97.1)	32	(2.9)	1,115
1921	8 (0.5)	1,610 (98.4)	1,618 (98.9)	— —	1,618 (99.0)	18	(1.1)	1,634
1922	4 (0.4)	1,103 (99.0)	1,107 (99.4)	— —	1,107 (99.4)	7	(0.6)	1,114
1923	4 (0.2)	1,965 (99.5)	1,969 (99.7)	— —	1,969 (99.7)	5	(0.3)	1,974
1924	1 (0.0)	2,481 (99.3)	2,482 (99.4)	— —	2,482 (99.4)	16	(0.6)	2,499
1925	1 (0.0)	3,692 (99.4)	3,693 (99.4)	— —	3,693 (99.4)	21	(0.6)	3,720
1926	2 (0.1)	3,904 (87.0)	3,906 (87.1)	— —	3,906 (87.1)	580	(12.9)	4,486
1927	35 (0.7)	4,102 (80.0)	4,137 (80.7)	— —	4,137 (80.7)	992	(19.3)	5,180
1928	89 (1.9)	3,701 (78.1)	3,790 (79.9)	— —	3,790 (79.9)	951	(20.1)	4,741
1929	33 (0.5)	5,318 (74.3)	5,352 (74.7)	209 (2.9)	5,560 (77.7)	1,599	(22.3)	7,159
1930	69 (1.0)	5,300 (76.7)	5,369 (77.7)	1 (0.0)	5,370 (77.7)	1,539	(22.3)	6,909
1931	475 (6.6)	5,550 (77.0)	6,025 (83.6)	408 (5.7)	6,433 (89.2)	775	(10.7)	7,208
1932	496 (5.6)	7,108 (80.9)	7,603 (86.5)	565 (6.4)	8,169 (92.9)	621	(7.1)	8,790
1933	274 (2.6)	8,438 (81.5)	8,712 (84.1)	1,074 (10.4)	9,786 (94.5)	573	(5.5)	10,358
1934	204 (1.7)	9,043 (74.3)	9,248 (76.0)	2,801 (23.0)	12,048 (99.0)	118	(1.0)	12,166
1935	160 (1.5)	6,258 (57.4)	6,418 (58.9)	4,387 (40.2)	10,805 (99.1)	95	(0.9)	10,900
1936	133 (1.2)	7,321 (63.4)	7,455 (64.5)	4,033 (34.9)	11,488 (99.4)	67	(0.6)	11,555
1920-25	3 (0.2)	1,989 (98.8)	1,992 (99.0)	— —	1,992 (99.0)	17	(1.0)	2,009
1926-30	46 (0.8)	4,465 (79.2)	4,511 (80.0)	105 (1.5)	4,553 (80.6)	1,132	(19.4)	5,695
1931-36	290 (3.2)	7,286 (72.4)	7,577 (75.6)	2,211 (20.1)	9,788 (95.7)	375	(4.3)	10,163

出所:台湾総督府民政部殖産局『移出米概況』(1912年),台湾総督府殖産局『台湾の米』(1926年),『台湾米報』12 (1931年4月) 1頁,台湾総督府殖産局『台湾米穀要覧』各年度より作成。
備考: 1) 各項目の右側括弧内の数値は合計に占める割合を示す。
　　　2) 原資料では,100斤入叺米,同袋米,150斤入袋米に分類されて記載されているが,本表では100斤入に換算して掲載した。
　　　3) 台湾総督府検査の4・5等の設定は1931年以降。
　　　4) 1,000袋未満は四捨五入した。したがって,各項目の合計が一致しないことがある。

　つづく1931年7月に総督府は,150斤包装を100斤包装に改め,古麻袋の再利用を禁止し,従来の3階級(1～3等)を5階級(1～5等)とする検米規則の再改定を行った[44]。この運用について総督府の米穀検査を主導した作田隆技師は,「台湾米の将来は今後のゴムローラー使用程度の如何によつて下される制度改正により五階級等級が設けられたが,丸糯蓬莱の二期米中三等以上のものはゴム摺のものに就いて標準米を決定したいと思ふから諸君に於ても新制度の運用に差支えなき様二期米の検査に籾摺機の据付その他の準備を充分にやつておいて貰い度い」,「従来のエンゲル〔臼〕によるものは全部四等米にせんとする計画」であると明言している[45],つまり総督府が示した3等米の基準は,調製段階[46]におけるゴムロール式籾摺機使用の有無にあった[47]。この基準に

対応して台湾島内ではゴムロール式籾摺機が急速に普及し，台北州では「ゴムローラーは一ヶ月の内に五十四台の多きに達し百二十名の業者中約半数となり其の製米歩合は七割に及」[48]んだという。

加えてこの1931年の改定が品位向上の障害となっていた混合保管制度を陳腐化させる契機となった。これは，最高品質米の産地である員林を抱える台中州が，基隆の倉庫会社に対して州別保管を声高に主張してこれを実現させ，次いで1931年1月には台北州米も州別保管に移行したことによって「焉んぞ知らん改正規則の起草立案当時には基隆高雄両港では依然として混合保管が継続せられて居たが…(略)…基隆港の在庫米は自然と州別保管の形となった」[49]。つまり，検査基準の明確化が地域間の品質差を生みだし，その結果として混合保管が廃止されたのである[50]。

以上のように1931年の規則改定は，台湾米の品位向上に強いインセンティブを与えた。この改定は，質的な面だけでなく量的な面においても変化を促した。たとえば改定に先立つ1930年7月に総督府殖産局商工課は「台湾米取引改善に関する協議会」を主催し，移出取引の関係者に次のような意図を述べている。

> 従来一，二，三等の下に四五等を設ければ今までの標準米以下のものは四等或は五等として内地へ自由に出し得ることになるから検査員の立場も明瞭にあるし当業者も利益を収めることが出来るだろうと思ふ兎に角幅の広くないようにすれば三等は三等四等は四等と云ふやうに等級は明確になるので取扱者たる米商の方々もよいものはよい悪いものは悪いとして内地同様に等級を付けて取引をして貰えば今までよりは取引改善が出来ると思ふ実際台湾米の等級取引が実現すれば内地の実情と一致するのであるから生産者としても商人としても利益である[51]

総督府の意図は，等級を細分化することで米穀の品位を重視する日本の消費市場に対応しつつ，従来の検査では不合格米としていた品位の低い米穀を4，5等とラベリングすることで移出量の拡大を試みることにあった。これらの措

置によって，規則改定直前の1930年には77.7%であった合格率は翌1931年には89.3%に引き上げられ，他方150万袋以上あった不合格米も77.5万袋に急減した[52]。

以上，総督府による移出制度の改変が移出米の質や量を規定したことを示したが，次項ではこの制度的な変化が取引のあり方や担い手の活動に与えた影響を考察しよう。

(2) 取引環境の変化

前節で確認したように，蓬莱米が登場した1920年代前半における担い手は，瑞泰，方協豊といった台湾人移出商が中心的な担い手であった。ところが1927年を境に三井物産が取扱高を増加させるともに，杉原商店，加藤商会，三菱商事の参入によって日本人移出商のシェアが拡大する。これと対照的に台湾人移出商のそれは漸減傾向を示し，1931年には沖縄へ白米を移出する若干の業者を除いて取引から完全に撤退することとなる。

本章の冒頭で整理したように，すでにいくつかの先行研究がこの担い手の交替に関して説明しているが，本章は次の2つが重要であると考えている。1つは，山下汽船の撤退である。1918年に台湾航路へ新規参入した山下汽船は，台湾人商人との提携によって台湾米輸送におけるプレゼンスを急速に高めていった。1923年には，バナナ輸送を目的とした高雄／横浜間の直航定期航路を開設し，京浜市場において高雄産バナナが受容される契機を作った。だが，山下汽船にとって定期航路の維持は容易ではなく，1925年には大阪商船と協調して台湾航路から事実上撤退する[53]。そのため，山下汽船との提携によってシェアを拡大した瑞泰の業績は，表7-1に示したように悪化傾向を示すことになる[54]。山下汽船の撤退は，瑞泰にとって衰退の契機となった。

いま1つの要因として，台湾米取引そのものの収益低下が指摘されよう。事実，当時の資料や文献は取引の収益低下をたびたび指摘しており，こうした傾向が投機的性格が強い瑞泰だけでなく「堅実」な金徳發，和豊，方協豊をも「移出米取引戦線より退陣」[55]させたと記述している。本来であれば，担い手の内

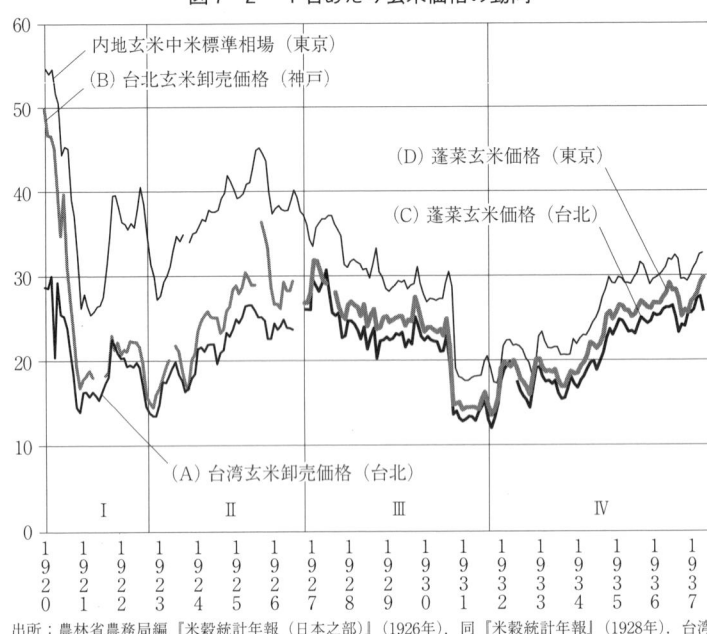

図7-2　1石あたり玄米価格の動向

(グラフ：1920年～1937年の1石あたり玄米価格の推移)
- 内地玄米中米標準相場（東京）
- (B) 台北玄米卸売価格（神戸）
- (D) 蓬莱玄米価格（東京）
- (C) 蓬莱玄米価格（台北）
- (A) 台湾玄米卸売価格（台北）

期間区分：I／II／III／IV

出所：農林省農務局編『米穀統計年報（日本之部）』(1926年)，同『米穀統計年報』(1928年)，台湾総督府殖産局『台湾米穀要覧』(1937年)，食糧管理局『食糧管理年報』(1948年)より作成。

備考：1）採用価格は以下の通り。(A)台湾玄米卸売価格（台北）：中等品1石建。(B)台湾玄米卸売価格（神戸）：台北米。(C)蓬莱玄米価格（台北）：3等100斤建，北部産米基隆貨車乗渡相場。(D)蓬莱玄米価格（東京）：蓬莱3等相場。内地玄米価格：深川市場標準中米。
　　　2）(C)蓬莱玄米価格（台北）は100斤あたり表示であったが，1石＝238斤で換算した。

部資料に基づいて収益性の時系列的な変化を裏付けるべきであるが，残念ながらこれを一定期間にわたって示す資料は管見の限り見あたらない。そこで本章では，台北市場と国内市場[56]の価格差（図7-2）から収益性の変化を推測する。なお，本節では農林省農務局編『米穀統計年報』に記載された「台湾玄米卸売価格」と台湾総督府殖産局『台湾米穀要覧』に掲載された「蓬莱米相場」の2つの価格系列を用いて検討することとする[57]。

　1910年代末年まで国内需要を補っていた外国米の高騰を契機とした食糧自給政策に対応して植民地米の増産が実行されると，国内市場の供給不足は植民地米によって補完されることとなる。この間，瑞泰ら台湾人移出商の取扱量が増加しはじめる1920年1月から蓬莱米が登場する直前の1922年6月まで（I期）

の台北（A）の１石あたり台湾米価格は20.3円，同じく神戸（B）は26.9円であった。両市場間の価格差は，平均6.6円であった。これに対して蓬莱米が登場する1922年７月から1926年７月まで（Ⅱ期）の価格は，台北21.0円，神戸24.3円で価格差は3.3円となる。Ⅰ期の日本市場おける台湾米価格は，内地米の高値に牽引されて急激に上昇するものの，台北におけるそれが相対的に低位にあったため，両市場の間には大きな価格差が生じた。しかし，在来粳米と比べて相対的に高値の蓬莱米が登場した1922年以降のⅡ期には，価格差の急激な縮小が確認される。

次に1926年11月から1937年５月まで台北（C）と東京（D）の蓬莱米の価格差を前述した検米規則の改定（1931年７月）を境にⅢ期，Ⅳ期の２期間に分けて観察する。台湾人移出商が取引から撤退するⅢ期の蓬莱米価格は，内地米価の続落に追従していずれの市場においても下降する。この期間の各市場における平均蓬莱米価格は，台北22.0円，東京23.9円であり，両者の価格差は1.9円に急接近する。さらにⅣ期にはそれぞれ台北20.4円，東京22.0円，価格差1.6円となる。台北における仕入価格と国内市場における売渡価格の差を移出商の取引利潤であると単純にみなせば，1920年代後半以降における取引収益性の悪化が趨勢として確認される。1926年の検米規則改定が移出可能な米穀の供給量を抑制し，これが産地における移出商間の「余りにも競争的無採算的」[58]な買付競争を引き起こして台北における蓬莱米価格をつり上げる一方[59]，国内市場に対する販売では「常に内地米商に引き摺られて…（略）…他に先じて事を為さゞれば如何なる不覚を見るかも知れぬとの不安から割を出しても早く売買の結末をつけんとする気風を馴致」[60]したことが1926年11月〜1931年７月までの価格差縮小の要因であった。

これに対して1931年の検米規則改定は，移出米の合格率を大幅に引き上げたため，移出可能な米穀の供給量は増大して移出商間の競争は緩和され，ひいては台北の卸売価格を抑制したと考えられる。その結果，台北―日本の価格差は再び拡大し，取引の収益性は回復するはずであった。しかし，実際の価格差は，図７-２で確認したように接近したままであった。この理由として以下の２つ

が考えられる。

　第1に，急激な移出拡大に生産が対応できなかった点を指摘しておく。1930～35年の作付面積，収穫高，移出量の年平均増加率を確認すると，それぞれ2.0%，4.4%，16.4%であった[61]。つまり，移出の拡大は移出率の急上昇によって実現したのであり，限られた移出米をめぐる移出商間の競争は継続されたものと思われる。なお，この1930年代における競争は詳細は，次節で論じることとする。第2に，日本市場の状況を指摘しておく。東京米穀商品取引所の調査によれば，台湾米は「搗精上り歩合良く亦改善せられた食味は内地市場の中級品と変らず消費者の待望「価格低廉にして而も品質中庸なるもの」の条件を具備」したと評価されていた[62]。しかし，それにもかかわらず「内地米に比較し朝鮮米は漸次昂騰するのに反し蓬莱米は漸次落潮を辿る傾向あり価格は品質向上を無視し動向するかの如き状態」にあるという興味深い報告をしている。つまり，1931年の規則改定や台中65号の開発といった品位・品質面の向上が価格上昇と相関しないことが指摘されているのである。もちろん，この報告はあくまでも朝鮮米との比較から述べられたものであり，日本市場における台湾米の価格は1920年代前半と比較すれば相対的に上昇していることに注意を払う必要があろう。たとえばⅠ期11.8円，Ⅱ期12.8円であった日本市場における台湾米と内地米の価格差は，蓬莱米の移出が本格化するⅢ期5.3円，Ⅳ期は1.6円と接近するが（図7-2），これは日本市場において蓬莱米が相応の評価を得ていたことを意味するものであろう。しかし，確かに台湾米自体の食味は向上したものの，日本市場における需要はあくまでも「夏季内地米の食味減退と味付米品薄との関係から来るので蓬莱種が一年を通じ絶対的に食味に於て優れてゐると云ふ訳ではない」[63]。つまり，日本市場における台湾米の競争力は，端境期に出荷しうるという商品特性と低廉性にあったから[64]，その価格は朝鮮米のように質的な面に規定されて変動するのではなく，内地米の価格と歩調を合わせるように推移せざるをえなかったのである。

　瑞泰をはじめとする台湾人移出商にとって山下汽船の台湾航路撤退は，従来のような買付資金調達が不可能となったことを意味した。台湾人移出商は，困

難に直面した。加えて米穀供給量の抑制を伴う1926年の検米規則改定を契機として台湾米取引の収益性は急激に悪化した。こうした状況は1931年に検米規則が再改定され，移出拡大のインセンティブが付与されたあとも継続した。以上に示したような一連の事態が長期に渡る収益性の低下を誘発し，「堅実」とされていた台湾人移出商をも撤退に追い込んだものと考えられる。しかし，後者，すなわち取引環境の悪化は，日本人移出商にも影響を与えたはずである。そこで次節では，4大移出商が移出米取引を寡占した1930年代の展開を一瞥しつつ，この点について確認することとしたい。

第3節　1930年代における4大移出商の競争構造

(1)　競争的寡占下における移出商の活動

　各企業の競争力は，資金調達力や販売チャネルの有無，効率的な組織など，さまざまな源泉によって構成される。そして，これらの点に関して総合商社である三井物産や三菱商事は，杉原商店に対して競争優位にあったと推測される。しかし，この劣位を補填する何らかの競争力を有していなければ，杉原商店が前掲表7-1に示したシェアを占めることはできなかったであろう。そこで本節では，杉原商店の活動を検討しつつ，4大移出商が台湾人移出商に取って代って持続的に取引をなしえた要因を探りたい。ただし，杉原商店の内部資料はすでに失われているため，前言の競争力源泉すべてに言及することはできない。それゆえ，三井物産や三菱商事に関して残された断片的な資料と杉原佐一の自伝から杉原商店の活動を提示することで杉原商店の競争力を逆照射したい[65]。

　1931年の三井物産支店長会議において台北支店長の小寺新一は，杉原商店の活動について以下のように観察している。

　　　同人〔杉原商店〕ハ元微々タル一肥料商人ナリシモ，其後米ニ手ヲ着ケ
　　　段々大キク成リ，昨今ハ辰馬汽船ヲ手ニ入レ甘イ汁ヲ吸ヒツヽアル様ナリ

最近其発展方策トシテ籾摺機械ヲ土人ノ籾摺屋ニ貸付，夫レヲ土台ニ商売
　　ノ進展ヲ計画セリ，此機械ハ麒麟印護謨「ロール」式ト称シ，在来ノ護謨
　　臼ノ改良セレタルモノナリ66)

　ここでは，小寺が次の2点に注目していたことが読み取れる。まず第1に，
土礱間に対する籾摺機の貸付が指摘されている。1931年の検米規則改定とそれ
にともなう総督府の米質向上政策が商品差別化にインセンティブを与えたこと
は前言した。つまり，移出商は競合他社と比較してより高品質の移出米を確保
することが求められたのである。これに対して杉原商店は，新しい局面にすぐ
さま対応して籾摺機の普及を試みた。その結果，「杉原氏の犠牲的精神の発露
と井出〔松太郎〕台北支店長の発奮努力」によって台中州の員林では「十三軒
の土礱間があるが既に八軒迄は其の据付を了し残余五軒の内二軒は既に器械の
注文を為し数日中に到著据付を見る筈で残り三軒も本月中には其の使用を見る
当てがあるからローラー式籾摺機の全員実行も遠きにあらざる」67) 状況になっ
たという。三井物産が認知した杉原商店の競争力源泉は，米の品位が重視され
るルールへの変化に対する対応力の高さにあった。
　加えて指摘しておきたいのは，これに対する三井物産の反応である。つづけ
て小寺は以下のように述べている。

　　　台湾店トシテハ杉原ヲ真似ル訳ニハ非ザルモ，新規ノ商売トシテ右機械ニ
　　優ルモノ無キ哉ト思ヒ…(略)…幸ヒ京城ニテ麒麟印ニ優ルト云フ三Ｓ印
　　護謨「ロール」式機械ノ御推薦ニ与リ，且専門技師迄添ヘテ台湾ニ差向ケ
　　ラレタル次第ニシテ，唯今折角之ガ宣伝売込ニ尽力中ナリ68)

　つまり，三井物産は杉原商店を模倣し，自らも籾摺機の導入を移出米買付の
手段として採用したのである。この時期の籾摺機の普及を指し示す具体的な数
値は残念ながら得られないが，こうした競争的寡占下の移出商が相互に刺激し
あって籾摺機普及者の役割を果たし69)，台湾米全体の品位向上に寄与したこと

第7章　植民地商人と総合商社の競争構造　243

がうかがえよう[70]。

　第2に杉原商店と辰馬汽船の提携が指摘されている。第6章で示したように，杉原商店が移出米取引に参入した契機は三菱商事との戦略的提携にあった。この取引について，産地買付を担当した杉原佐一は以下のように述べている。

> 私は三菱商事と提携して，米の移出を一年間，ともに利益を見ずにやって見たが，どうしても三井物産の業務に対抗できなかった…(略)…研究の結果三井物産と，郵，商船との間に米の輸送について，運賃上の特約があることを察知した[71]。

　前述のように，台湾米移出取引の収益性がきわめて低下していただけでなく，移出商間の過当競争は，「一袋二十銭の損切れを以て取引を為すとすれば，年三百五十万袋の移出に対して実に七十万円は本島米商の何れかゞ，其の損失を蒙らねばならぬ」[72]という事態を生み出していた。しかし，三井物産は近海郵船・大阪商船と運賃特約を結ぶことで損失を補塡するとともに産地買付において競合他社よりも強い価格競争力を発揮していたのである。杉原は，「三菱商事本社に赴いて懇談し，三菱商事を通じて，近海郵船に三井物産との間の米の運送について密約の有無をといただしたけれども，近海郵船の回答は…(略)…要領の得ないもの」であったため，「意を決して三井物産に対抗することを考えたのであった」[73]と回顧している。

　当時，台湾航路の砂糖輸送に参入したばかりの辰馬汽船は，砂糖輸送閑期の貨物として台湾米の確保を試みていた[74]。そこで辰馬汽船は，広島・紀伊勝浦積み丸太，肥料，製糖用石灰石，諸雑貨を往航貨物に，台湾糖および杉原商店扱いの台湾米を復航貨物として定期配船競争に参入した。この競争は，三井物産，三菱商事，加藤商会に協力する近海郵船・大阪商船グループと杉原商店・辰馬汽船グループの対立となり[75]，1933年12月に価格プール制・共通秘密運賃割戻を基調とする4社の協調に収斂するまで運賃値下げ競争が続けられた[76]。

　ここで注意しておきたいのは，この競争は米移出の局面だけで行われたもの

ではない点である。前述のように，辰馬汽船が台湾航路に参入した直接の目的は台湾糖の輸送にあり，そして低運賃を求める糖業聯合会がこれを強く支持したことが辰馬汽船の航路維持につながっていた[77]。別言すれば，三井物産らに対抗しえた杉原商店の競争力源泉は船会社に対する糖業聯合会の交渉力を背景としていた[78]。

この間，「台湾米取扱商間ノ競争激烈ニシテ従来産地買付ケニ内地間売込ニ共ニ競合，欠損ノミ大ニシテ利益スル所極メテ薄キ」[79]状態であったとされているが，前述の運賃割戻との関連から三菱商事を事例に収益性の確認をしておこう。

(2) 4大移出商の収益源

台湾米の移出取引において船会社の割戻金はどの程度の意義を持ったのであろうか。ここでは三菱商事の活動を事例として検討してみたい。

時期はやや後年のものとなるが，表7-4に三菱商事の取扱実績を掲げた。『立業貿易録』によれば，三菱商事は1935～36年の期間中において年平均235.9万袋，2,652.8万円の移出米を取り扱い，22.9万円の利益を得ている。これを1石あたり利益（年平均）に換算すると0.23円となる。商工省商務局の調査によれば，当時の日本国内の一般的な米穀移出商の1石あたり利益（年平均）は0.30円であったから[80]，三菱商事の収益性は国内移出商のそれよりも若干劣っていたことがわかる[81]。

次に薄利性が特徴であったとされる土壟間の収益をこれと比較してみよう。同じ表7-4に涂が推計した土壟間の利得を掲げた。これによれば，同期間中において土壟間は1石の取引で0.70円の利益を得ていたとされる。したがって，移出商が移出米取引から得られる利益は，土壟間のそれと比較してほぼ3分の1程度であったことが判明する。要するに本表が示す事実は，三菱商事の低収益性とともに土壟間の相対的な高収益性を示唆しており，流通機構における後者の強靱性が理解されるのである[82]。

表7-5に台湾米の1石あたり輸送コストを掲げた。ここでも資料の制約か

表7−4　三菱商事の台湾移出米取引実績

	移出量（A）(千袋)	取扱高(千円)	利益（B）(千円)	B/A 1袋あたり円	再計算 1石あたり円	土壟間利益 1石あたり円
1935	2,186	24,009	214	0.10	0.23	0.95
1936	2,531	29,047	244	0.10	0.23	0.45
1927-30	…	…	…	…	…	0.82
1931-34	…	…	…	…	…	0.71
1935-36	2,359	26,528	229	0.10	0.23	0.70

出所：前掲『立業貿易録』305頁，前掲『日本帝国主義下の日本』206頁より作成。
備考：1）　本表の移出量実績は，台湾米穀移出商組合が調査した数値を用いて作成した第1表と一致しない。第1表は年単位で掲載しているが『立業貿易録』は決算年度，米穀年度（11月～10月）のいずれかで算出しているためであると思われる。本表の目的は，三菱商事の移出量を確定することではなく，1石あたり利益を示すことにあるから，さしあたり記載数値をそのまま掲載した。
　　　2）　本表では1袋＝100斤，1石＝238斤で換算した。
　　　3）　…は不明を示す。

表7−5　台湾米の輸送コスト（1石あたり）

(単位：円)

	運賃	運賃割戻額				合計		その他経費	合計
		即時戻	期末戻	3月末 特別戻	秘密戻		割戻率		
（1934年6月現在）							(%)		
三井・三菱・杉原・加藤（A）	0.95	−0.17	−0.07	−0.01	—	0.70	26.3	0.35	1.05
その他（B）	0.95	−0.05				0.90	5.3	0.35	1.25
A−B						−0.20	21.1		
（1935年6月現在）									
100万袋以上（C）	1.07	−0.07	−0.05	−0.01	−0.14	0.80	25.2	0.32	1.12
50万袋以上	1.07	−0.07	−0.02			0.97	8.4	0.33	1.30
50万袋未満（D）	1.07	−0.07	—			1.00	6.5	0.33	1.33
C−D						−0.20	18.7		

出所：前掲『台北支店事務引継書類』，東京米穀商品取引所検査課編『台湾の米』（1934年）135頁より作成。
備考：1）　—はゼロを示す。
　　　2）　運賃ベースは基隆・高雄―阪神を採用した。
　　　3）　台湾の原資料では100斤あたり表示であったが，1石＝238斤で換算した。
　　　4）　「その他経費」は，事故保証料，保険料，為替日歩，営業税およびブローカー料を示す。なお，34年および事故保証料を除く35年の「その他経費」は資料の制約から明らかにならない。それゆえ，34，35年の「その他経費」は，さしあたり東京米穀商品取引所検査課編『台湾の米』（1934年）に掲載されている33年の数値を採用した。なお，原資料では「保険料」は100円あたり料金が掲載されていたため，第4表の1石あたり価格から計算して示した。

ら4社秘密運賃割戻協定締結後の数値しか得られない。それゆえ，締結以前の運賃特約もほぼ同様のものであったと仮定して分析を行う。表中で「その他」に分類される一般の中小移出商は，1石あたり0.05～0.07円の即時戻を受ける

にすぎず，割戻率は5.3〜6.5％にとどまっている（1934年に記されている「50万袋以上100万袋未満」というカテゴリーは，表7-1に示したように事実上存在しない）。これに対して船会社と特約を締結している4社は，即時戻以外にも期末戻，3月末特別戻，秘密戻など広範な割戻の適用を受けており，割戻率は一般移出商のほぼ5倍にあたる25.2〜26.3％に達した。割戻後の4社の船運賃（1934年0.70円，1935年0.80円）は，熊本／阪神間（0.82円），あるいは朝鮮／阪神間の一般運賃（0.80円）とほぼ同額の水準にまで低下することとなる[83]。また，特約を有しない一般移出商と4社の運賃差は，1933年，1934年ともに0.20円であった[84]。つまり船会社と特約契約を締結した4社は，前掲した1石あたり利益0.23円にほぼ匹敵する割戻金を船会社からの得ていたことが判明する。それゆえ4社は，「産地相場デ買付ケルノニハ先高見込ノ現物安デ買フコトモアルガ大体ハ内地ニ先売シテ安全ナ取引ヲ計ツテヰル来ノ直場下向ノ時ハ大シタ儲ケモナク運賃割戻ガ確実ナ収入ト見ラルルコトモアル」[85]と観察されているような取引が可能になったのである。このように，三菱商事が「由来台湾米取引成否の鍵は運賃にある，普通の内地台湾運賃では到底相場は出合わない，大手筋取扱業者は船会社と密約を有し，特別運賃を利用して始めて商売が出来るのである」[86]と記すように，かかる割戻金が移出商の利益を直接担保するとともに，産地買付の際には強い競争力として現れたと考えられよう。

1933年11月，4社は運賃プール制度を設定し，1袋あたり0.4円を積み立てて毎年4月と10月に分配することとした[87]。表7-6に4社協定の配分率と取引実績を掲げた。協定締結前の1933年の取引実績は，杉原商店が30.3％，三井物産が29.0％であった。ところがこの年末に締結された協定では，杉原商店21.8％，三井物産35.5％となっている。4社の協定は，三井物産に対する杉原商店の妥協を基礎として成立した[88]。以後の取引実績は，ほぼ配分率に従って推移することから，この協定によって量的な産地買付競争が収斂し取引量が固定化された。次いで4社は適正運賃復活を骨子とする秘密運賃割戻の協定を船会社と締結し，日本郵船・大阪商船・辰馬汽船への船積固定を図った。この4社協定は，杉原が「二〇店余りあった台湾人の業者は自然に移出を止めるよう

表7-6 4社プール配分率および取引実績

(単位：%)

		三井物産	三菱商事	杉原商店	加藤商会
1933	配分率	35.5	20.9	21.8	21.8
	取引実績	29.0	18.4	30.3	22.2
	差	6.5	2.5	-8.5	-0.4
1934	配分率	32.5	22.5	22.5	22.5
	取引実績	31.1	21.8	25.9	21.2
	差	1.4	0.7	-3.4	1.3
1935-38	取引実績	31.0	22.8	23.5	22.7
	34年配分率との差	1.5	-0.3	-1.0	-0.2

出所：表7-1および前掲『台北支店事務引継書類』より作成。

になJ[89]ったと述べるように対日移出米取引から台湾人移出商を撤退させた。この協約によって取引量が固定され、4社の産地における買付競争が収斂した結果、塗が観察したような「二重構造」が構築されたと理解すべきであろう[90]。

おわりに

本章は戦間期における台湾米移出取引を台湾総督府の制度改変とそれに対応した移出商の活動に焦点を絞って検討してきた。以下、本章で得られた知見を冒頭で提示した課題に従ってまとめておこう。

1922年の蓬莱米登場を契機とする台湾米の対日移出の拡大は、混合保管制度と山下汽船の船荷証券発行を起点とする融通米制度を基礎とした投機的な取引システムに支えられており、これに対応した多数の台湾人移出商が取引に参入しシェアを拡大させていった。そして過当競争ともいうべき移出商間の産地買付競争が発生したが、この競争は量的確保を主眼とするものであり、この競争に参加した移出商に対して質的向上を促すような性質は持ち合わせていなかった。

本章が掲げた論点は、1920年代に台湾米の対日移出を担った台湾人移出商がなぜ1930年代において取引から退場しなくてはならなかったのか、そしてなぜ

4大移出商がこれに取って代わりえたのかという問題である。本章ではその回答として以下の点に着目した。総督府は1926年に検米規則を改定して国内市場における台湾米の声価向上を目論んだが，検査の厳密化を基調とするこの措置は移出可能な米穀量を抑制したため，移出商間の過当競争がさらに加熱し，取引の収益性低下を引き起こした。そして，こうした取引条件の悪化が移出商の活動を困難に陥れ，ひいては取引から撤退せざるをえなくなったものと思われる。

　他方，4大移出商の取引参入過程およびその展開については，上記のリスクに直面した日本人移出商の対応に焦点をあてて検討した。そしてこの検討を通じて，1930年代に台湾米移出を担った4大移出商はゴムロール式籾摺機の導入に象徴される品位向上への積極的関与などを通じてかかる取引環境の変化に対応したことを明らかにした。また，1930年代初頭において4大移出商は激しい競争を繰り広げたが，こうした企業行動を担保したのは取引利潤に匹敵する船会社からの割戻金であったことを指摘した。つまり，台湾米移出取引の場合，その担い手の変化は取引制度と物流を主たる要因とする流通過程の構造的変化によって引き起こされたものと結論づけられよう。

1）　前掲『日本帝国主義下の台湾』，前掲『近代日本の食糧政策』。
2）　前掲『日本帝国主義下の台湾』206頁。
3）　同前，217頁。
4）　同前，206頁。
5）　同前，207頁。
6）　前掲「戦前期三井物産の台湾における活動」。
7）　各駅から鉄道で基隆に到着した移出米は，取扱移出商に関係なく一括されて倉庫に保管され，移出される際にはじめて袋米に移出商のマークが刻印されて本船積込がなされる。それゆえ移出商は，先安見込みの場合には商品を借用して受け渡しを行い（融通米），後日割安物を買い付けてこの返済に充てる。こうした行動は，値鞘を得られるだけでなく，買付資金を事前に得られるという点において移出商にとってきわめてメリットが大きい。
　　これに対して三井物産は，米穀検査を搬出地のみで行うことを総督府に促し，

これを受けて総督府は1926年，①搬出地と移出地で行われていた二重検査を廃止し，産地検査に移出検査を組み込む，②検査不合格米の移出禁止を骨子として台湾米穀検査規則を改定した（前掲「戦前期三井物産の台湾における活動」）。

8） 前掲「台湾総督府の政策評価」17頁。
9） 同前，10頁。
10） 前掲「日本帝国の食糧需給構造の分析」269～270頁。
11） 1920年代までの台湾米移出取引の投機性やそのメカニズムについては，前掲「台湾総督府の政策評価」を参照されたい。
12） 前掲『台湾米研究』156頁。
13） 1925年，過度の買付競争を抑制するため，土礱間に対する資金前貸は1袋1円に限定されることとなる（同前）。
14） 『台湾日日新報』（1927年11月29日）。
15） 前掲「日本と台湾を結ぶ華人ネットワーク」59頁。
16） 以下，山下新日本汽船『社史』（山下新日本汽船，1980年）410頁。
17） 前掲『台湾米研究』200頁。
18） 山下汽船が台湾人移出商をビジネスパートナーに選択した理由を直接指し示す資料は管見の限り見当たらない。蓬莱米が登場した1922年時点における日本人移出商は，三井物産および小規模取扱業者の安部幸商店，岩崎商業のみであった。また，台湾航路に参入した直接の目的である砂糖輸送の局面において山下汽船は日本郵船・大阪商船・三井物産と対抗関係にあっただけでなく（前掲「糖業連合会と物流」256～259頁），注7で前述したように三井物産は融通米制度を基礎とする投機的な取引に否定的であった。それゆえ，山下汽船が多量の移出米貨物をすぐさま獲得するためには，台湾人移出商との提携が唯一の選択肢であったと考えられよう。
19） 三井物産文書課『第九回支店長会議議事録』（1926年）308～309頁。
20） 『台湾日日新報』（1927年11月29日）。
21） 『台湾日日新報』（1926年9月10日）。
22） 当初，台湾人移出商は「裏きには運送店から頼まれて不止得融通を受けて船積をして遣つた」が，次第に「今度は逆に運送店に融通船積をすべきことを強要すること」になったという（中山勇次郎『台湾米取引事情』台湾正米市場組合，1932年，77頁）。こうした山下汽船の措置は，単に台湾米の移出量拡大に寄与しただけでなく，その投機性をも高める効果を与えた。
23） 前掲『米の台湾へ』58～61頁。
24） 同前，60頁。

25) 同前，61頁。
26) 前掲『台湾米研究』53頁。
27) 満洲大豆三品の輸出過程においても混合保管制度が実施された。とりわけ大豆取引においては満鉄が包装・等級管理を厳格に行ったために満鉄が取り扱う大豆は市場価値を高めただけでなく満鉄自身の鉄道経営の効率化にも寄与したという。ただし，豆油の場合は満鉄が設定した規格と実際の商慣習が一致しなかったために必ずしも普及が容易でなかったという（岡部牧夫「「大豆経済」の形成と衰退」岡部牧夫編『南満洲鉄道会社の研究』日本経済評論社，2008年，39～43頁）。
28) 『台湾米報』24（1932年4月）1頁。
29) 以下，特に断りのない限り前掲『台湾米研究』321～324頁。
30) 『台湾日日新報』（1925年6月21日，12月6日）。
31) 同前（1926年3月20日）。
32) 同前（1926年9月11日）。
33) 断髪不改装運動については，呉文星「日拠時期台湾的放足断髪運動」（瞿海源・章英華編『台湾社会与文化変遷』中央研究院民族学研究所，1998年）。
34) 以下，『台湾日日新報』（1911年2月26日）。
35) 同前（1926年9月11日）。
36) 「許太山以下店員全部が揃ひも揃つた策謀に富むの徒輩たる為で御大の許太山の如きは自分で同業者との取引契約の衝に該つたことは殆んど皆無で…（略）…其手先には内地人の上野某とかゞ居て三百の代理を承はり商内には張雨停〔許雨亭〕とかゞ代行し何んでも先般米商として失敗し後脚で砂を蹴立てた陳某〔陳紹襄〕と云ふのも昨今取引上の幹部に雇はれて居る」（同前，1922年11月7日）。
37) 同前（1925年6月21日）。
38) 「君は台湾語が堪能で大正十一〔1922〕年米界の巨商瑞泰に社員となり，爾来九箇年の長きに亘り，大小の米穀取引の実務に従事し傍ら台湾米の熱心なる研究者であつた」（前掲『台湾米研究』10頁）。
39) 『台湾日日新報』（1926年1月19日）。
40) 横井香織「台北高等商業学校卒業生の動向に関する一考察」（『東洋史訪』8，2002年3月）41頁。
41) 前掲『近代日本の食糧政策』268頁。
42) 前掲「台湾総督府の政策評価」21頁。
43) 同前，12～13頁。当該期間における植民地米の大量移入は，内地米穀市場が供給不足から供給過剰に転換した契機として，あるいは内地農業政策との関連においてきわめて重要な位置を占める。この植民地米のうち，高品質な硬質米であっ

た朝鮮米が主として阪神市場に供給されて内地米と直接競合したのに対し、安価かつ品質的に劣る軟質米の台湾米は、端境期用の低質米として京浜市場を中心に供給された（前掲『米穀市場の展開過程』135～144頁）。蓬莱米移出量に占める京浜市場の割合は、1926年には23.2%であったが、1931年には55.6%、1935年には60.1%となる（東京米穀商品取引所編『台湾の米』1934年、155～156頁）。

44) 『台湾米報』13（1931年5月）1頁。
45) 『台湾米報』17（1931年9月）6頁。
46) 米の商品価値は品種改良に加えて肥料の質・量、乾燥、脱穀、籾摺り、精白など生産・流通過程における諸作業、包装、検査事業、倉庫・運送設備などの諸条件によって決定される。そのさまざまな決定要因のうち、調製は米の商品価値を左右する重要な作業工程であった。一例をあげれば、ある「大阪米商故老」は四国・九州の産米県から新品種の米を持ち込まれた際、「あんたんところがどないにがんばったかて、味では五畿内の米にはかないまへんによって、無理な背伸びをせんと、その土地その土地に合うた米を作りなはれ。そして乾燥と調製に気いつけなはれ…（略）…搗減りが少のうて小売屋が喜ぶし、味がよいさかい消費者も喜ぶ」とたしなめたという（沢田徳蔵「米の味と米の調製」『農業と経済』37 (1)、1971年1月、67頁）。つまり、日本市場の消費地問屋が求めていたのは、それぞれの格付けに応じた米質が実現しているかどうかであって、これを実現する調整過程の如何が商品価値の形成に直結していたことが示唆されよう。
47) 土臼（篠宮式）、ゴム臼（冷歯式万年ゴムトース）、遠心力式（岩田式）、ロール式（瑞光式）の籾摺比較実験によれば、ゴムロール式はカビの発生程度や胴割歩合でやや劣るものの、乾燥の良否による乾燥吸湿の差異は僅少であり、虫害の程度も少なかったという。また玄米の色沢は最良であったという（「籾摺調製方法が玄米の品質並に其貯蔵に及ぼす影響に関する調査」『農業機械学会誌』2 (1)、1938年3月、76～77頁）。
48) 『台湾米報』18（1931年10月）5頁。
49) 『台湾米報』25（1932年5月）1頁。
50) 基隆での保管制度がなぜ所有者別保管ではなく州別保管となったのかという疑問も生じよう。現在、これを説明する資料は残念ながら得られていない。今後の課題としたい。
51) 『台湾米報』3（1930年7月）5頁。
52) 検米規則は1935年に再度改定される。改定の骨子は、三部制（北部米・中部米・南部米）を六部制（台北米・新竹米・台中米・台南米・高雄米・東部米）として銘柄を増設し、また4階級制（1～3等、等外）を適用していた蓬莱米・丸糯米

以外の品種を5階級制（1～4等，等外）とした点である（『台湾米報』61, 1935年5月，5～6頁）。表7-3において1935年以降の「4・5等，等外」が急増した要因は，在来米・長糯米の3等が新設の4等に振り替えられたためであると思われる。

53) 日本経営史研究所編『創業百年史』（大阪商船三井船舶，1985年）209～210頁。

54) 「大正十四〔1925〕年四月から山下汽船は〔大阪〕商船と共同経営といふ名目で商船の委託経営となつた，それが為め以前のやうに瑞泰の思ふまゝにならなくなる」（『台湾日日新報』1927年11月29日）。

55) 前掲『台湾米研究』326頁。

56) 1920年代初頭の台湾米の移出先は阪神市場を中心としていたが，注43に示したように1920年代中盤以降は京浜市場を中心に供給されることとなる。そこで本章では，1920年代前半は神戸市場，1920年代後半以降は東京市場の数値を採用することとする。

57) 『台湾米穀要覧』は台湾市場の品種別価格と国内市場の蓬莱米価格が掲載されており至便である。しかし，同資料は1926年10月以前の国内市場データが掲載されていないという問題を抱えている。他方，『米穀統計年報』には1914年1月以降の数値が掲載されているが，1927年12月以降のデータが掲載されていない。また，後者には品種別価格が掲載されておらず，一括して「台湾米」として価格が表示されている。つまり，後者は蓬莱米より高価な丸糯米やきわめて安価な在来粳米を含んだ数値であるため，蓬莱米の価格のみで集計された前者とは価格構成が異なる。しかし，同図で本章が提示したいのは，台湾市場と国内市場の価格差から取引収益を観察することにあることから，かかる提示は許容されると考えている。

58) 前掲『台湾米研究』259頁。

59) 1926～30年における対日移出量の年平均増加率は，朝鮮米103％，台湾米97％であった（前掲『近代日本の食糧政策』194頁のデータから算出）。この間，台湾米収穫高の年平均増加率は103％であったから，台湾米移出量の停滞は総督府の検米規則の改定にあったことが確認されよう。

60) 前掲『台湾米研究』243～244頁。

61) 台湾総督府殖産局編『台湾米穀要覧』各年度。

62) 以下，前掲『台湾の米』（1934年）107～108頁。

63) 同前，103頁。

64) 前掲『米穀市場の展開過程』144頁。

65) 前掲『思い出の記』。同書や台湾経済年報刊行会編『台湾経済年報』昭和十七年度版（国際日本協会，1942年）382頁によれば，杉原商店主の杉原佐一は1892年，

兵庫県多紀郡古市村で生まれた。高等小学校卒業後，青果商三市商店（大阪），穀肥商音伍社（神戸）勤務を経て1920年10月に渡台。高雄で肥料商を開業した。なお，本章は4大移出商の1つである加藤商会の活動については残念ながらほとんど解き明かすことができない。

66) 三井物産文書課『第十回（昭和六年）支店長会議議事録』（1931年）112頁。
67) 『台湾米報』16（1931年8月）1頁。
68) 前掲『第十回（昭和六年）支店長会議議事録』112頁。
69) たとえば山形県の場合，県が奨励金を交付することでゴムロール式籾摺機の普及を図っている（山形県産米改良協会連合会『山形県米穀流通経済史』山形県産米改良協会連合会，1958年，402～403頁）。
70) 中嶋は，土壟間がゴムロール式籾摺機を導入した経緯について，「等級制の改正によって品質別の移出が大きな利益を獲得できると見るや，様々な改善運動を自発的に起こして…（略）…磯永吉の臼の改良奨励を即座に採用してゴムローラー式の籾摺りを全島で行うようになった」（前掲「台湾総督府の政策評価」21頁）とするが，本章が示すようにゴムロール式籾摺機を実際に普及させたのは移出商であった。
71) 前掲『思い出の記』62頁。
72) 前掲『台湾米研究』252頁。
73) 前掲『思い出の記』62頁。
74) 以下，松本一郎『水脈一筋』（日本海事新聞社，1975年）14～15頁。辰馬汽船の台湾航路参入の経緯やその意義については，前掲「糖業連合会と物流」を参照されたい。
75) 杉原によれば，三菱商事は近海郵船との関係を理由として杉原との提携を破棄したという（前掲『思い出の記』50頁）。この点について三菱商事側の記述では，杉原商店が辰馬汽船と「握手して特率を契約し内地向取引を自営し始めた，従って三菱は置去りを食つた形」となったため，「茲に至り我社も今迄の不徹底な態度を一擲して郵商船と特約を結び，同時に自ら産地に馬を進めることとした」としている（前掲『立業貿易録』304頁）。
76) この競争について辰馬汽船の松本一郎は，「運賃は一ピクル三十銭（タリフレートの半額以下）に下落，木材および雑貨は表面タリフレートではあるが，押石，押トンを黙認する有様で，役員会への説明に困却したほどであった」（前掲『水脈一筋』14～15頁）と回顧している。
77) 前掲「糖業連合会と物流」263～266頁。
78) 台湾米移出商も台湾米穀移出商同業組合という中間組織を有していたが，組合

員間の調整力が不十分であったために船会社に対する価格交渉力は低位にあった.

79) 前掲『台北支店事務引継書類』(1936年).
80) 商工省商務局『商取引及系統ニ関スル調査(米)』(1932年)22頁.
81) むろん,日本国内の移出商と台湾の移出商はその役割も規模も大きく異なるから,単純な比較は難しい.たとえば約90万石を管外に移出する山形県には,移出量5,000俵(＝2,000石)以上の者に限ってみても34名(1932年)もの移出商が存在した(前掲『山形県米穀流通経済史』24頁).また,早場米生産地として一期蓬莱米と直接の競合関係にあった石川県(管外移出量：約20万石)には46名(1935年)もの移出商が存在した.そのうち,最大手の平場啓太郎(羽咋)・島田昌一郎(七尾)でさえ,移出米取扱量は5万俵(＝2万石,1930〜35年平均)にすぎなかった(農林大臣官房調査課『米穀流通構造の変貌』1955年,114〜116頁).100万石以上の移出米を取り扱う三井物産ほか4社との規模の隔絶は明らかであろう.
82) 土壟間は籾摺だけではなく,金融・仲買・問屋の機能をも有していた.そして土壟間の収益源は籾摺ではなく,売買差益や農民に対する金融利子にあったことが指摘されている(甲本正信「土壟間に就て」『台湾農事報』31(6),1935年6月,19頁).ただし,籾摺それ自体の能力が向上した点も指摘しておきたい.前掲『日本帝国主義下の台湾』203頁のデータを用いて職工1人あたりの年間摺上玄米高を算出すると,651石(1920〜24年),1,041石(1926〜30年),1,478石(1931〜35年)と推移する.つまり,蓬莱米の登場以降,土壟間の籾摺能力は2倍以上となったことを意味する.本章が指摘した籾摺工程の機械化は,かかる能力上昇に大いに寄与したと推測されよう.

こうした土壟間の活動について安秉直は,土壟間の経営規模は京城の精米業者と比べて格段に小さいものの,台湾では朝鮮よりも市場経済の発展水準が高かったために取引費用が低く,それゆえ土壟間のような中小企業が広範に存続しえたこと,台湾人企業家の商業手腕は朝鮮人のそれよりもすぐれていたと指摘している(安秉直『植民地期朝鮮と台湾の民族工業に関する比較研究』一橋大学経済研究所,1998年).
83) 木村和三郎『米穀流通費用の研究』(日本学術振興会,1936年),佐々木勝蔵編『鮮米協会十年誌』(鮮米協会,1935年)264〜267頁.
84) 朝鮮航路を運営する各船会社(鮮航同盟会)と朝鮮穀物商組合聯合会との間に締結された協定運賃率も,一般運賃からちょうど0.20円(1933年)が割り引かれている(前掲『鮮米協会十年誌』264〜267頁).
85) 森忠平『台湾産業組合倉庫経営附蓬莱米ノ取引並ニ取引上ノ諸書式』(台湾産業組合協会,1934年)87頁.

86) 前掲『立業貿易録』304頁。
87) 前掲『台北支店事務引継書』(1936年)。
88) 杉原はこの協定について,「私が譲歩して…(略)…円満に移出米取扱量の協定が成立したのである」(前掲『思い出の記』70頁) と回顧している。
89) 同前,71頁。
90) 4社の協定が成立した1934年1月からデータを取得しうる1937年5月における台北―東京市場の玄米卸売価格の差は,1.90円へと拡大している。これは米穀統制法 (1933年) による米価維持政策が植民地米の米価をも引き上げたために生じたものと思われる。なお,米穀自治管理法 (1936年),台湾米穀移出管理令 (1938年) および米穀配給統制法 (1939年) の施行によって台湾米移出取引は完全に統制下に置かれ,台湾米は日本米穀によって国内消費地に販売が委託されることとなったが,朝鮮・沖縄向白米は総督府が直接販売を行うこととなった。そこで総督府は,三井物産らに対して台湾米移出組合の結成を促し,管理米を販売させたという (『台湾米報』114,1939年10月,5頁)。

終章　結　論

第1節　1920〜30年代の近代日本と植民地台湾

　1918年に登場した原敬内閣は，帝国日本の植民地統治方針を一変させた。台湾総督に就任したばかりの明石元二郎陸軍大将が在職のまま1919年に病没すると，原は田健治郎を総督とし，初の文官総督を誕生させた。以降，海軍出身の小林躋造が総督となる1936年までに9人の文官総督が次々と交代した。第2次護憲運動後の1924年6月に組閣した加藤高明は，田の後任として1923年9月に台湾総督となったばかりの内田嘉吉を更迭し，論功行賞的な動機に基づいて伊沢多喜男を総督とした[1]。その伊沢もわずか1年10カ月で総督を辞職する。1926年の東京市会議員選挙で躍進した憲政会系の革新会が，辞職した中村是公・東京市長の後任として憲政会に近い伊沢を推薦し，市長に当選させたためである[2]。このように，「憲政の常道」に基づく内閣の頻繁な交代や政党政治の展開は，「文官総督制」となった台湾総督の在任期間を短縮した。総督の度重なる交代は，総督府局長クラスの人事に影響を及ぼした。前述の伊沢が総督となると，総督府内に根強い影響力を保持していた後藤新平系官僚や田健治郎系官僚が排除され，局長・知事クラスの官僚は大幅に更迭された[3]。1920〜30年代における総督府の政治基盤は，決して安定していたわけではなかった。

　他方で1920〜30年代の台湾では，林献堂に代表される漢族の地主・資産家層，あるいは蔡培火や蔣渭水といった都市知識人を担い手とする台湾議会設置請願運動が展開され，帝国議会への請願が繰り返された[4]。同運動の要求は，原内閣以降に明確となった内地延長主義的な台湾統治方針にある程度の妥協を示し

つつ，究極的には台湾大(サイズ)の自治を目指すものであった。政治面からみた1920〜30年代における帝国日本の台湾統治は，国内中央の政治動向に強く規定される一方，植民地下において諸権利を著しく抑制された台湾人の不満に対処する必要に迫られていた。

　上記のような不安定な政治状況とは対照的に植民地台湾の経済は，農産品の対日移出に牽引されて安定的な成長を遂げた。日本の植民地となった当初の台湾の輸出構造は，北米を消費市場とする烏龍茶が輸出額の半額を占めたほか，砂糖，米，苧麻などの対中国輸出品によって形成されていた。帝国日本が得た植民地台湾は，世界経済に組み込まれ，欧米資本の利害が錯綜する場とローカルな取引が行われる中華帝国に組み込まれた場という2つの側面を有していた。ところが，20世紀初頭以降は砂糖の対日移出が急増し，砂糖を軸とする経済構造へと転じていく（序章，第1章）。矢内原忠雄が1927年度までのデータに依拠して描いた『帝国主義下の台湾』は，まさに「糖業帝国主義」に支配された台湾であった。とはいえ，1920〜30年代における植民地台湾の輸移出構造を全体として把握する場合，1920年代中盤をピークとして砂糖のウエイトが縮小すること，その相対的な停滞と対照的に米，バナナ，鳳梨缶詰など多様な農産品の対日移出が本格化することにも注意を払うべきであろう。こうした新たな対日移出品の登場が植民地台湾の輸移出額を拡大させたのである。

　以上に示した過程の裏面で宗主国＝日本は，植民地への経済的な依存をますます強めていった。このような依存は，日本人の主食である米において最も先鋭的に現れた。1934〜36年の大阪府における米総消費高に占める植民地米の割合は，朝鮮米55％，台湾米8％，同じく東京府では朝鮮米25％，台湾米23％に達した[5]。1930年代の中盤には，東京・大阪両府において消費された米の5〜6割が植民地米によって占められた。

　1920〜30年代の東京・大阪は都市化が急速に進展した時期であった。その増加率は高度経済成長期の1955〜70年を上回るスピードであった。東京・大阪への人口集中に対応して私鉄各線は，路線をさらに郊外へと延伸し，都市圏を拡大させた。人口急増と都市圏拡大の一方で東京・大阪両府の1人あたり県民所

図8-1　農業生産額の推移

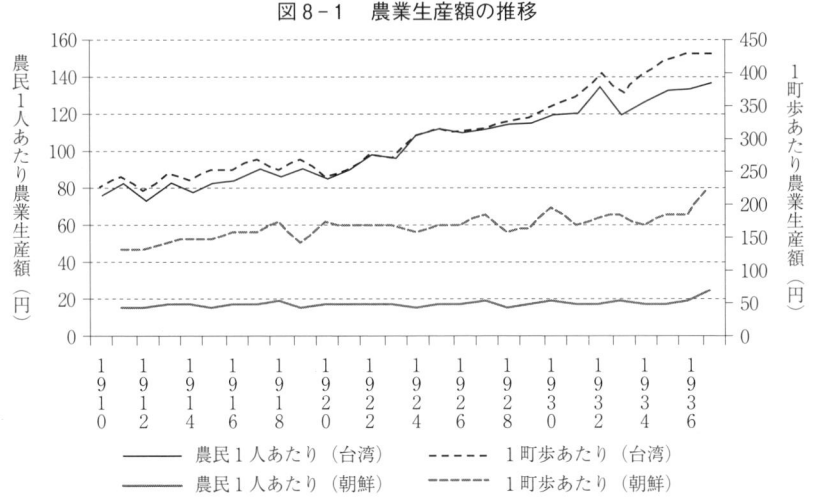

出所：前掲『旧日本植民地経済統計』263〜264頁，268〜269頁より作成。
備考：農業生産額は実質値。

得も上昇した。市民生活は，徐々に豊かになりつつあった。ターミナル駅に建設された百貨店では，大衆を相手とした多様な商品が販売されるようになった。人口増加と経済成長を背景として両都市では，大衆消費に基づくモダンかつ華やかな都市文化が育ち始めた。新聞や雑誌の発行部数が急増したほか，ラジオや映画といった新たなメディアも大衆に広く受容されていった。以上のような1920〜30年代の東京・大阪両市民の食消費を賄っていたのは，安定的に供給される大量の安価な植民地米であった（第1章）。

1920年代の台湾で栽培が開始された蓬莱米は，在来種米に比して収量性に優れていた。ただし，その栽培には一定の灌漑・水利条件や除草などの集約的管理，さらには大量の施肥を要した[6]。そのため，1910年代から徐々に増加していた台湾における諸肥料の消費量は，1920年代には爆発的に拡大することになった。大連からは大豆粕が大量に輸入されるとともに，1920年代後半には硫安の消費量も高まっていった。台湾農業のあり方は肥料多投型のそれに転換され，生産性は飛躍的に向上した（図8-1）。

対日移出を基軸とした農産加工品の急激な生産拡大に牽引されて当該期間の台湾経済もまた成長した。1920年には4億8,811万円であった台湾のGDE（1936～36年平均価格表示）は，1938年には10億6,090万円となった[7]。1920年には129.89円であった1人あたりGDEも，1938年には184.60円へと増大した。1920～30年代の植民地台湾は，不安定な政治体制や政治的諸権利の抑圧に対する台湾人の不満を基底とする統治上の問題を抱えつつ，東京・大阪を主たる消費市場とする農産品の大量移出や農産品の生産力向上を促進する諸肥料の大量輸移入を梃子に経済成長――少なくとも国民経済計算上では――を実現した。こうした成長が1920～30年代における東京・大阪の人口集中や大衆的な都市文化の形成を「帝国」という構造から支えていたのである。

　では，それまで帝国日本の外にあった周辺＝植民地を中心＝宗主国に引き付けて帝国内の市場に組み込み，結合する役割を果たした商行為の主体は誰なのか。それは，どのようなメカニズムによってなされ，どのような条件によって促進されたのか。冒頭の序章で示したように，本書のねらいは近代日本を「帝国」的な枠組みから捉えたうえで，宗主国＝植民地を結合する「帝国の流通ネットワーク」のあり方を取引主体の行動や組織から明らかにすることにあった。以下，本書が分析した結果に本書を結論に導くための補助線を加えながらまとめておこう。

第2節　中華帝国からの経済的「断絶」と再編

　帝国日本の植民地としての台湾は，流通ネットワークを介して宗主国＝日本に強く結びつけられ，1930年代末までには構造化された分業体制の内に組み込まれた。そして，帝国日本の「帝国」的な特質である高度に有機的な結合体の一構成要素となった。とはいえ，そうした過程が直線的に展開しえたわけではない。

　アロー戦争の結果，1858年に清国と諸外国との間で締結された天津条約によって台湾北部の淡水と南部の台湾府が開港された。そして，ヨーロッパ資本の

主導によって烏龍茶と砂糖の対外輸出が活発化した。とりわけ最終消費市場である北米市場において高く評価された前者は，世界的な茶需要の高まりとも相まって輸出額を急増させた。

　1880年代から90年代にかけて北米市場で需要された烏龍茶の輸出システムは，2つの問題に規定されて構築された。1つは，港湾整備の問題である。1885年に福建省から台湾省が分離・新設され，台湾巡撫の劉銘伝が社会資本の充実や産業の振興を試みたが，税収の増加を目的とした土地改革は挫折した。多額の資金を要する劉の開発主義的な経済政策は，ほぼ実現しなかった[8]。烏龍茶の最終消費地である北米市場に直接アクセスしうる遠洋航海用の大型汽船が停泊可能な港湾も建設されなかった。そのため，台湾北部で生産・加工された粗茶はいったん厦門へ輸送され，そこから北米市場へと輸出されるルートが定着した。いま1つは，金融の問題である。産地情報や現地の商慣習に通じた中間流通の担い手を介さずに洋行が直接に産地買付を行うことは，彼らの取引コストを高めるであろう。一方で中間流通を担う茶館＝華商の信用程度は著しく欠如していた。そこで台湾の烏龍茶輸出取引の場合，厦門に拠点を持つ「相当ノ財産ヲ有シ信用確実ナル」[9]媽振館が茶館の信用を補完して買付資金を供給した。加えて欧米宛茶為替の買入を通じて洋行に資金を供給する香港上海銀行の拠点も台北ではなく，厦門にあった。以上の経緯によって烏龍茶の輸出システムは，厦門を集積地として形成されることになった。

　しかし，こうした輸出システムの継続は植民地として台湾を支配することになった日本にとって望ましいものではないと認知された。それゆえ，イギリス系洋行が掌握する「商権」の回収につながる輸出ルートの転換が，益田孝らによって主張されるようになった。事実，こうした主張に沿うように1907年には基隆港が厦門港の地位に取って代わった。従来，この動因は台湾―中国間経済関係の「断絶」を目的として総督府が選択した不均衡な関税政策（＝台湾輸出税及出港税規則の制定）に求められてきたが，事態は先行研究の想定よりも複雑であった。イギリス系洋行を担い手とする厦門経由ルートの輸出システムは，港湾と金融システムの未整備という，社会資本の不足に対応して確立されたも

のであったためである。そのため、輸出ルートの転換は、①台湾総督府や台湾銀行による2つの制約の排除（基隆築港、新たな金融サービスの開始）、②①によって創出された新たな取引環境に適応しうる取引主体＝アメリカ系洋行の参入、③アメリカ系洋行の参入による競争の激化に対して競争優位を保つために選択されたイギリス系洋行および香港上海銀行の台湾進出、という手順を要した。この過程において厦門での情報機能や信用補完機能は不要となり、これをもたらす媽振館の存在意義が低下した。加えて北米市場における製茶輸入税の賦課によって消費が低迷し、交易条件が悪化した。以上のような取引環境の変化によって零細かつ高コスト構造にあった華商の活動は困難に陥り、相対的に規模の大きい台湾人商人との競争に敗れていったのである（第2章）。

　多くの研究が指摘するように、台湾総督府が主張した南進論の内実は「南支南洋」政策であった。具体的には、福建・広東両省に対する政治的・経済的影響力の拡大を意図する「対岸」政策であった[10]。この政策を実現するために総督府は、大阪商船に命じて台湾／華南間の華南航路を定期化するとともに、これと日本／台湾間の台湾航路を接続することで華南市場に対する日本製品の輸出拡大を目論んだ。第1次世界大戦前後期には、基隆港の港湾機能が増強されて台湾・華南両航路の接続性が向上した。台湾経由の輸送コストは香港経由に比して有利となった。その結果、それまで香港を経由して華南市場に輸出されていた日本製品の多くは、台湾を経由するようになった。基隆の集散地機能は著しく高まり、日本／台湾／華南を結ぶ新たな流通ネットワークの基盤が構築された（第3章）。植民地行政が形成した物的・社会的基盤は、ヒトとヒト、組織と組織を結びつけるネットワーク形成の前提条件であった。

第3節　帝国日本の流通ネットワークとその取引主体

(1)　植民地行政の競争促進機能と流通介入

　以上のように、植民地台湾の行政を担う台湾総督府は、築港事業や補助金の

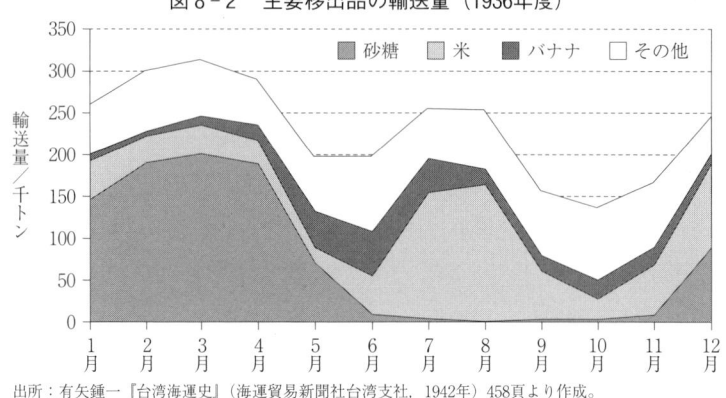

図 8-2　主要移出品の輸送量（1936年度）

出所：有矢鍾一『台湾海運史』（海運貿易新聞社台湾支社，1942年）458頁より作成。

給付に基づく海運政策を通じて新たな流通ネットワークを形成する機能を発揮した。基隆・高雄両港の築港事業を推進して港湾機能の向上を図るとともに，大阪商船と日本郵船に補助金を交付して命令航路の充実を図った。片山邦雄が指摘するように，大阪商船の台湾関係諸航路はその他地域の諸航路に比して航路収入に占める補助金の割合が最も高い水準にあった[11]。

ただし，命令航路の設定と補助金の給付が命令航路の経営にあたる船会社の保護や「独占」を保証したわけではない。第1次世界大戦期の船腹不足と世界的な運賃率の高騰を受けて総督府は，命令航路の認可運賃率を引き上げ（第3章），1920年恐慌を契機として深刻な海運不況となったあとも引き続き認可運賃率を維持した[12]。しかし，これは高位に設定された認可運賃率の適用を強制するものではなく，「命令航路の貨物運賃認可率は最高を抑へ，其の範囲内に於ける高低変動は自由なりとて平然と」放置するものであった[13]。さらに山下汽船（1918年）や川崎汽船・国際汽船・帝国汽船（1924年），辰馬汽船（1929年）といった社外船が第1次大戦期に増大した船腹の運用を求めて台湾航路に参入し，船会社間の競争が激化した[14]。台湾航路の実質運賃率は加速度的に低下し，総督府の認可運賃率と20％以上も乖離した。1920～30年代における植民地行政の海運政策は，船会社間の競争を促進する機能を果たした。

山下汽船や辰馬汽船が台湾航路に参入した契機は，糖業聯合会が付与する産糖輸送契約の獲得にあったが[15]，新規に参入した社外船は季節性の強い砂糖以外の集荷にも努め（図8-2），配船率の向上を試みた。その集荷過程では，特定荷主に対する運賃割戻や個別サービスが提供された（第7章）。砂糖の繁忙期と重ならず，かつ貨物量の大きい米とバナナの集荷にはとりわけ力が注がれた。たとえば，山下汽船が横浜／高雄間航路を開設した契機は，台中州産バナナの一手輸送契約を得たことにあった。同航路の新設は，山下汽船に対抗する近海郵船の配船を誘発し，1925年5月以降は大阪商船・日本郵船・山下汽船による3社共同経営の命令航路となった[16]。その結果，台湾南部と京浜市場のアクセス性が向上し，台中州に比して輸送コストの面で有利となった高雄州が新たな産地として登場することが可能となった。台湾バナナ全体の対日移出は飛躍的に増大した（第5章）。また，新規に参入した社外船が特約を結んだ取引主体は，当然ながら競合他社である大阪商船・日本郵船と特約関係にない取引主体が選択されることになった。それゆえ，社外船の台湾航路参入は，新たな取引主体の活動が活発化する誘因となり，取引主体間の競争を激化させた（第7章）。この点は，次項で改めて問題としたい。

　台湾バナナの対日移出過程における植民地行政の積極介入を論じた第5章で見たように，植民地行政は競争促進的な流通政策を常に採用したわけではない。台中州が設立を主導した台湾青果の企業目的は，消費地におけるせり取引の実施によって産地／消費地間に生じた価格情報の非対称を解消しつつ，代金の確実な回収を試みるものであった。同社の設立は，必ずしも移出商の排除を主眼としたものではなかったが，すべての商品を同社を通じて日本市場に出荷することとしたため，移出商が持つ集荷機能は無力化した。加えて青森県のリンゴ移出商とは異なり，台湾のバナナ移出商の場合には生産者に対する金融機能を備えていなかったことから，植民地行政のバックアップによって組織化された生産者が移出商を排除して流通機構に進出することは比較的容易であった。

　ただし，台湾青果を軸として形成された統制的な流通機構に何らの問題が生じなかったわけではない。1つは，流通機構の統制によって少なからぬ不利益

を被った経済主体が存在したことである。自由移出を目論んだ小規模生産者,販売市場の選択肢が著しく制約され,高リスクの対中国輸出取引に従事せざるをえなかった東華名産などがその例として挙げられよう。さらに重要なもう1つの問題は,台湾青果は産地と消費地問屋の利益両立を前提とする中央卸売市場の開設に関連して設立されたため,両者の矛盾が同社内に内包されたことである。それゆえ,台湾青果の活動は産地の利害と一致しない役員・有力株主＝消費地問屋の行動によってたびたび左右された。台湾青果の企業活動と産地利益の最大化は必ずしも一致せず,同社と植民地行政の意図も常に合致していたわけでもなかった。

　以上のように,1920～30年代における植民地行政の流通政策には,競争促進・抑制の相反する性格が確認される。その背景を理解するためには,植民地という空間的条件を考慮する必要があろう。第2章で示した藤江勝太郎の見解や第5章の分析,および若林正丈の指摘[17]を想起すれば,植民地行政の経済政策が立案される過程で優先的に考慮されたものの1つは,台湾の地域社会に強い影響力を持つ地主層の経済的利益であった。日本を主たる市場とする農産物から得られる利益が圧迫されれば,そこから利益を得る地主層の不満は植民地行政の差別的な経済政策に向けられ,その解決としての自由な経済活動を求めることになる[18]。それだけではなく,経済的な不満は台湾議会設置請願運動のような政治的な側面にも向かわざるをえない。それゆえ,台湾人に対する政治的権利の抑圧を基本方針とする植民地行政が統治を正統化し続けるためには,地主層の経済的な利益を常に擁護することで彼らの政治的支持を確保し続けなくてはならない。したがって,植民地行政の流通政策は地主層が得る経済的な利益の最大化を求める視点から実施される。消費市場における農産物の価格競争力に影響を与える運賃率を市場の競争に事実上委ねることで抑制し,移出を担う取引主体が過度に弱小で生産者の利益減少が予見される場合には植民地行政が介入して生産者の組織化を促した。1920～30年代における植民地行政の経済政策は,地主が得る利益の確保を主眼として形成された。それゆえ,上部の経済政策に規定される下部の流通政策は,結果的に競争促進と抑制の双方の機

能を持つにいたったのである。

(2) 植民地商人の取引活動

　台湾総督府による命令航路の設定と補助金の給付を通じた航路の拡充は，新たな流通ネットワークが形成される契機となった。あるいは，運賃率の設定を市場に委ねた総督府の競争促進的な海運政策は，台湾航路に対する社外船の新規参入を誘発し，それらと提携する新たな取引主体が流通ネットワークに参入する要因となった。このような変化に積極的に対応して活発な取引活動を行ったのは，総合商社に代表される日本資本だけではない。むしろ，宗主国＝日本と植民地＝台湾を結合する流通ネットワークが急速に拡大する1920年代においては，台湾人商人のプレゼンスが大きく，その活動が流通量の拡大契機となった。本書では，台湾を経由するオホーツク海産塩マスの対華南輸出に従事した謝裕記（第4章）と台湾米の移出取引において三井物産をも凌ぐ取扱高を記録した瑞泰（第7章）に代表させて1920年代における台湾人商人の活発な取引活動と経営規模の拡大過程を明らかにした。その活動を可能とした共通条件は，①日本資本との協調ないし提携，②組織の異種混交化，の2つであった。

　オホーツク海での漁業権という日露戦争の「戦果」によってサケ・マスの漁獲高は急増した。北洋漁業の集散地である函館の海産物移出商は，新たな販路の開拓を迫られた。その中で彼らが選択した販売市場は，上海と華南であった。第1次大戦期に台湾・華南両航路が基隆で接続されたため，香港経由ルートに比して高位にあった基隆経由ルートの輸送コストは大幅に削減された。加えて基隆に位置する台湾人商人との取引関係は，函館の海産物移出商に対して大きなメリットをもたらした。すなわち，函館の海産物移出商は台湾人商人との取引を通じて①消費地情報の収集機能，②消費地の適切な取引相手を探しだし，交渉して売買を完結させる一連の取引機能，③在庫リスクの圧縮機能の3つを同時に獲得しえた。函館の海産物移出商が持たない経営資源を補完しうる台湾人商人との提携は，華南市場を開拓するうえで最も合理的な選択であった。

　ただし，遠隔地取引の場合には取引相手の行動を監視し続けることは容易で

はなかった。事実，1910年代の中盤における函館と基隆の海産物取引では，台湾側の買い叩きや売買破約が常態化しており，彼らの機会主義的な行動を何らかの形で抑制することが求められた。そこで函館側は，手付金の事前送金をルール化することで売買契約の確実な履行を企図した。この遂行は，ルールを逸脱する者への取引停止という共同行動によって担保された。この取引方法が定着した1920年代には，ルールを逸脱して得られる利益よりも遵守することで得られる利益の方が大きくなり，双方にメリットをもたらしたものと思われる。こうした取引環境の変化をビジネスチャンスと捉えた謝裕記は，わずか数年のうちに相当規模を有する貿易商へと成長したのである（第4章）。

　第1次大戦を契機として台湾の輸移出品は多様化したが，その萌芽期には積極的にリスクを取る零細多数の台湾人商人が取引に参入し，激しい競争状態を創出しつつ，輸移出額を拡大させていった。こうした特質は，経済成長が著しい1920年代の取引に適合的であった。蓬莱米が登場したばかりの1920年代前半における台湾米移出の流通機構は，混合保管制度と融通米制度を基底とする投機的なシステムであった。こうした高いリスク負担を要するシステムに対応した瑞泰は，スペキュレーター的な性格を発揮してシェアを高め，流通機構を活性化させた。

　前言の如く，台湾航路に新規参入した山下汽船は，先発する日本郵船・大阪商船との対抗上，高いリスクを冒してでも積極的に集荷し，航路を維持する必要があった。とりわけ台湾米は，砂糖の移出量が閑散となる6～12月において最も重要な貨物であった。そこで同社は瑞泰に空白の船荷証券を発行し，瑞泰の買付活動を支援した。瑞泰は，山下汽船から交付された空白の船荷証券に実際の積荷の有無とは関係なく内容を書き入れ，これを華南銀行に持ち込むことで巨額の買付資金を調達しえた。台湾航路への山下汽船の新規参入は，同社と提携する台湾人商人の競争力を向上させ，シェアの拡大に寄与した（第7章）。以上に例示したように，1920年代における台湾人商人の活発な活動は，日本資本との協調・提携関係を不可欠としたのである。

　それゆえ，彼らの衰退もまた日本市場の変化に強く規定された。瑞泰の場合，

買付資金の供給源としての機能を果たしていた山下汽船の台湾航路からの撤退が転機となった。同社の撤退は瑞泰の経営が悪化する契機となった。さらに瑞泰の収益源であった台湾における台湾米買付価格と日本市場における卸価格の乖離が，1920年代後半以降に接近したことも彼らの活動を停滞させる要因であった。1920年代前半には移出量の増加だけを重視していた台湾総督府の移出米検査方針が，1920年代後半以降には日本市場での声価向上を目的として質も重視するようになったためである。厳密化された検査によって移出米の合格率は急激に低下し，台湾米の移出可能量は圧縮された。産地での買付競争がますます激化する一方，日本市場における台湾米の卸価格は買付価格ほどに上昇しなかったため，移出商の利益は圧迫された。台湾米の移出取引は，高いリスクに見合う利益を台湾人移出商にもたらさなくなった。この結果，瑞泰をはじめとする台湾人移出商は，取引から退出せざるをえなかったのである。

　謝裕記が従事した海産物取引の場合も，日本市場の動向に規定された。1929年の世界恐慌を契機として函館の海産物移出商間の競争が激化した。こうした過当競争は，集団行動に基づく懲罰機能を低下させ，アウトサイダーの機会主義的な行動を容易にした。ルールを逸脱しても代替的な取引相手を確保することが可能となった。こうした状況に対して日魯漁業の販売会社である函館水産販売が台湾において進めた前方統合は，文化的信念の体系を同じくする日本人商人を育成することに主眼が置かれた。日中間の政治環境の悪化によって対中国輸出が縮小し，台湾人商人に依存する意義が小さくなったこともその背景にあった。ただし，瑞泰の場合と異なり，謝裕記は1937年頃まで相応のプレゼンスを示しながら取引を継続しえた。北千島におけるサケ・マス漁業の新展開によって漁獲高を増大させた非日魯漁業系の漁業者や移出商と提携して日魯漁業・函館水産販売の前方統合に対抗することが可能であったためである。

　謝裕記や瑞泰が主たる取引対象としたのは，彼らが属する文化的信念の体系とは異なる日本市場であった。それゆえ，彼ら自身の組織は，事前的もしくは事後的に日本市場との取引に適合しうる形態に変化されざるをえなかった。謝裕記も瑞泰も，共に日本語を流暢に操る兄弟のうちの1人が日本市場との取引

を担当していた。林満紅が強調するように，日本との取引においても華商ネットワークが発揮されるのであれば，日本語能力を持つ兄弟が日本との取引を担当する必要はなかったであろう。また，瑞泰が行ったような，日本人スタッフのリクルートを通じた組織化も不要であろう。こうした組織の異種混交化[19]によって台湾人商人は，帝国内市場における取引で競争力を高め，高いシェアを確保しえたのである。

（3） 総合商社の取引活動

　宗主国＝日本と植民地＝台湾の流通ネットワークが急速に拡大する1920年代において台湾人商人の活動が活発化する一方，三井物産および三菱商事社内における在植民地支店のプレゼンスも高まった。かつて涂照彦は，台湾米の移出米取引に代表される総合商社の活動は，「台湾に旧来生成していた土壟間という取引機構に日本資本が上からのっかったにすぎない」ものと位置づけた[20]。「独占的地位にある巨大商」である総合商社は，「国家の権力を背景」とする「規模の統一を要求される移出商品としての検査米を対象とし」て「たんなる移出という商業取引に」従事したにすぎない，と理解したためである。これに対して総合商社の内部資料に基づく分析から本書が得た結論は，涂のそれとは異なり，「のっかかる」こともそう容易ではなかったという事実である。

　1920年代前半までの台湾市場において三井物産が選択した事業戦略は，総督府専売品の取扱いという御用商売からの脱却を図りつつ，安定的な供給源を内部化戦略によって確保し，信用の高い官庁ないし大企業との取引を重視することであった。その場合，三井物産は，商慣習の異なる台湾の現地流通機構を利用せずともシェアを確保しえた。一方，その表裏の関係として中小需要者との取引における三井物産のシェアは低位にあった。中小需要者との取引は，商慣習が異なる零細多数の現地商業者と取引することを意味し，高い取引コストを三井物産に課すことを意味した。事実，現地流通機構を介さなければ集荷しえない台湾米の移出取引において三井物産は，同社と農民との間に介在する台湾人商人の機会主義的な行動や売買破約を抑制する法的拘束力の不明確性という

問題に直面していた。これに対して三井物産は，現地流通機構の商慣習に適応しうる見込商売と台湾人商人との関係性を強化するための前貸金の貸与によって対応を試みたが，1920年恐慌以降，三井物産本社は見込商売の引き締めに転じたため，同社台湾店の台湾米取引は停滞することになった。前述したように，高リスク高リターンの取引を基調とする1920年代の台湾米移出取引に適合的であったのは，三井物産ではなく，山下汽船との提携を基盤に高いリスク負担を厭わなかった瑞泰ら台湾人商人であった（第6章，第7章）。

それゆえ，1924年に台湾市場へ進出した後発の三菱商事は，①大口需要者との取引における三井物産の先発優位，②商慣習の異なる現地流通機構や取引相手の零細性，有力な現地商人の存在，という2つの異なる問題に直面することになった。この問題に対する三菱商事の戦略は，現地パートナーとの提携を通じて参入リスクを軽減することであった。三井物産の市場支配力が強い取引においてこの方法は決して有効ではなかったが，参入の余地が残されていた成長率の高い台湾米と肥料の取引では相応の結果を残しえた。三菱商事もまた現地流通機構との取引によって生じるであろう高いリスクを現地有力パートナーに転嫁しつつ，取引を展開していったのである（第6章）。

総合商社と現地流通機構の直接取引が「台湾に旧来生成していた…(略)…取引機構に日本資本が上からのっか」かることを意味するならば，それが本格的に進展したのは1930年代ということになる。ただし，その過程は洙の暗黙裏な想定に従って展開しえたわけではない。前述したように，1920年以降における台湾航路の運賃率は低水準で推移した。1929年11月，運賃率のさらなる低減を求める糖業聯合会と既存船会社の交渉が決裂すると，糖業聯合会は配船に苦慮していた辰馬汽船を勧誘し，産糖輸送の一部を同社に割り当てた[21]。辰馬汽船の参入によって船会社間の競争が激化し，運賃率は急激に低下した。新規に参入した船会社が航路を維持するためには，季節性が強く，かつ運賃率のきわめて低い砂糖以外の貨物をも同時に獲得する必要があった。同年4月に三菱商事と提携して産地での買付を担当していた杉原商店には，三井物産が大阪商船や近海郵船から得たような運賃上の特約は付与されず，期待する利益を取引から

得ることが困難であった。台湾米の積取を望む辰馬汽船と運賃コストの圧縮を求める杉原商店の提携は必然であった。

以上のように，糖業聯合会と辰馬汽船の間で締結された産糖輸送契約は台湾米移出取引の競争構造をも変化させた。そして，1930年代に新たに形成された競争構造において取引主体は，船会社からの割戻金に利潤の相当部分を依存しつつ，1931年における台湾米穀検査規則の改定に反応したゴムロール式籾摺機の普及者としての役割を果たしながら品位の向上にも積極的に関与していったのである（第7章）。

現地流通機構との取引によって生じるリスクやコストを緩和しうる有力パートナーの喪失は，三菱商事が直接に現地流通機構と対峙する契機ともなった。同社は，現地の人的資源が持つ取引ノウハウの内部化とこれを有効に活用しうる見越限度の設定，あるいは現地販売商の組織化を通じた販売網の拡充によって先発の三井物産を急速にキャッチアップした。むろん，その要因は涂が想定した国家権力を背景とする何らかの保護にあったのではなく，①日本国内とは異なる現地流通機構の商慣習や規範，文化的信念によって生じる高いリスクを管理しうる機能（＝取引・信用程度規定）の制度化，②市場シェアの拡大や売上高の成長を強く促す特有の管理会計制度，という2つの条件に求めるべきであろう。

以上が本書の内容である。日本＝宗主国と台湾＝植民地を強く結びつける流通ネットワークは，地主層の経済的利益を重視する台湾総督府の経済政策に規定されて展開した。この経済政策に規定された近代的な海上交通網の整備や糖業聯合会が選択的に付与する産糖輸送契約によって促進された船会社の競争的な行動が，取引主体の行動に直接の影響を与えた。流通ネットワークを担った取引主体は，こうした外部環境の変化に柔軟に対応しつつ，異なる文化的信念の体系を持つ市場での取引を行うために自己の組織や取引方法を変える必要があった。これらに対応しえた取引主体が流通ネットワークを拡大させ，帝国日本の経済的な特色である高い対植民地貿易依存を形成していったのである。

1) 伊沢多喜男伝記編纂委員会編『伊沢多喜男』(羽田書店, 1951年) 147頁。
2) 櫻井良樹「伊沢多喜男と東京市政」(大西比呂志編『伊沢多喜男と近代日本』芙蓉書房出版, 2003年) 84〜85頁。
3) 前掲「植民地統治における官僚人事」114〜115頁。
4) 若林正丈『台湾抗日運動史研究』(研文出版, 1983年)。
5) 以下, 前掲『米穀市場の展開過程』139頁。
6) 速水佑次郎『新版 開発経済学』(創文社, 2000年) 100〜101頁。
7) 前掲『旧日本植民地経済統計』234〜235頁。
8) 小林英夫「日本帝国主義下の植民地——日清・日露戦後期以降の台湾」(『駒澤大学経済学部研究紀要』45, 1987年3月) 124〜125頁。
9) 前掲『台湾烏龍茶ノ概況並同茶金融上ノ沿革』55頁。
10) 前掲「南進論の所在と植民地台湾」。
11) 片山邦雄『近代日本海運とアジア』(御茶の水書房, 1996年) 232〜236頁。
12) 前掲『台湾海運史』407頁。
13) 以下, 同前, 416〜417頁。
14) 戦間期における社外船の定期船化については, 中川敬一郎『両大戦間の日本海運業』(日本経済新聞社, 1980年) 155〜158頁。
15) 前掲「糖業連合会と物流」256〜267頁。糖業聯合会は, 既設船会社に対する台湾産糖輸送契約の運賃引き下げ圧力を高めるために, 代替的な船会社の新規参入をしばしば促した。
16) 同前, 147頁, 150〜151頁。
17) 「日本当局は…(略)…台湾漢族社会の旧指導層の権力と権威の実質を奪いつつも, 彼らの経済基盤——不安定な地位にある小作人からの高率小作料の収奪を主内容とする——を奪いつくすことはできず, これをその近代的法制度と治安維持能力を以て保証してやったわけである。このようにした上で, 日本当局は, これらの「資産あり名望ある」人士が地方社会に対してもつ影響力を利用して, 支配の円滑な維持に利用しようとした」(前掲『台湾抗日運動史研究』38頁)。
18) 以下, 同上, 209〜213頁。
19) 本書は, 彼らの組織や行動の異種混交化がただちに日本への「同化」を意味したわけではないと判断している。1928年に瑞泰の株式会社化を支援したのは, 台湾人資産家であった。同社の設立発起人・役員は全員が台湾人によって占められ, 出資者には多数の籾摺業者＝土壟間が含まれていた。そうした行動は,「砂糖は内地人の手にあるもセメテ米だけは本島人に手中に収めなければならぬ」という意識に基づいていた(『台湾日日新報』1927年2月11日, 1928年2月16日, 1929年6

月19日)。要するに，瑞泰の株式会社化は「台湾人意識」の発露であった。ただし，台湾の近現代史を考えるうえできわめて重要なこの問題を本書は十分に検証する手段を持っていない。そのため，本書ではこの問題の結論は急がずに将来の課題としたい。

20) 以下，前掲『日本帝国主義下の台湾』205頁。
21) 以下，前掲「糖業連合会と物流」263頁。

あとがき

　本書は，2010年2月に早稲田大学へ提出し，同年6月に博士（学術）の授与を認められた博士学位申請論文「帝国日本の流通ネットワーク——台湾の植民地化と流通機構」をベースに加筆修正し，さらに学位取得後に執筆した第6章を加えたものである。初出は，以下の通り。

序　章　書き下ろし。
第1章　書き下ろし。
第2章　「1900年代における台湾烏龍茶貿易経路の転換——台湾総督府の茶業政策と洋行の活動を中心に」（『日本植民地研究』16，2004年6月），「20世紀初頭における台湾—中国間経済関係の展開——烏龍茶輸出貿易の変容を事例に」（『立教経済学研究』64(1)，2010年7月）。
第3章　「台湾・中国間貿易の変容と台湾総督府——1910年代から第1次世界大戦期を中心に」（『日本史研究』513，2005年5月）。
第4章　「函館における海産物移出の展開と植民地商人」（『社会経済史学』75(1)，2009年5月）。
第5章　「戦間期における青果物流通機構の形成と「帝国」——台湾バナナを事例に」（『立教経済学研究』63(3)，2010年1月）。
第6章　「「帝国」内市場における総合商社の活動と競争構造——後発三菱商事の競争戦略」（老川慶喜・須永徳武・谷ヶ城秀吉・立教大学経済学部編『植民地台湾の経済と社会』日本経済評論社，2011年）。
第7章　「戦間期における台湾米移出過程と取引主体」（『歴史と経済』208，2010年7月）。
終　章　書き下ろし。

ここにいたるまでに本当に多くの方々にお世話になった。まず，はじめにお礼を申し上げたいのは，直接にご指導いただいた3人の先生方である。学部時代には，大島美津子先生の日本近現代史ゼミで歴史学のイロハを学んだ。家計の問題もあって私は，大学院へは進学せずに民間企業へと就職した。その後，やはり大学院で学びたいと考え直したが，院試に向けて何をどう勉強すればよいのか，まったく分からなかった。そんな私に対して大島先生は，退職後であったにもかかわらず懇切丁寧に手引きしてくださった。大島先生のご教示がなければ，私は研究の入口にもたどり着けなかったであろう。「あなたの卒論，まあまあ良かったのよ」と存外にお褒めくださった先生のお言葉が今でも心の糧になっている。
　大学院修士課程では，国立歴史民俗博物館から移られたばかりの新井勝紘先生のゼミで古文書の解読や史料批判の方法といった歴史学の基礎を学んだ。色川大吉先生とともに「五日市憲法」を発見したときの興奮や町田市自由民権資料館を設立した際の苦楽など，一次資料にまつわるさまざまなエピソードが心に残っている。序章に記したように，植民地を対象として研究を進める場合，常に資料の制約に直面することになる。本書の執筆にあたっては，刊行物や新聞に依拠した部分も決して少なくないが，可能な限り一次資料を利用して議論を組み立てることに努めた。こうした姿勢は，新井先生からお教えいただいたものである。博士後期課程では，小林英夫先生にご指導いただいた。桁外れのハード・ワークと豊富な学識に裏付けられたビッグ・スケールな発想によって学界でも著名な存在の小林先生に身近に接することができ，非常に刺激を受けた。また，小林先生には本書のベースとなった博士学位申請論文の執筆に直接のご指導を賜っただけでなく，論文審査の主査としても多くのアドバイスをいただいた。副査を務めていただいた後藤乾一先生，篠原初枝先生にもお礼申し上げたい。
　大学院生時代には石井寛治先生，大谷正先生，笠原十九司先生，佐藤正広先生，本野英一先生，吉見義明先生のゼミに参加させていただいた。学部時代に

私が関心を持っていたのは政治史であり，修士課程への進学後も政治史のアプローチから研究を進めるつもりでいた。しかし，石井先生のゼミに参加し，当時のゼミのテーマであった資本輸出に関わる議論をお聞きするうちにすっかり経済史研究に魅了され，経済史あるいは経営史の研究にも関心を持つようになった。さらに石井先生には，修士論文を含むほぼすべての論文を添削していただき，コメントを頂戴した。博士論文の審査においても副査としてご指導いただいた。石井先生との出会いがなければ本書は成り立ちえなかった。心より感謝したい。

修士論文の副査をお引き受けいただいた大谷先生には，その後先生が事務局長を務めた東アジア近代史学会において事務局員としてお世話になった。また，先生がお若い頃に収集した何冊もの台湾関係文献をお譲りいただいた。本書でたびたび引用した涂照彦『日本帝国主義下の台湾』もその1冊である。心より感謝したい。博士後期課程の5年間は，一橋大学大学院の佐藤先生のゼミに参加させていただき，クズネッツ，ロストウ，ガーシェンクロン，ヒックス，グライフといった経済史研究に必須の古典に接する機会を得た。台北の国立中央図書館台湾分館での調査でたまたま佐藤先生にお目にかかった折には，昼食に牛肉麺をごちそうになった。さらに佐藤ゼミでは，尾関学氏と攝津斉彦氏という得がたい先輩にもお会いすることができた。今振り返ると，佐藤ゼミで過ごした期間は研究者としての体幹を鍛える時期であったように思える。

1年間だけ勤めた人間文化研究機構国文学研究資料館アーカイブズ研究系および共同研究では安藤正人先生，加藤聖文先生，林雄介先生，崔誠姫氏，通堂あゆみ氏のお世話になった。とりわけ加藤先生には，修士課程から現在にいたるまで長年にわたって面倒を見ていただき，感謝している。さらに近年では，安藤先生とのご縁で在豪日系企業接収記録（豪州国立公文書館シドニー分館所蔵）の調査活動にも参加させていただき，秋山淳子氏や和田華子氏からアーカイブズ学的実践をお教えいただいている。

大学教員としてはじめて赴任した立教大学経済学部では，貴重な教育経験と快適な研究環境を得ることができた。経済学部歴史部会の小林純先生，中島俊

克先生，疋田康行先生，元同僚の小野浩氏と島西智輝氏には今でもお世話になっている。立教大学では，老川慶喜先生と須永徳武先生に非常に親切にしていただいた。研究会終了後の恒例である「金華」での宴席では，両先生から叱咤激励していただくとともに，老川先生からは研究者・教育者としての矜恃を，須永先生からは「なぜ植民地を対象とした研究をしなくてはならないのか」という問いに真摯に向き合い続けることの重要性をお教えいただいた。

学会活動においても多くの先生方のお世話になった。日本植民地研究会では，安達宏昭先生，井村哲郎先生，故岡部牧夫先生，河西晃祐先生，吉川容先生，木村健二先生，黒瀬郁二先生，柴田善雅先生，鈴木邦夫先生，波形昭一先生，柳沢遊先生，平山勉氏に，東アジア近代史学会では井口和起先生，岩壁義光先生，栗原純先生，斎藤聖二先生，櫻井良樹先生，永島広紀先生，中見立夫先生，檜山幸夫先生，堀口修先生，松金公正先生，高江洲昌哉氏，堀内暢行氏に多くのことを学んだ。さらに博士後期課程進学後に入会した社会経済史学会，政治経済学・経済史学会，経営史学会では，報告や論文発表の場を与えていただいた。わけても牛島利明先生，大森一宏先生，北澤満先生，木村昌人先生，久保文克先生，島田昌和先生，永江雅和先生，中村尚史先生，中村宗悦先生，古田和子先生，堀和生先生，山本長次先生，渡邉恵一先生からは研究に対する貴重なご助言を賜った。筆者の研究を常に加点法で評価してくださる橘川武郎先生には，研究継続の意欲を高めていただいた。大島久幸先生には，商社史や海運史に関するさまざまなご助言や資料の具体的な所在をご教示いただいただけでなく，育児についてのアドバイスもいただいた。

調査のためにたびたび訪れる台湾の方々にもお世話になっている。中央研究院台湾史研究所での受入教官となってくださった鍾淑敏老師をはじめ，呉聰敏老師，林玉茹老師，蔡龍保氏には本当に親切にしていただいた。国史館台湾文献館の劉澤民氏と陳文添氏には，資料の閲覧で便宜を計っていただいただけでなく，お昼にはいつもおいしい食事をご馳走していただいた。さらに鈴木哲造氏と中村秀司氏には，昼の調査だけでなく夜の宴席でもご協力いただいている。

そして，私の研究意欲を何よりも高めてくれるのは，板垣暁氏，市川大祐氏，加藤健太氏，高嶋修一氏，高橋周氏，森宜人氏といった，同世代の研究者との交流である。とりわけ同級生の大石直樹氏，岡部桂史氏，齊藤直氏，宮地英敏氏，山本裕氏，湯澤規子氏，台湾をフィールドとすることの苦楽を共にした湊照宏氏には言葉に言い尽くせないほどのお世話になっている。民間企業に4年間勤めた私が修士課程を経て博士後期課程に進学した時，すでに彼らは経験豊富な博士課程の院生であったり，あるいは助手であったりした。したがって，私にとって彼らは世代観を共有する友人であるだけでなく，良き先輩であり，教師でもあった。彼らの「背中」はまだまだ遠いが，質の高い研究を提出し続けることで少しでも彼らに追いつきたい。なお，早稲田界隈や溝の口でたびたび「会合」を重ねる齊藤氏には本書の草稿の一部を見ていただき，有益なコメントを頂戴した。改めて感謝したい。

　本書の基礎となる研究の遂行にあたっては，2008～09年度独立行政法人日本学術振興会科学研究費補助金（若手研究スタートアップ）「帝国日本の台湾植民地化と流通ネットワーク」（研究代表者：谷ヶ城秀吉，課題番号：20830102）と2010年度立教大学学術推進特別重点資金（立教SFR）プロジェクト研究（単独プロジェクト研究）「植民地台湾の経済発展と市場の生成に関する総合的研究」（研究代表者：須永徳武）の交付を受けた。また，本書の刊行に際しては，2011年度立教大学出版助成金の交付を受けるとともに，老川慶喜先生のご紹介で日本経済評論社の谷口京延氏のお世話になった。入稿が大幅に遅れ，谷口氏には大変なご迷惑をおかけした。心よりお詫び申し上げたい。また，本書の校正は通堂あゆみ氏にお手伝いいただいた。

　最後となったが，私がこれまで研究を継続できたのは，義父母の前原芳夫・故つた子の励ましと頑丈な体に産んでくれた母頼子のおかげである。また，将来の見通しが立たない研究生活を物心両面で支えてくれる妻の純子，いつも私に活力を与えてくれる息子の充希にも感謝したい。

索　引

【ア行】

明石元二郎 …………………………… 257
安治川鉄工所 ………………………… 203
アソシエイテッド・オイル社 ……… 196,219
安部幸兵衛商店 ……………… 11,42,249
伊沢多喜男 …………………………… 218,257
員林（郡） ……………… 168,169,236,242
内田嘉吉 ……………………………… 257
宇部窒素工業 ………………………… 209
梅谷直吉 ……………………………… 150
永豊商店 ……………………………… 210,213
塩魚組 ………………………………… 127,130
塩水港製糖 …………………………… 42
王雲従 ………………………………… 228
大川原善蔵 ……………… 118,125-127,138
大倉組 ………………………………… 136
大阪商船 …… 42,49,88-90,101,104,115,139,
　169,190,233,237,243,246,249,252,262,263,
　267,270
大谷嘉兵衛 …………………………… 64
小熊幸一郎 …………………………… 116,138
越智商店（越智鉄工所肥料部） …… 211

【カ行】

滙兌館 ………………………… 56,57,70,73,75
加賀与吉（加賀商店） …… 116,124,131,138
桂太郎 ………………………………… 88
加藤恭平 ……………………………… 218
加藤商会 …… 20,221,223,225,226,237,243,253
加藤高明 ……………………………… 257
華南銀行 ……………… 226,229,230,233,267
関税法 ………………………………… 90,91
基隆海産物商組合 …………………… 127
基隆炭砿 ……………………………… 189,190
喜多孝治 ……………………………… 148,149
北千島漁業 …………………………… 129,139
北千島合同 …………………………… 129,139
北日本汽船 …………………………… 130,131
許雨亭 …………………………… 231-233,250

許招春 ………………………………… 231,232
許太山 …………………………… 231,232,250
近海郵船 …… 129-131,137,243,253,264,270
金順源商会 …………………………… 210,213
百済文輔 ……………………………… 162
合同漁業 ……………………………… 129,139
神戸輸入米穀商組合 ………………… 230
辜顕栄 ………………………………… 11,228
児玉源太郎 …………………………… 87
小寺新一 ……………………………… 241
後藤新平 ………………………… 87,89,257
小林丑三郎 …………………………… 94
小林躋造 ……………………………… 257
呉文秀 ………………………………… 60
ゴムロール式籾摺機 …… 235,236,248,251,253,
　271
混合保管制度 …… 226,228,230,233,236,247,
　250,267

【サ行】

斎藤実 ………………………………… 2
蔡培火 ………………………………… 257
柵瀬軍之佐 …………………………… 93
四脚亭炭砿 …………………………… 190
謝裕記 …… 11,119-121,127,130,131,139,151,
　232,266-268
重要物産同業組合法 ………………… 136
蒋渭水 ………………………………… 257
瑞泰 …… 10,11,24,193,200,225-233,237,238,
　240,250,266-268,270,272
杉原佐一 ……………… 217,220,241,243,253
杉原商店（産業） …… 11,20,192,197-200,205,
　207-211,215,217,220-223,225,226,237,241-
　244,246,253,270
杉村濬 …………………………… 57,59,78
鈴木商店 ……………………………… 42,189
税関法 ………………………………… 90
製茶税 ………………………………… 60,91
製茶輸入税 ……………………… 60,68,69,262
袖下売買 ……………………………… 154,178,179

【タ行】

泰安商行 …………………………………… 209
泰益商行 …………………………………… 231
台果利用組合 ……………………………… 159
台中州 …… 146,154,155,157,158,159,163,166-169,175,179,236,242,264
台中州青果同業組合 …… 150,151,153-156,158,159,164
大稲埕 ………………………… 55,56,60,65,66,121
大稲埕茶館 …………………………… 51,68,69,77
台北高等商業学校 ………………………… 233
台陽鉱業 …………………………………… 189
台湾関税規則 …………………………… 91,106
台湾議会設置請願運動 ………………… 257,265
台湾銀行 …… 17,49,56,70-72,75,81,83,87,93,110,233,261
台湾縦貫鉄道 ……………………………… 49
台湾水産販売 ………… 126-128,130-133,140
台湾青果 …… 11,13,146,154-156,158-164,166,170,172,264,265
台湾青果同業組合聯合会 ………… 158,160-163
台湾製糖 …………………………………… 42
台湾総督府条例 ……………………………… 2
台湾炭鉱 ……………………………… 189,190
台湾肥料 …………………………………… 191
台湾米穀移出管理令 ……………………… 255
台湾米穀検査規則〔検米規則〕… 226,234,239,241,242,248,249,252,271
台湾輸出税及出港税規則 …… 17,50,51,61-63,74,86,88,90,91-94,104,261
高雄州 ………………………………… 167,175
高田元次郎 ………………………………… 158
多木製肥所 ………………………………… 209
ダグラス汽船会社 ………………………… 88
辰馬汽船 …… 241,243,244,246,253,263,270,271
千島・樺太交換条約 ………………………… 1
茶館 ……………………… 55-57,65-67,73,77,261
茶販人 …………………… 55-57,65,67,77
中央卸売市場 …… 19,145,155,158,161,174-176,179,265
中央卸売市場法 ……………… 19,144,174,176
中台商事 ……………………………… 196,219
中部台湾青果物移出同業組合 ……………… 150
津久井誠一郎 ……………………………… 229

常吉徳寿 …………………………………… 169
田健治郎 ………………………………… 2,257
東華名産 …………………………………… 163-166
東京米穀商品取引所 ……………………… 240
糖業聯合会 ………… 43,229,244,263,270,271
東洋製糖 …………………………………… 42
土壟間 …… 10,83,218,223,228,231,242,244,254,269,272

【ナ行】

中橋徳太郎 ………………………………… 89
中村是公 …………………………………… 257
西村吉兵衛 ……………………… 158,161,181
日魯漁業 …… 124-129,131,132,134,138,139,268
日露漁業協約 ……………………………… 111
日台容器 ……………………………… 155,178
日本アルミ高雄工場 ……………………… 201
日本鮭鱒販売聯盟会 ………………… 125,126
日本水産 ……………………………… 128-132
日本郵船 …… 42,169,190,246,249,263,267
農会 ……………… 190,191,197,217,220,230
野田卯太郎 ………………………………… 88

【ハ行】

ハー・アーレンス社 ………………… 191,217
函館海産商同業組合 ……………………… 110
函館水産販売 …… 124-127,130-132,134,139,268
函館台湾移出同業組合 ………………… 116,122
函館日魯組 ……………………………… 125,126
峡謙斎 ……………………………………… 89
林兼 ………………………………… 129,132,139
林権助 ……………………………………… 2
原敬内閣 ………………………………… 2,257
幌筵水産 …………………………………… 128
平塚常次郎 …………………………… 126,127,138
広田幸平 …………………………… 126,127,138
藤江勝太郎 ………………… 60,61,63,64,78,265
藤原銀次郎 ………………………………… 189
ブランナ・モンド商会 …………… 191,215,217
米穀自治管理法 …………………………… 255
米穀配給統制法 …………………………… 255
方協豊（方玉墩）…… 10,11,193,225,228,237
法三号 …………………………………… 2,13
ポーツマス条約 …………………………… 111
北洋合同漁業 ……………………………… 128

香港上海銀行 …… 56,70,72,73,75,81,261,262

【マ行】

媽振館 …………… 56,57,69,73,75,78,261,262
増田増蔵商店 ………………………… 11,42
益田孝 …………………………………57-59,61
満洲国 …………………………………… 3,35
三河商行 ……………………… 120,126,131
三井物産 …… 10-12,19,20,24,42,43,58,89,90,
　114,115,136,158,185,187,189-193,196,199-
　202,212-217,221-223,225,226-228,229,233,
　237,241-244,246,248,266,269-271
三菱商事 …… 10,11,19,20,185,187,193-208,
　209,210,212-215,217-221,223,225,226,228,
　237,241,243,244,246,253,269-271
三菱重工業 ………………………………… 203
明治製糖 ……………………………… 42,197
毛利甚兵衛 ……………… 116,118,136,140
本山文平 ……………………………… 155,158

森卯兵衛（森卯商店）……… 116,118,124,130,
　131,138

【ヤ行】

八木漁業 ………………………………… 128
山方茶館 …………………………… 51,65-67
山下汽船 …… 169,228-230,233,237,240,247,
　249,252,263,264,268,270
山半商店 ………………………………… 211
湯浅商店 ………………………………… 42
融通米（制度）……… 228,230,233,247-249,267

【ラ行】

琉球処分 …………………………………… 1
劉銘伝 …………………………………77,261
林献堂 ……………………………… 164,257
林柏寿 ………………………… 10,11,200,228
六三法 ……………………………………… 2

【著者紹介】

谷ヶ城秀吉（やがしろ・ひでよし）

1975年生まれ
早稲田大学大学院アジア太平洋研究科博士後期課程研究指導修了退学、博士（学術）
現在、立教大学経済学部助教
主要業績：『植民地台湾の経済と社会』（共編著、日本経済評論社、2011年）、「函館における海産物移出の展開と植民地商人」（『社会経済史学』第75巻第1号、2009年5月）、「戦時経済下における国策会社の利益確保行動――台湾拓殖を事例に」（『日本植民地研究』第22号、2010年6月）、「戦間期における台湾米移出過程と取引主体」（『歴史と経済』第208号、2010年7月）ほか

帝国日本の流通ネットワーク
――流通機構の変容と市場の形成

2012年2月28日　第1刷発行　　　　定価（本体5800円＋税）

著者　谷ヶ城　秀　吉
発行者　栗　原　哲　也
発行所　株式会社　日本経済評論社
〒101-0051　東京都千代田区神田神保町3-2
電話　03-3230-1661　FAX　03-3265-2993
info8188@nikkeihyo.co.jp
URL：http://www.nikkeihyo.co.jp

装幀＊渡辺美知子　　　印刷＊文昇堂・製本＊高地製本所

乱丁・落丁本はお取替えいたします。　　Printed in Japan
Ⓒ YAGASHIRO Hideyoshi 2012　　　ISBN978-4-8188-2199-6

・本書の複製権・翻訳権・上映権・譲渡権・公衆送信権（送信可能化権を含む）は、㈱日本経済評論社が保有します。

・JCOPY〈㈳出版者著作権管理機構　委託出版物〉
本書の無断複写は著作権法上での例外を除き禁じられています。複写される場合は、そのつど事前に、㈳出版者著作権管理機構（電話03-3513-6969、FAX03-3513-6979、e-mail: info@jcopy.or.jp）の許諾を得てください。

老川慶喜・須永徳武・谷ヶ城秀吉・立教大学経済学部編

植民地台湾の経済と社会

A5判 五六〇〇円

植民地台湾の経済発展を、社会資本の整備や制度移入、企業活動などから歴史具体的に解明し、植民地経済の多様性の実証を試みる日台共同研究の成果。

社団法人糖業協会監修／久保文克編著

近代製糖業の発展と糖業連合会
競争を基調とした協調の模索

老川慶喜編著

A5判 七五〇〇円

近代製糖業界において競争と協調という二つの側面が共存し、カルテル機能が発揮されたのはなぜか。その構造を生産・流通・消費の観点から総合的に検証する。

両大戦間期の都市交通と運輸

A5判 六三〇〇円

重化学工業化と都市化が著しく進行した戦間期の交通・運輸について、交通調整政策、都市内交通の実態解明、「小運送」すなわち都市内の貨物運送の実態解明から迫る。

中西聡・中村尚史編著

商品流通の近代史

A5判 五五〇〇円

近代日本における商品流通と市場形成との関係について商取引・物流・情報流通の三点に着目し、その相互関係を考察することによって多様な市場の集積過程を明らかにする。

岡部牧夫編
オンデマンド版

南満洲鉄道会社の研究

A5判 八五〇〇円

植民地経営体満鉄の活動を、大豆の商品化と国際競争、戦時下港湾経営の実相、企業投資の性質や業態、中央試験所の技術開発、後期調査機関の制度と実践などを軸に実証する。

（価格は税抜）　　日本経済評論社